Arbeitslehre aktuell
Arbeit – Wirtschaft 1

Erarbeitet von
Bernd Meier, Dieter Mette, Heidi Traue

Oldenbourg

Verstehen | Gestalten | Nutzen | Bewerten | Kommunizieren

Die Kompetenzleiste zeigt an, welche Kompetenzen auf der jeweiligen Seite geübt werden können.

Bedeutung der Symbole: (M) Methode (E) Expertenaufgabe

Arbeitslehre aktuell. Arbeit – Wirtschaft 1

Erarbeitet auf der Grundlage von
Arbeitslehre aktuell.
Arbeit – Wirtschaft 1
von Heidi Traue, Olaf Czech,
Matthias Künzel, Bernd Meier,
Dieter Mette

unter Einbeziehung des Bandes
Wirtschaft Technik Haushalt/Soziales
7–9
von Michael Lenk, Bernd Meier,
Dieter Mette, Heike Nissen,
Sylvia Peschk, Ulrike Priebe,
Margarete Schmid, Arndt Schubert

Als Begleitmaterial sind erhältlich:
Arbeitslehre aktuell.
Arbeit – Wirtschaft 1 – **Arbeitsheft**
978-3-637-01045-1
Arbeitslehre aktuell.
Arbeit – Wirtschaft 1 – **Lehrer-materialien** 978-3-637-00951-6

Bildnachweis

Seite 10: istockphoto – Seite 11: Heiko Jegodtka, München – Seite 14, 15: istockphoto – Seite 16: Bundesagentur für Arbeit, Nürnberg – Seite 20.1: picture-alliance/Ibn/Nestor Bachmann; 20.2: Getty Images/Garry Wade; 20.3: istockphoto – Seite 21: Adolph Press/Monet – Seite 22.1: istockphoto; 22.2: Bildag. Online/Kroener; 22.3: Caro/Sorge; 22.4: Version-Photo/Ditsch – Seite 24: istockphoto – Seite 31: Johann Jilka, Altenstadt – Seite 35.1: picture-alliance/dpa Infografik; 35.2: iconkids & youth – Seite 43.1: emo-pictures; 43.2: picture-alliance/dpa Infografik – Seite 47.1: Das Fotoarchiv/Achim Pohl; 47.2: Argus/Raupach; 47.3: Eye Ubiquitous; 47.4: Bildagentur online – Seite 52: istockphoto – Seite 56: Heidi Traue, Langendorf – Seite 58.1: Fotolia; 58.2: Argus/Raupach – Seite 60.1: Bernd Meier, Potsdam; 60.2: Fotolia; 60.3: Ullstein Bild/Joker/Haefele; 60.4: Das Fotoarchiv/M.Matzel – Seite 63.1: Fotolia; 63.2: Ecopix Fotoagentur; 63.3: F1online/Fstop – Seite 65.1: akg-images; 65.2: Vario Images – Seite 66.1: Die Bildstelle/Oredia Sarl; 66.2: Keystone/V. Schulz; 66.3: akg-images/E. Lessing (Ausschnitt) – Seite 67: Ecopix Fotoagentur – Seite 68: Theo Sakatis, Berlin – Seite 70.1: Stockfood; 70.2: Keystone/J. Zick; 70.3: Fotolia – Seite 71.1: Blickwinkel/McPhotos; 71.2: Keystone/J. Zick; 71.3: Look/K. Johaentges; 71.4: Bernhard Classen – Seite 72: Rolls-Royce Deutschland Ltd & Co. KG, Blankenfelde-Mahlow – Seite 73.1: Thomas Willemsen; 73.2: Caro/Teich; 73.3: Mediacolors/cvo; 73.4: Bilderbox – Seite 74.1: Caro/Korth; 74.2: Bilderberg; 74.3: Meyer Werft, Papenburg; 74.4: Ecopix Fotoagentur – Seite 75: Caro/Kaiser – Seite 77.1: Stock Food; 77.2: Keystone/V. Schulz; 77.3: Bildmaschine/Bilderbox; 77.4: Bad Pyrmonter GmbH & Co. – Seite 78: V. Klose, Greßthal – Seite 79: Theo Sakatis, Berlin; 79.2: Bernd Meier, Potsdam; 79.3: Theo Sakatis, Berlin; 79.4: Intro/P. Himsel – Seite 80.1: Argum/Th. Einberger; 80.2: Argus/M. Schroeder; 80.3: Fotolia; 80.4: Photopool/Kurt Fuchs Presse Foto – Seite 81.1: Photothek.net/Th. Koehler; 81.2: Caro/Oberhäuser – Seite 82.1+2: ASIG; 82.3: Intro/D. Ausserhofer – Seite 86: Artothek/Blauel/Gnamm – Seite 88.1: Mauritius Images/M. Nitzschke; 88.2: picture-alliance/Bildag. Huber; 88.3: Bildagentur online; 88.4: Keystone/V. Schulz – Seite 95: Das Fotoarchiv/T. Babovic – Seite 106.1: Transit/Th. Haertrich; 106.2: Imagetrust/B. Arnold; 106.3: Jan Potente, Stuttgart; 106.4: Joker/K.-H. Hick – Seite 107.1: Fotex/Zazou107.2: F1online/Alexandre – Seite 110: Joker/E. Haefele – Seite 111.1: Sunpoint; 111.2: Jens Schicke; 111.3: picture-alliance/dpa – Seite 114: Humana Milchindustrie GmbH; 114.2 (Gelbe Tonne, Ausschnitt): Vario Press/R. Unkel – Seite 122: Frischli Milchwerke GmbH – Seite 126.1: picture-alliance/ZB; 126.2: photothek.net/T. Koehler; 126.3: Ullstein Bild/Joker/Hick – Seite 128.1: ddp images/M. Urban; 128.2: picture-alliance/dpa; Logo „Der Radelnde Teufel": Tourismusverband Niederlausitz e. V. – Seite 129: ddp images/Fit for Fun – Seite 130.1: Ullstein Bild/histopics; 130.2: picture-alliance/ZB – Seite 131: Peter Lisker, Tagewerben – Seite 133.1: Peter Lisker, Tagewerben; 133.2: © 2010 Sven Doering/Ag. Focus – Seite 134: Spiegel Grafik/Spiegel Verlag Rudolf Augstein GmbH & Co. KG.

Coverabbildungen: links: Gustavo Alabiso; Mitte: Fotolia.com; rechts: Vario Images

Trotz entsprechender Bemühungen ist es nicht in allen Fällen gelungen, den Rechteinhaber ausfindig zu machen. Gegen Nachweis der Rechte zahlt der Verlag für die Abdruckerlaubnis die gesetzlich geschuldete Vergütung.

Das Papier ist aus chlorfrei gebleichtem Zellstoff hergestellt, ist säurefrei und recyclingfähig.

1. Auflage 2011
Druck 14 13 12 11
Die letzte Zahl bezeichnet das Jahr des Drucks.
Alle Drucke dieser Auflage sind untereinander unverändert und im Unterricht nebeneinander verwendbar.
Umschlagkonzept: Mendell & Oberer, München
Umschlaggestaltung: Silbersee, Agentur für Design, München
Lektorat: Dr. Birgit Scholz und Elisabeth Dorner, Berlin
Herstellung: Heiko Jegodtka
Illustration: Cleo-Petra Kurze, Berlin; Klaus Puth, Mühlheim; Detlef Seidensticker, München
Satz: fidus Publikations-Service GmbH, Nördlingen
Druck: Himmer AG, Augsburg
ISBN 978-3-637-00952-3

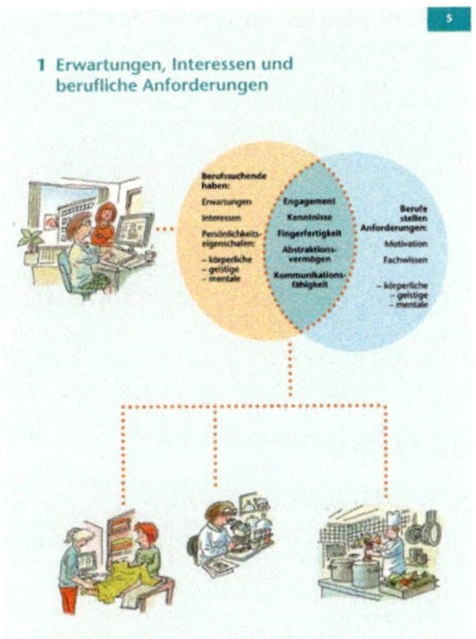
5
1 Erwartungen, Interessen und berufliche Anforderungen

25
2 Haushaltsmanagement
Die Umwelt schonen
Die Finanzen planen
Den Haushalt führen heißt:
Ziele verwirklichen
Die Versorgung mit Sachgütern und Dienstleistungen sicherstellen
Freizeit aktiv gestalten
Arbeit und Zeit planen

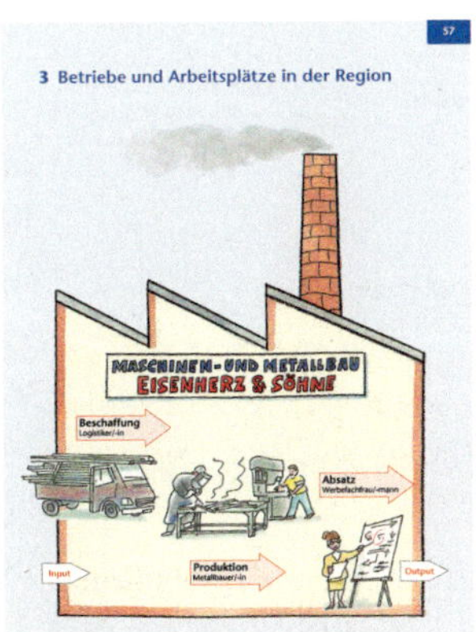
57
3 Betriebe und Arbeitsplätze in der Region
MASCHINEN- UND METALLBAU EISENHERZ & SÖHNE

4 Markt und Marktgeschehen –
Entwicklung des Handels
Angebot
Nachfrage
Markt

5 Einen regionalen Wirtschaftsraum
untersuchen

1 Erwartungen, Interessen und berufliche Anforderungen

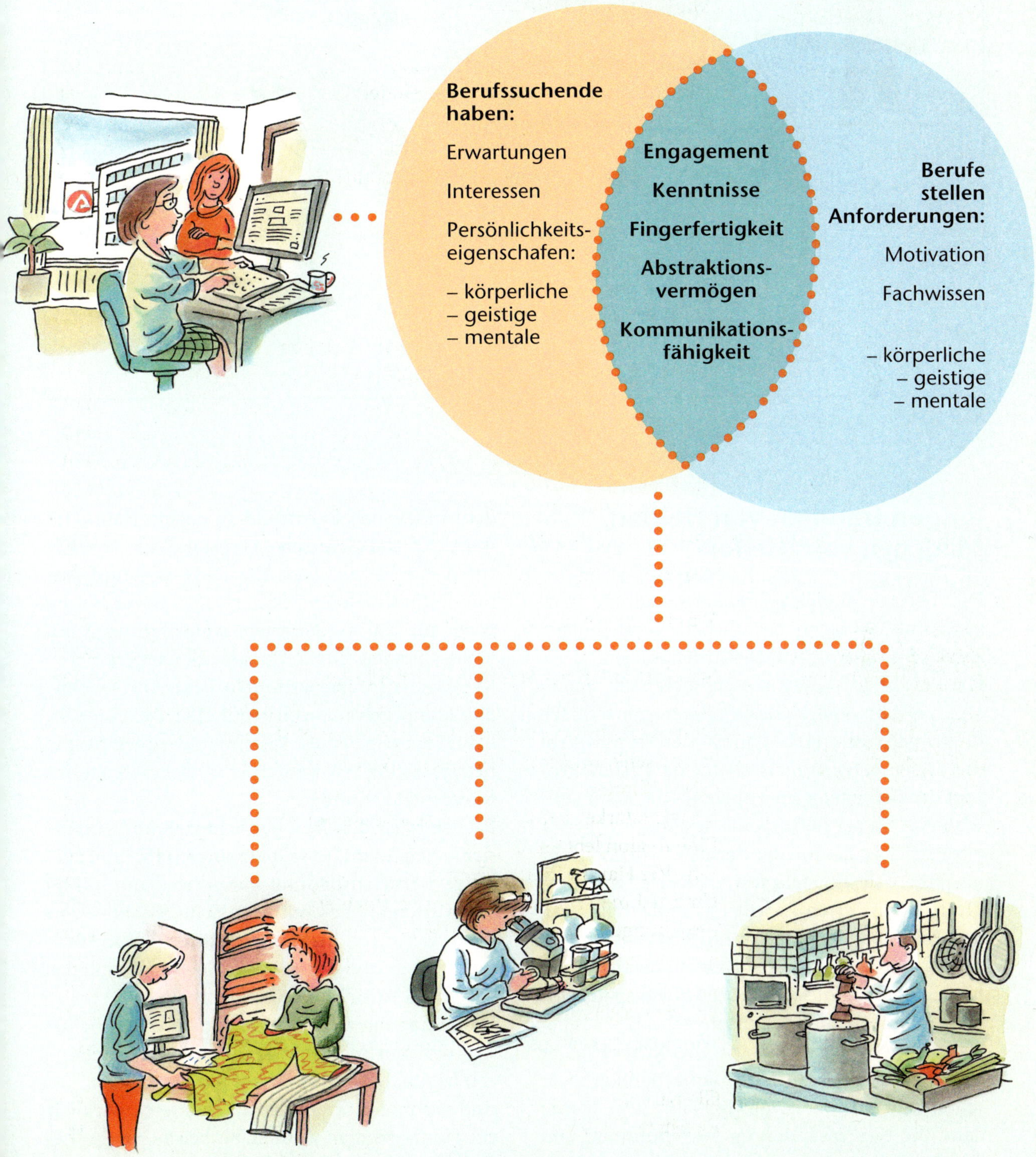

Was Siebtklässler später einmal werden wollen …

Jungen träumen von Helden, Mädchen vom Helfen

Die Befragung einer Schulklasse der 7. Jahrgangsstufe zu ihren beruflichen Vorstellungen ergab sehr unterschiedliche Auffassungen.

Die 13-jährige Mandy ist sich noch nicht sicher: „Ich habe mir noch keine Gedanken gemacht. Ich fühle mich dafür noch zu jung“, sagt sie und steht mit dieser Antwort nicht alleine da. Fast 20 Prozent der Befragten gaben ebenfalls an, noch „unschlüssig“ in der Berufswahl zu sein.

Für Patrick ist das mit der Berufswahl jedoch keine Frage. Für ihn steht fest, dass er einmal Kfz-Mechatroniker werden will: „Es ist doch normal, dass Kfz-Mechatroniker für Jungen ein Traumberuf ist. Mit dem Auto zu arbeiten, macht jedem Jungen Spaß. In diesem Beruf will ich später unbedingt eine Ausbildung machen.“

Das sieht seine Physiklehrerin eher kritisch: „Der frühere Beruf Kraftfahrzeugmechaniker war schon sehr anspruchsvoll. Im Jahr 2001 wurde dann die Namensänderung vorgenommen, um dem modernen Berufsbild zu entsprechen. Der Beruf Kfz-Mechatroniker entstand aus den Berufen Kfz-Mechaniker, Kfz-Elektriker und Automobilmechaniker. Mit der neuen Bezeichnung wird auf die veränderten Anforderungen im Kraftfahrzeugtechnikerhandwerk reagiert.

Kfz-Mechatroniker ermitteln Fehler in den immer komplexeren mechatronischen Systemen im Fahrzeug, setzen diese instand und sorgen für die Betriebssicherheit moderner Kraftfahrzeuge im Interesse der Kunden.

Patrick muss den Rest der Schulzeit noch intensiv nutzen, damit er sich erfolgreich für eine derartige Berufsausbildung bewerben kann. Ohne einen erfolgreichen mittleren Schulabschluss mit guten Zensuren in Mathematik, den Naturwissenschaften und Technik wird er kaum eine der begehrten Ausbildungsstellen erhalten.

Die Befragung zeigte aber auch, dass viele Schülerinnen und Schüler zwar berufliche Vorstellungen haben, diese aber wenig realistisch sind – es sind wohl eher Traumberufe, die auch wirklich ein Traum bleiben werden. So beispielsweise bei

Die beliebtesten Lehrberufe

Die im Jahr 2007 am häufigsten begonnenen Berufsausbildungen

In diesen Berufen machen die meisten Jugendlichen ihre Ausbildung

Quelle: Berufsbildungsbericht 2008

Linda, sie will Reiterin werden. „Das ist doch gar kein Ausbildungsberuf“, wendet ihr älterer Bruder ein. „Ein Pferd besitzen wir auch nicht. Vielleicht erlernst du erst einmal Pferdewirtin.“
Immerhin wusste eine Gruppe von fast einem Drittel der Klasse relativ genau, welche Berufe sie gern erlernen will. Natalie will mit Menschen zu tun haben. Sie ist immer fröhlich und freundlich. Am liebsten würde sie Reisekauffrau werden. Wenn das nicht klappt, will sie Kauffrau im Bäckerhandwerk werden.
Realitätsbewusstsein zeigten bei einer Befragung des Instituts für Jugendforschung vor allem die Mädchen. Nur wenige träumen vom abgehobenen Glamour: Model oder Schauspielerin finden sich in der Reihe der Wunschberufe erst nach Lehrerin, Polizistin oder Tierpflegerin.

Jugendliche, die sich mit ihrer Berufswahl intensiv auseinandersetzen, ermitteln einerseits ihre Stärken und Schwächen und andrerseits die beruflichen Anforderungen.

1 Führt eine Umfrage zu den Traumberufen in eurer Klasse durch. Veranschaulicht die Ergebnisse an der Wandtafel.

2 Für welche der links abgebildeten Traumberufe ist eine berufliche Ausbildung nach Abschluss der Schulzeit möglich?

3 Worauf sind wohl die Unterschiede zwischen den begehrten und den später ausgeübten Berufen zurückzuführen?

4 Diskutiert die Ansichten von Linda und ihrem Bruder zum Traumberuf „Reiterin“.

E **5** Vergleiche die Lehrberufe junger Männer und junger Frauen (Grafik).
Welche Unterschiede stellst du fest?
Welche Erklärung kannst du dafür finden?

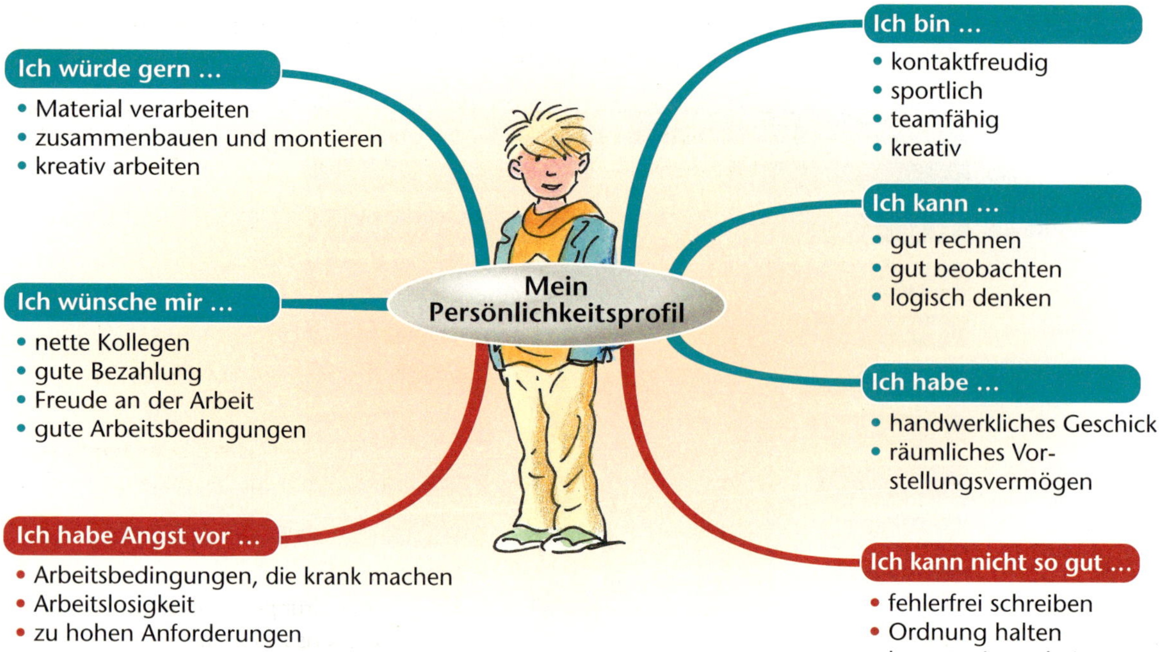

Mindmap: Mein Persönlichkeitsprofil

Selbst- und Fremderkundung

Bei der Suche nach einer passenden Ausbildung oder einem geeigneten Studium kommt es vor allem darauf an, die eigenen Fähigkeiten und Interessen richtig einzuschätzen. Das kann in einem Persönlichkeitsprofil wie in der Abbildung oben zusammengefasst werden. Wer weiß, was er oder sie gerne macht, dem fällt die Berufswahl leichter.

Patricia legt beispielsweise Wert auf eine saubere Arbeit und sie will gern anderen Menschen helfen. Gestalterische Arbeit liebt sie ebenfalls. Eine Arbeit im Labor würde sie auch nicht ablehnen. Was ist für sie nun wichtig? Wird für sie die Berufswahl zur Qual? Gibt es einen Beruf, der eventuell alle Erwartungen erfüllen kann?

Für Sascha ist die Sache relativ einfach: „Du musst doch nur deine Zensuren ansehen, dann weißt du, was du gerne machst und was du kannst. Meine Zensuren in Mathe, Physik und in Technik sind hervorragend. Damit ist klar, ich werde einen technischen Beruf ergreifen."

Aber offensichtlich sind nicht nur die Zensuren für die Berufswahl entscheidend. Im Sport- oder Musikverein, in der Jugendgruppe oder bei Praktika, überall wo du dich aktiv beteiligst, kannst du herausfinden, welche Talente du hast.

> Sich selbst erkunden heißt, die eigenen Stärken und Schwächen sowie Wünsche und Lebenspläne zu ermitteln.

Wichtig ist aber auch die Rückmeldung anderer Menschen, wie Familie, Freunde, Bekannte, über deine Eigenschaften und dein Verhalten. Diese Rückmeldung wird auch Feedback genannt.

> Feedback ist die Rückmeldung anderer Menschen an eine Person über deren Verhalten.

Ein Feedback kann helfen, es ist eine konstruktive Kritik. Ein Feedback ergänzt die Selbsteinschätzung durch Eindrücke, die andere von dem jeweiligen Menschen haben. Die Selbst- und Fremdeinschätzung sind fast nie deckungsgleich. Je offener und ehrlicher Menschen miteinander umgehen, desto besser kann jeder seine Selbsteinschätzung überprüfen und korrigieren.

Mathematisches Verständnis:	Matheaufgaben, zum Beispiel Dreisatz oder Prozentrechnungen, kannst du leicht lösen.
Räumliches Denken:	Du kannst dir Gegenstände auf einem Bild aus verschiedenen Blickwinkeln genau vorstellen und weißt, wie die Gegenstände in Wirklichkeit zueinander angeordnet sind.
Textverständnis:	Du verstehst Texte gut und kannst das Wichtigste daraus richtig wiedergeben.
Technisches Verständnis:	Du verstehst, wie Geräte, Maschinen oder Anlagen aufgebaut sind und wie ihre Einzelteile zusammenarbeiten.
Handwerkliches Geschick:	Du bist geschickt beim Basteln und kannst gut mit Werkzeugen umgehen.
Zusammenhänge erkennen:	Du kannst z. B. bei verschiedenen Formen, Mustern oder Symbolen schnell die Gemeinsamkeiten und Unterschiede feststellen.
Verantwortungsbewusstsein:	Du überlegst dir vorher, welche Folgen dein Verhalten haben könnte.
Teamfähigkeit:	Du arbeitest gerne mit anderen in der Gruppe zusammen. Das gemeinsame Ziel ist dir mindestens ebenso wichtig wie deine eigenen Interessen.
Kommunikationsfähigkeit:	Du kannst dich gut ausdrücken und gut zuhören.
Sorgfalt:	Du erledigst Aufgaben ordentlich, gewissenhaft und möglichst ohne Fehler.
Selbstständigkeit:	Du erkennst selbstständig, was zu tun ist, und versuchst, die Aufgaben möglichst ohne fremde Hilfe zu lösen.
Konfliktfähigkeit:	Du kannst ruhig und sachlich mit Meinungsverschiedenheiten umgehen und versuchst, eine gemeinsame Lösung zu finden.
Organisationsfähigkeit:	Du kannst gut planen und überlegst dir vorher genau, was alles zu tun ist, damit du eine Aufgabe gut schaffst.
Einfühlungsvermögen:	Es fällt dir leicht, dich in die Situation und in die Gefühle von anderen Menschen hineinzuversetzen.
Belastbarkeit:	Du behältst auch in schwierigen Situationen die Nerven und handelst überlegt.

Welche persönlichen Stärken hast du?

1 Entwickle eine Mindmap (= Gedankenkarte), in der du dein Persönlichkeitsprofil beschreibst. Orientiere dich an der Abbildung auf Seite 8 und der Übersicht oben.

2 Stelle die Mindmap deinen Eltern und deinem besten Freund oder deiner besten Freundin vor. Wie schätzen diese deine Eigenschaften ein? Vergleiche und veranschauliche die Ergebnisse.

3 Check deine Talente und nutze dazu die Aufstellung oben. Stelle dann in einer Übersicht dar, welche Berufe zu dir passen. Du kannst diese Übersicht auch als Plakat gestalten.

Lisa: geboren 28. 12. 1999

Als Schülerin gründete ich meine erste Firma und entwickelte Computerspiele. Nach der Schule wollte ich in das Musikgeschäft einsteigen und hatte verschiedene Jobs im Musikbusiness. Nebenbei studierte ich Wirtschaftswissenschaften, bis mir das Geld ausging. Ein Freund fragte mich, ob ich in sein Team als Beraterin für Fotovoltaik einsteigen wollte. Das war zwar nicht mein Fach, aber mit den Kunden kam ich gut klar.
Mit 28 Jahren habe ich mir eine Weltreise gegönnt. In Neuseeland lernte ich ökologische Formen der Kiwiaufzucht kennen, die ich mit einem internationalen Agro-Fruit-Center in Europa heimisch gemacht habe.
Jetzt bin ich 32 Jahre und teile mir mit meinem Lebenspartner das Babyjahr.

Ein mögliches Berufsleben in 20 Jahren

M Zukunftswerkstatt: Wie ich einmal arbeiten und leben möchte

Methode Zukunftswerkstatt

Berufswegplanung ist eine Frage der Lebensplanung. Jugendliche fragen eigentlich weniger: Was will ich einmal werden? Sie fragen eher: Wie will ich einmal leben?

Wie soll dein Leben in zwanzig Jahren, in fünf Jahren oder in zwölf Monaten aussehen? Wenn du spontan an deine Zukunft denkst, fallen dir sicherlich aufregende Ideen und Träume ein. Du hast Vorstellungen von deiner Zukunft. Weißt du aber schon genau, was du willst? Weißt du, wann du welches Ziel erreicht haben willst?
Diese Zukunft, die du dir wünschst, wollen wir ergründen. Dazu führen wir eine Zukunftswerkstatt durch.

Eine Zukunftswerkstatt ist eine Methode, um Probleme in der Gruppe kreativ zu lösen.

Ausgehend von einer grundlegenden Fragestellung werden gemeinsam Ideen gesammelt und mögliche Problemlösungen gesucht. Gemeinsam werden Zukunftsentwürfe, Ziele und Maßnahmen entwickelt.

Reise in die Zukunft

Deine Zukunft liegt vor dir, wie eine Reise. Eine Station deiner Reise ist die Berufswegplanung. Eine weitere wichtige Station ist deine allgemeine Lebensplanung. Wie soll dein privates Leben einmal aussehen? Soll es eine Fahrt ins Blaue werden oder eine Reise zu einem Ziel, das du dir wünschst, von dem du vielleicht träumst?
Es gibt viele lohnende Reiseziele. Du sollst dir ein Ziel deiner Träume aussuchen. Du planst die Stationen deiner Reise in die Zukunft. Dann planst du einen Zeitpunkt für deine Reise. Dann planst du die Zeitpunkte für die wichtigen Stationen deiner Reise. Dann überlegst du dir: Wie kann ich an mein Ziel kommen? Worauf muss ich achten? Welche Fehler muss ich bei der Gestaltung meiner Zukunft vermeiden?
Reise in die Zukunft – Frage: Wie möchte ich einmal arbeiten und leben? Das erfordert:

- Lohnende Ziele festlegen!
- Zeitablauf bestimmen!
- Mögliche Wege zum Ziel suchen!

Bis heute hast du schon an deiner Zukunft mitgearbeitet, vielleicht mehr unbewusst. Von jetzt an sollst du deine Zukunft bewusst mitgestalten.

„Wenn ich an meine Zukunft denke, habe ich ein gutes Gefühl, denn ich weiß, was ich will, und ich tue das, was für meine Zukunft wichtig ist.“

Patricks Motto für die Zukunftswerkstatt

Eine Zukunftswerkstatt besteht aus drei Phasen:

I. Kritik und Bestandsaufnahme

Wie ist die Gegenwart?

↓

II. Fantasie und Utopie

Was sind meine Ziele?

↓

III. Verwirklichung und Umsetzung

Wie kann ich meine Ziele erreichen?

Phasen einer Zukunftswerkstatt

Deine Zukunft ist nichts Unbestimmtes, von dem du nur träumst. Aus der Gegenwart heraus gestaltest du täglich mit vielen Entscheidungen deine Zukunft. Träume sind erwünscht, denn Träumen ist wichtig. Du beteiligst dich an der Erfüllung deiner Träume, wenn du lernst deine Zukunft planvoll zu gestalten.
In der Zukunftswerkstatt arbeitest du selber an deiner Zukunftsplanung. Das heißt aber nicht, dass du einsam vor dich hingrübeln sollst. In der Gruppe lösen sich manche Aufgaben leichter.

Phase I: Kritik und Bestandsaufnahme

Du lebst in einer häuslichen Gemeinschaft. Dort oder mit deinen Freundinnen und Freunden erlebst du viel. Manche Ereignisse stimmen dich freudig, andere machen dich traurig. Eine lustige Geburtstagsfeier, ein lachendes Baby, ein Großvater, der dir das Taschengeld aufbessert, aber auch ein Todesfall, Geldmangel, Krankheit, Streit der Erwachsenen, Ärger mit dem Freund oder der Freundin gehören dazu.
Du erlebst täglich Menschen in ihrem Beruf, hörst Berufstätige von ihrer Arbeit sprechen. Ärger und Unzufriedenheit kommen im Berufsleben immer wieder vor. Als junger Mensch bist du von Problemen im Beruf noch nicht unmittelbar betroffen, aber Probleme im Berufsleben deiner Eltern wirken sich auch auf euer Familienleben aus. Nicht selten kommen bei dir, wenn du dies beobachtest, ungute Gefühle auf und du nimmst dir vor, es später einmal anders zu machen.
Jetzt sollst du deine Gedanken, Beobachtungen und Empfindungen zu bestimmten Fragen auf Problemkarten notieren. Mögliche Fragen für die Problemkarten können lauten:

- Wie sehe, erlebe ich Beruf und Familie?
- Was ärgert mich daran?
- Was möchte ich anders machen?

In Phase I „Kritik und Bestandsaufnahme“ wird die Gegenwart erkundet, um Kritikpunkte zu sammeln.

Sicherlich habt ihr viele Probleme gefunden. Nun müssen wir die Problemkarten ordnen. Auf einigen eurer Problemkarten wird das Gleiche oder etwas Ähnliches stehen. Legt die zusammenpassenden Problemkarten in Gruppen zueinander und sucht zu jeder Gruppe einen Oberbegriff. Schreibt die Oberbegriffe auf. Damit habt ihr eure Problemfelder gefunden, wie beispielsweise

- Unzufriedenheit im Beruf,
- Probleme in der Familie,
- Geldprobleme,
- Arbeitslosigkeit.

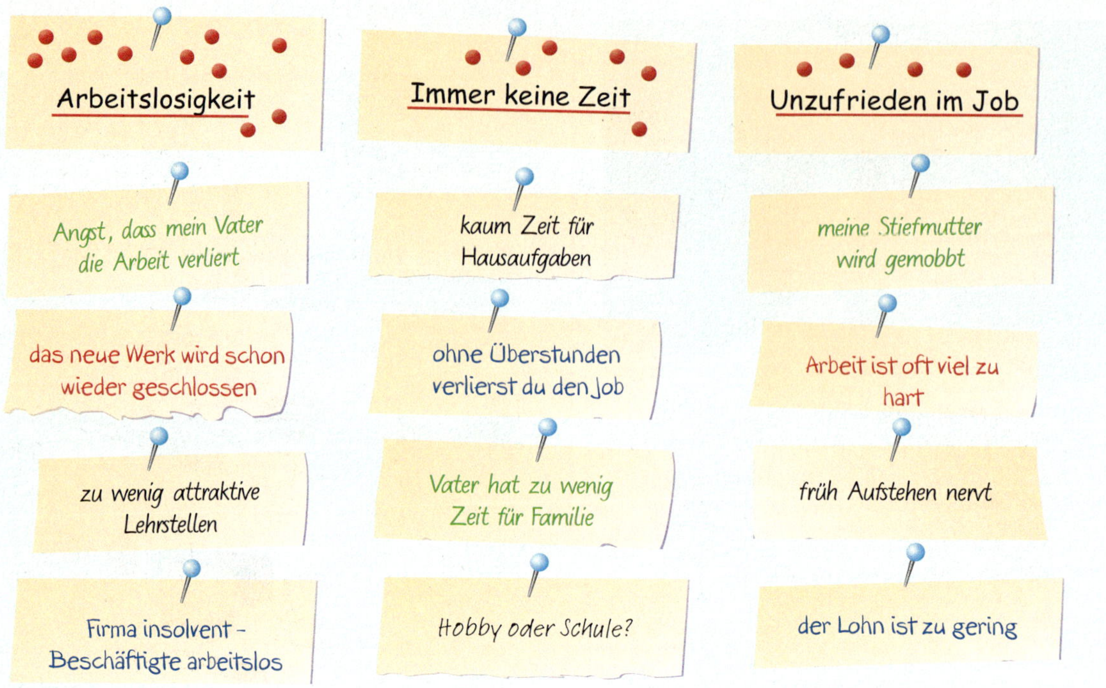

Kritikphase: Problemfelder und Schwerpunkte

Die geordneten Problemkarten hängen wir – versehen mit einem Schild, auf dem der gefundene Oberbegriff steht – übersichtlich auf. So habt ihr die Probleme in verschiedene Problemfelder eingeteilt. Nun geht es an die Auswahl: Jeder von euch erhält die gleiche Anzahl farbiger Klebepunkte. Diese klebt ihr zu den Problemfeldern, die euch am wichtigsten sind. Es dürfen auch zwei oder mehr Punkte für ein Problemfeld vergeben werden. Ihr könnt die Punktvergabe auch geheim durchführen. Gemeinsam stellt ihr dann das Ergebnis fest.
Die drei oder vier Problemfelder, die die meisten Klebepunkte bekommen haben, sind die Problemschwerpunkte. Mit diesen Problemschwerpunkten arbeiten wir weiter.

Phase II: Fantasie und Utopie

Jetzt ist eure Fantasie gefragt: Wie könnte der Problembereich positiv aussehen? Euren kühnsten Träumen dürft ihr freien Raum lassen. Je mehr Ideen ihr habt und je ausgefallener sie sind, desto mehr brauchbare Vorschläge stehen euch in der nächsten Phase unserer Zukunftswerkstatt, „Verwirklichung und Umsetzung", zur Verfügung. Wählt aus den Angeboten auf Seite 13 einen Vorschlag zum kreativen Arbeiten aus und träumt euch in Themen hinein, die zu euren Problemschwerpunkten passen. Die oben auf Seite 13 stehenden Spielregeln für die Fantasiephase gelten für alle, die mitmachen. Jetzt dürft ihr endlich einmal uneingeschränkt träumen.

In Phase II „Fantasie und Utopie" werden Themen aus der Kritikphase ausgewählt und Probleme mit Kreativität ins Positive verwandelt.

Hier sind als Anregung einige Themenbeispiele, zu denen ihr fantasievolle und utopische Entwürfe zur Lebensplanung entwickeln könnt:

- Mein Traumberuf
- Mein Leben mit 30
- Die glückliche Familie
- Gelungene Partnerschaft
- Geld spielt keine Rolle

Kreative Arbeitsmöglichkeiten in der Fantasiephase

Spielregeln:
1. *Jetzt lasst ihr eurer Fantasie freien Lauf. Die Wirklichkeit spielt keine Rolle.*
2. *Sachzwänge wie Geld, Zeit, Vorschriften usw. spielen keine Rolle.*
3. *Strebt viele, viele, viele Ideen an!*
4. *Ihr dürft eure Ideen gegenseitig aufgreifen. Spicken ist erlaubt und erwünscht!*
5. *Jeder ist gleich. Es gibt keine Vorgesetzten.*

Fünf Spielregeln für die Fantasiephase

Wenn du etwas planst oder wenn du Erwachsene beobachtest, die Entscheidungen zu treffen haben, hörst du viele einschränkende Bemerkungen wie

- Das ist ja viel zu teuer!
- Das ist doch nicht durchführbar!
- Das ist doch unvernünftig!
- Das ist aber nicht logisch!
- Das geht uns nichts an!
- Das kann ich niemals!
- Das habe ich noch nie so gemacht!
- Kannst du das beweisen?

Das sind sogenannte Killerphrasen. Sie engen die Fantasie ein und sind in dieser Phase der Zukunftswerkstatt verboten.

Am Ende der Fantasiephase werden alle eure Ergebnisse dem Plenum vorgestellt. Dort dürfen Fragen dazu gestellt werden. Eure fantastischen und utopischen Ergebnisse werden so angebracht, dass alle in der Klasse sie sehen können. Hörspiele, Gedichte und Szenen werden im Plenum vorgeführt.

Lebensplan	 Nadine Schülerin, 13 Jahre ZIEL: MEDIENGESTALTERIN			
	ab sofort	bis Mitte 9. Jahrgang	nach der Schulzeit	nach der Ausbildung
sehr wichtig	Schulische Leistungen in Deutsch und Mathe verbessern mehr Sport treiben/ Fitness	Betriebspraktika machen Englisch-Note „2" erreichen Mitglied in AG „Medien" werden	Fachoberschule besuchen eigenes Motorrad besitzen	eigene Wohnung feste Arbeitsstelle Freundschaften pflegen
wichtig	mehr mit Freunden zusammen sein Computerspiele für schnellere Reaktionsfähigkeit nutzen	Schlüsselqualifikationen festigen Ferienjob im Zeitungsverlag besorgen	mit dem Geld planmäßig umgehen Fanclub gründen	feste Partnerschaft Fahrerlaubnis eigenes Auto
weniger wichtig	Ferienjob suchen Mitglied im Bowlingclub werden	Zimmer neu gestalten Taschengeld neu verhandeln	Gartenarbeit	Kinder Wohnortwechsel Sparvertrag

Verwirklichungsphase: Nadines Lebensplan

Phase III: Verwirklichung und Umsetzung

Wie könnt ihr die vielen Ideen aus der Fantasiephase für eure Lebensplanung nutzen? Nicht alle eignen sich dafür, in die Planung aufgenommen zu werden. Eure Ideen müssen jetzt einzeln durchgesehen werden. Jede Idee, jedes Thema aus eurer Fantasiephase seht ihr euch genau an und überprüft mithilfe der Tabelle oben, ob sie euch für die Zukunft nützlich sein können.

In Phase III „Verwirklichung und Umsetzung" werden Fantasie und Wirklichkeit miteinander verbunden. Dabei wird geprüft, welche Ideen aus der Fantasiephase sich in der Wirklichkeit nutzen lassen.

Bei eurer Lebensplanung müsst ihr bedenken, dass immer wieder Hindernisse im Leben auftauchen können. Oft ähneln sich diese Hindernisse, die eine Lebensplanung durcheinanderbringen, in einer Familie, in einem bestimmten Lebensalter, bei Jugendlichen ebenso wie bei Erwachsenen.

Für deinen Plan solltest du dich fragen:

- Möchte ich meine Berufstätigkeit für eine Familienphase unterbrechen?
- Kann ich in meinem Wunschberuf aufsteigen?
- Verdiene ich in dem angestrebten Beruf genug für meinen Lebensunterhalt?
- Möchte ich heiraten und möchte ich Kinder haben?

Über diese Fragen lohnt es sich nachzudenken. Überlege dir, in welchem Alter die einzelnen Schritte deines Lebensplanes am sinnvollsten umgesetzt werden sollten.
Trotz eines schönen Planes kann es Störungen geben. Diese müssen erkannt werden. Wir nennen die Stellen in der Lebensplanung, die für das weitere Leben besonders wichtig sind, Knackpunkte. Hier kann man leicht etwas falsch machen. Knackpunkte in der Lebensplanung können sein: Berufswahl, Berufstätigkeit und beruflicher Aufstieg, Partnerschaft und Familie.

Aktions-
plan

Maurice
Schüler, 13 Jahre

1. ETAPPENZIEL: BERUFSFINDUNG

Was tun?		Mit wem?	Wo?	Wann?
1. Schritt	erste Informationen	Klassenlehrerin Frau Müller	Schule	nächste Woche (9. Nov.)
		meinem Cousin	Geburtstag von Tante Lia	15. Nov.
		Berufsberatung	Internet: http://www.planet-beruf.de/	regelmäßig
		Berufsberater	Agentur für Arbeit, Finkenweg 125	???
2. Schritt	Praktikum	??? Ansprechpartner erfragen	Elektroanlagen „Kabelmann"	Dezember Erkundigungen einholen
3. Schritt	BiZ-Besuch	???		

Verwirklichungsphase: Maurices Aktionsplan zur Berufsfindung

Vom Lebensplan zum Aktionsplan

Um unser Leben nach unseren Plänen zu gestalten, müssen wir die Knackpunkte bestimmen und die richtigen Entscheidungen treffen. Auch hier gilt wieder: Gut überlegen und planvoll vorgehen! Für vorhersehbare Ereignisse der nächsten Zeit überlegt ihr euch, welche Schritte wichtig sind und in welcher Reihenfolge ihr am besten vorgeht. Plant in Ruhe, um die Gefahr unüberlegter Entscheidungen zu verringern. Legt die nächsten Aktionen genau fest.

In einem Aktionsplan werden die nächsten Schritte des Weges in eine sichere Zukunft genau festgelegt.

Mithilfe von Eltern, Schule, Freunden und Berufsberatung könnt ihr an Knackpunkten in eurem Lebensplan arbeiten. Bei allen Entscheidungen – Lernen oder Fernsehen? Friseurin oder Schornsteinfegerin? – fragt ihr euch: Was ist für meine Zukunft wichtig?

Eine Zukunftswerkstatt ist eine Methode zur planvollen Gestaltung der Zukunft. Sie führt zu einem Ergebnis, das in die Wirklichkeit umgesetzt werden kann.

M

1 Lies den Text zu Lisas Leben in zwanzig Jahren auf S. 10. Wie stellst du dir dein Leben in zwanzig Jahren vor? Schreibe deine Geschichte dazu.

2 Schreibe wichtige Stationen deiner Lebensplanung auf Kärtchen und bringe sie in die für dich richtige Reihenfolge.

3 Entwirf einen Aktionsplan zur Verbesserung deiner Leistungen in einem Schulfach und schreibe ihn auf.

4 Entwickle eine Übersicht für deine Berufs- und Lebensplanung. Orientiere dich an den Plänen von Nadine und Maurice (S. 14 und 15).

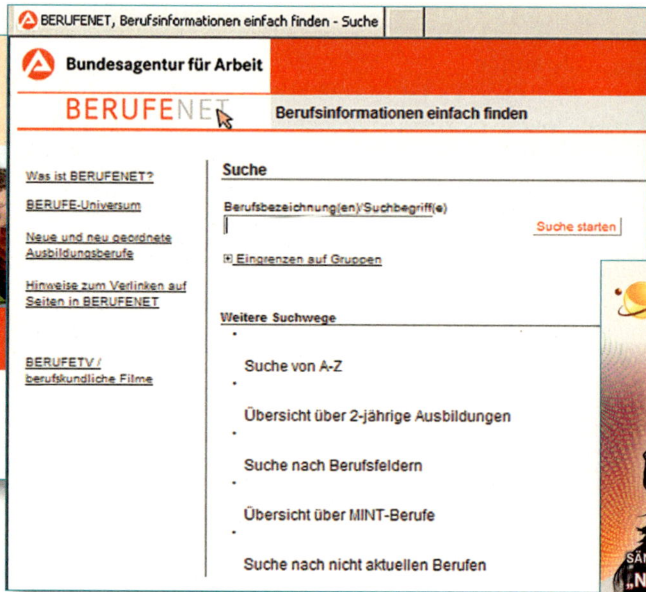

Die Agentur für Arbeit bietet Materialien zur Berufsorientierung an.

Viele Informationsmöglichkeiten

Nicht nur Nadine, Maurice, Lea und die vielen anderen Schülerinnen und Schüler benötigen Informationen, damit die Berufswahl nicht zur Qual wird und die Entscheidungen für eine Berufsausbildung oder ein Studium überlegt erfolgen können.

Hilfen zur Selbsthilfe

Woher aber bekommst du Informationen über die verschiedenen Berufe und Berufsbildungswege? Zunächst lohnt es sich, mit etwas Eigeninitiative die Tagespresse, das Internet oder Informationsveranstaltungen der Handwerkskammer bzw. der Industrie- und Handelskammer zu nutzen.
Im Berufsinformationszentrum (BiZ) der Agentur für Arbeit findest du alles, was du über Ausbildung, Beruf und Chancen wissen willst. Mithilfe von Computern, Infomappen, Zeitschriften und Filmen kannst du dich über deine Wunschberufe informieren. Diese Informationen sind auch im Internet unter http://berufenet.arbeitsagentur.de abrufbar.

Die Agentur für Arbeit gibt außerdem Materialien heraus, die bei der Berufsorientierung helfen. *BERUF AKTUELL* ist ein Taschenbuch. Es enthält Kurzbeschreibungen aller anerkannten Ausbildungsberufe, der Berufsfachschulberufe und der Ausbildungsmöglichkeiten im Beamtenverhältnis. www.planet-beruf.de ist ein Internetportal für Schülerinnen und Schüler, das verschiedene Medien zur Berufsfindung anbietet. Das Berufswahlmagazin *planet-beruf.de* erscheint monatlich. *BERUFE-Universum* ist ein Selbsterkundungsprogramm für Schülerinnen und Schüler, das online oder auf CD-ROM angeboten wird.
Hilfestellung bietet dir aber auch das pädagogische Personal an der Schule. Beratungslehrkräfte, Klassen- und Vertrauenslehrer/-innen sowie Berufsberater/-innen der Agentur für Arbeit gibt es an den meisten Schulen. Wenn du ein Problem hast, kannst du dich aber auch an jeden anderen Lehrer oder jede andere Lehrerin deines Vertrauens wenden.

Spezielle Hilfen im Prozess der Berufsfindung bieten das Berufsinformationszentrum (BiZ) und die Berufsberatung der Agentur für Arbeit.

Expertenbefragung

Vorbereitung

- Welcher Experte kann uns Auskunft geben?
- Was wollen wir fragen? Erstellt einen Fragenkatalog.
- Wir vereinbaren einen Termin mit dem Experten.
- Wie wollen wir die Antworten festhalten?

Durchführung

- Wir sind pünktlich und vollzählig!
- Wir tragen die Fragen des erstellten Fragenkatalogs deutlich vor!
- Wir protokollieren die Befragung! Teilt im Vorfeld zwei Schüler als Protokollanten ein!
- Achtet auf den Zeitplan!

Auswertung

- Bewertet im Anschluss die gestellten Fragen und Antworten!
- Gab es bei der Durchführung Probleme? Überlegt euch, was mögliche Gründe sein könnten.

Wir führen eine Expertenbefragung durch

Informationsveranstaltungen und Expertengespräche

Jedes Jahr bietet die Agentur für Arbeit beziehungsweise das BiZ verschiedene Informationsveranstaltungen an, bei denen Experten über ihren Beruf sprechen. Solche Veranstaltungen können sehr unterschiedlich ablaufen. Die vom BiZ eingeladenen Gäste halten einen Vortrag. Aus der Erfahrung mit Schülerreferaten wisst ihr, dass es nicht immer leicht ist, die ganze Zeit aufmerksam zuzuhören. Wenn man etwas nicht verstanden hat, ist es gut, nach dem Vortrag Fragen stellen zu können. Diese sollten zuvor auf einem Erkundungsbogen notiert werden.
Auch ein Gespräch mit deinen Verwandten über ihren Beruf ist eine Art Expertengespräch. Es findet eher zwanglos statt. Auch die Befragung von Mitarbeitern oder einem Ausbilder während einer Betriebserkundung, in der Schnupperwoche, beim Girls' Day oder dem Betriebspraktikum kann wertvolle Informationen liefern. Dabei ist es ratsam, ein Protokoll vorzubereiten, in dem ihr – wie ein Reporter in seinem Interviewleitfaden – wichtige Fragen notiert. So könnt ihr sicher sein, dass nichts vergessen wird.

Informationsveranstaltungen und Expertengespräche sollten mit einem persönlichen Fragebogen vorbereitet werden.

1 Ermittle die aktuellen Angebote der Berufsberatung und des BiZ.

2 Ländliche Gegenden besucht das mobile Berufsinformationszentrum (BiZ-mobil). Wann macht es in deiner Region Station? Informiere dich im Internet.

3 Entwerft in kleinen Gruppen einen Fragebogen für ein Gespräch mit dem Berufsberater bzw. der Berufsberaterin.

4 Bereite ein Protokoll für ein Expertengespräch vor. Stelle das Protokoll in der Klasse vor und begründe die Gestaltung.

1. Station: Informationen sammeln >>>>		2. Station: Auswerten
Was will ich und kann ich? Welche Anforderungen stellen die einzelnen Berufe an mich? Wie komme ich an Informationen?		Stimmen deine persönlichen Berufsvorstellungen mit
Selbsterkundung Berufsberatung	**Betriebserkundung und erstes Praktikum**	**Auswerten und vergleichen**
Wer bin ich? Wie sehen mich andere? Mindmap „Persönlichkeitsprofil" erstellen; Selbst- und Fremdeinschätzungsbögen ausfüllen (lassen); Freunde und Verwandte befragen; zur Berufsberatung gehen	Wie sieht mein Wunschberuf in der Praxis aus? Protokoll – Eindrücke vom Arbeitsplatz und den Anforderungen des Berufes der Schneiderin festhalten Expertenbefragung im Betrieb	Passt der Beruf zu mir? Die Anforderungen des Berufes der Schneiderin mit den Fähigkeiten im eigenen Persönlichkeitsprofil vergleichen; Informationen über einen Alternativberuf einholen: Voraussetzungen, Anforderungen und Ausbildung des Berufes der Goldschmiedin
ab 7. Schuljahr		

Petras Berufswahlfahrplan

Berufswahlfahrplan erarbeiten

Ausgangssituation bestimmen

Petra will seit frühester Kindheit Schneiderin werden. Ihr Berufswunsch entstand, als sie ihrer Oma dabei zusah, wie diese Kleider für die Puppen und lustige Kuscheltiere nähte.
Unsere Berufswünsche werden unter anderem von der Umgebung beeinflusst. Die Berufe von Eltern, Freunden und Bekannten, Spielzeug, Filme, Fernsehen und andere Medien oder Idole können zu Vorstellungen führen, die den eigenen Berufswunsch mitbestimmen.
Petra ist nun in der 8. Klasse. Das Thema für die nächsten Wochen und Stunden heißt Berufsorientierung – was ich später einmal werden möchte. Petra ist sich sicher, dass der Beruf der Schneiderin der richtige für sie ist – bis sie im Rahmen der Betriebserkundung die Gelegenheit hat, eine moderne große Schneiderei zu besichtigen.
Zum Glück hatte Petra vor ihrem Besuch in der Schneiderei ihre eigenen Fähigkeiten und Neigungen sowie ihre Vorstellungen von ihrem späteren Arbeitsplatz erkundet. Dadurch wusste sie genau, worauf sie bei der Betriebserkundung achten musste. Als sie feststellt, dass ihre Vorstellungen vom Schneiderberuf nicht mit der Wirklichkeit übereinstimmen, bekommt sie große Zweifel an ihrem Wunschberuf.
Petra macht nun doch ein Praktikum bei einem Goldschmied. Auch hier braucht sie Fingerspitzengefühl für die Fertigung der Produkte. Als Goldschmiedin kann sie jedoch kreativ arbeiten, was in einer modernen großen Schneiderei kaum möglich ist, wie sie beobachten konnte.
Das Beispiel von Petra zeigt, dass es hilfreich ist, bei der Berufsorientierung nach einem persönlichen Plan vorzugehen (siehe Abbildung).

Schritt für Schritt zum Ziel

Um einen solchen Fahrplan zu erarbeiten, benötigst du ein Ziel und einzelne Stationen. Das Ziel ist ein Ausbildungsvertrag. Die einzelnen Stationen legen fest, wie du dorthin kommst. Wo und wann kannst du dich informieren? Wer hilft dir bei deiner Entscheidung? Wie verläuft das Bewerbungsverfahren?

In einem Berufswahlfahrplan werden die wichtigsten Maßnahmen zur Berufswahlvorbereitung zeitlich geordnet eingetragen.

und Entscheiden >>>>	3. Station: Bewerbungsprozess >>>> Ausbildung	
der Wirklichkeit eines Berufes überein?	Über Lebenslauf und Bewerbungsschreiben bis hin zum Vorstellungsgespräch – auf alles gut vorbereit sein!	
Eine Entscheidung treffen	**Vorbereiten und üben**	**Gezielt bewerben**
2. Praktikum: Entscheidung gegen das Praktikum als Schneiderin, stattdessen für eines bei einem Goldschmied Nach ausführlichen Recherchen zu Ausbildungsmöglichkeiten und einem weiteren Gespräch bei der Berufsberatung: Entscheidung für eine Ausbildung zur Goldschmiedin im Erzgebirge	Lebenslauf und Bewerbung anhand von Mustern schreiben (in Verbindung mit dem Fach Deutsch) Einstellungstests und Vorstellungsgespräche üben	Bewerbung auf einen konkreten Ausbildungsbetrieb abstimmen Pünklich und ausgeruht zu den jeweiligen Auswahlverfahren erscheinen
		Ende der Schulzeit

Ziel: Ausbildung im Wunschberuf

Es gibt immer Stationen auf dem Weg zum Vertragsabschluss, die zeitlich ziemlich feststehen. So haben Bewerberinnen und Bewerber beispielsweise auf den Bewerbungszeitraum keinen Einfluss. Andere Maßnahmen müssen jedoch in den Plan eingeordnet werden.

Wichtige Stationen des Berufswahlfahrplans sind:

- das erste und zweite Betriebspraktikum,
- die Schulbesprechung mit der Berufsberatung,
- ein Besuch im Berufsinformationszentrum (BiZ),
- die Betriebserkundungen mit der Klasse,
- die Bewerbung.

Du musst aber auch Maßnahmen in deinem Plan vermerken, über die du selbst entscheidest. Solche persönlichen Stationen des Fahrplanes sind:

- individuelle Berufsberatungsgespräche bei der Agentur für Arbeit,
- persönliche Gespräche in Betrieben, bei Kammern und Verbänden,
- zusätzliche Besuche im BiZ.

Es bietet sich an, den persönlichen Fahrplan auf ein großes Plakat zu schreiben, damit sich alle Punkte übersichtlich darstellen lassen.
Trotz aller Vorausschau können jedoch Veränderungen auftreten. Deshalb muss der Plan immer wieder aktualisiert werden. Zumindest nach jedem Schulhalbjahr ist der Plan zu überprüfen und zu präzisieren.

1 Zeichne deinen persönlichen Berufswahlfahrplan. Petras Berufswahlplan (s. oben) bietet dir dafür eine Orientierung.

2 Sammle Informationen zu Ausbildungsmöglichkeiten in deinem Wunschberuf.

3 Überlege dir mögliche Alternativen zu deinem Wunschberuf.

4 Ermittle das aktuelle Vortragsangebot des BiZ in diesem Schulhalbjahr. Was würde dich interessieren?

E **5** Erkundige dich bei Schülerinnen und Schülern der oberen Klassen, wo sie ihr Betriebspraktikum gemacht haben. Liste in einer Tabelle positive und negative Erfahrungen der Praktikanten auf.

Peter: 48 Jahre, ohne Schulabschluss, Förderlehrgang abgebrochen, angelernte Tätigkeit: beim Obstbauern

Er ist tätig an einem Einfach-Arbeitsplatz.

Sabine: 30 Jahre, Fachoberschulreife, Ausbildung an einer Berufsschule zur Gartenarbeiterin, zahlreiche Fortbildungen: zurzeit selbstständige Garten- und Landschaftsdesignerin

Sie ist tätig an einem Arbeitsplatz, der Fachtätigkeiten auf mittlerem Niveau erfordert.

Stefan: 44 Jahre, Abitur, Studium für Architektur, beschäftigt in verschiedenen Betrieben; heute Abteilungsleiter in einem großen Architekturbüro

Er ist tätig an einem Arbeitsplatz, der höher qualifizierte Tätigkeiten erfordert.

3 Arbeitsplätze – 3 Personen – 3 Qualifikationen

Berufe stellen Anforderungen

Bei der Wahl eines Berufes ist zu bedenken, dass Berufe unterschiedliche Anforderungen an den Berufstätigen stellen. Nach diesen Anforderungen werden die Arbeitsplätze von Experten in drei Gruppen unterteilt.

Einfach-Arbeitsplätze mit geringen Anforderungen: Einfache Arbeitsaufgaben, die sich wiederholen, können problemlos von Arbeitskräften ohne Ausbildung verrichtet werden. Ein Beispiel hierfür sind Arbeiten am Fließband, wie das Sortieren und Verpacken von Lebensmitteln. Oft übernehmen diese Tätigkeiten auch Maschinen.

Einfach-Arbeitsplätze verlangen Tätigkeiten auf einfachem Niveau, die von Arbeitskräften ohne Ausbildung verrichtet werden.

Fachtätigkeiten auf mittlerem Niveau: Da die Vielfalt der beruflichen Anforderungen wächst, entstehen ständig neue Berufe. Seit 1996 sind über 270 Ausbildungsberufe modernisiert oder neu geschaffen worden. Neue Berufe führen Inhalte verschiedener bereits bekannter Berufe zusammen und/oder erweitern sie um neue, zusätzliche Qualifikationen, die im traditionellen Berufsbild nicht enthalten sind.
Ein Beispiel hierfür ist der Beruf des Sport- und Fitnesskaufmanns. Dieser Ausbildungsberuf wurde um die in der Praxis geforderten sportfachlichen Inhalte ergänzt. Die Beschäftigten in diesem Beruf müssen sich auch nach der Berufsausbildung regelmäßig weiterbilden. Lebenslanges Lernen wird in allen Berufsfeldern immer wichtiger.

Fachtätigkeiten auf mittlerem Niveau erfordern eine Ausbildung. Die Arbeitskräfte müssen sich regelmäßig weiterbilden.

Höher qualifizierte Tätigkeiten: Dazu zählen z. B. das Lehren und Forschen, Organisieren und Managen. Nach einer Berufsausbildung oder einem Studium übernehmen die jungen Leute auf ihrem Arbeitsplatz Verantwortung für Menschen, Maschinen und Produkte. Sie müssen selbstständig und eigenverantwortlich arbeiten.

Höher qualifizierte Tätigkeiten erfordern selbstständiges Handeln und eigenverantwortliches Arbeiten.

Sieben neue und drei modernisierte Ausbildungsberufe

Ausbildungsordnungen seit 1. August 2008 in Kraft

Damit begann für viele Berufsschüler und Berufsschülerinnen das neue Schuljahr.

Neue Ausbildungsberufe:
- Automatenfachmann/Automatenfachfrau
- Fachkraft für Automatenservice
- Servicekraft für Schutz- und Sicherheit
- Fotomedienfachmann/Fotomedienfachfrau
- Personaldienstleistungskaufmann/Personaldienstleistungskauffrau
- Produktionstechnologe/Produktionstechnologin
- Speiseeishersteller/Speiseeisherstellerin

Modernisierte Ausbildungsberufe:
- Fachkraft für Schutz und Sicherheit
- Friseur/Friseurin
- Seiler/Seilerin

Neuer Ausbildungsberuf seit 2008: Speiseeishersteller/-in

Berufsbilder im Wandel

Die Ausbildung ist staatlich geregelt

Es gibt rund 340 staatlich anerkannte Ausbildungsberufe. Die Ausbildungsdauer in diesen Berufen beträgt zwischen zwei und dreieinhalb Jahren. Die Ausbildung erfolgt „dual", d.h. an den beiden Lernorten Betrieb und Berufsschule.

Anerkannte Ausbildungsberufe sind bundeseinheitlich geregelt.

Rund 60 Prozent der Jugendlichen beginnen eine duale Berufsausbildung, an deren Ende eine staatliche Prüfung steht. Die genaue Bezeichnung des Ausbildungsberufes ist wichtig für die Identifikation und Ausrichtung des Berufes. Berufsbezeichnungen folgen ganz unterschiedlichen Logiken. Beim Tischler orientiert sich die Bezeichnung am Arbeitsgegenstand, bei der Kranführerin am Arbeitsmittel, bei der Laborantin am Arbeitsort, beim Bäcker an der Arbeitsaufgabe und bei der Kassiererin an der Funktion bzw. dem Einsatzbereich.

Bei neuen Berufen wird deshalb oft lange um die angemessene Bezeichnung gerungen. Bei der Neuordnung des Berufs „Bürokaufmann/-frau" wurde die Bezeichnung beibehalten. Gleichzeitig wurde aber eine neue Berufsbezeichnung für einen ähnlichen Beruf eingeführt, nämlich „Kaufmann/Kauffrau für Bürokommunikation". Sie weist den Beruf als Querschnittsberuf aus, der anders als der Beruf „Versicherungskaufmann/-frau" nicht auf eine Branche bezogen ist. Die Ausbildung sollte „quer" in allen Branchen erfolgen. Bezugspunkt ist dabei die Bürowirtschaft, insbesondere die Auftragsabwicklung.

1 Welche Ausbildungsberufe wurden zum neuen Schuljahr neu geschaffen oder modernisiert? Informiere dich beim Bundesinstitut für Berufsbildung: http://www.bibb.de

E **2** Finde heraus, welches die Ausbildungsberufe mit den wenigsten Neuabschlüssen sind. Tipp: Das BIBB veröffentlicht regelmäßig die am stärksten besetzten Ausbildungsberufe (BIBB-Erhebung über neu abgeschlossene Ausbildungsverträge).

z. B. Arbeit in der Landwirtschaft

z. B. Arbeit im Büro

Typische berufliche Tätigkeiten: züchten, hegen

Typische berufliche Tätigkeiten: beraten, informieren

Vielfalt der Ausbildungsberufe

Bei der Entscheidung für einen Ausbildungsberuf ist es nicht nur wichtig, auf welchem Niveau die späteren Arbeitstätigkeiten auszuführen sind, sondern auch, welche Tätigkeiten vorrangig erledigt werden müssen.

Arbeiten in der Urproduktion

In der Urproduktion, z.B. in der Land- und Forstwirtschaft, geht es vorwiegend um Tätigkeiten wie Anbauen, Züchten, Hegen, Ernten. Da die körperlich schwere Arbeit mehr und mehr von Maschinen übernommen wird, ist Körperkraft nicht mehr das Wichtigste. Die meist riesigen Maschinen müssen bedient werden. Vor Schmutz und Dreck darf man sich dabei nicht fürchten. Tiere sind nicht nur zu streicheln, sie bedürfen intensiver Pflege und Fütterung. Auch der Mist muss entfernt werden. Viele landwirtschaftliche Tätigkeiten werden überwiegend im Freien ausgeführt. Arbeit im Freien – das bedeutet nicht nur frische Luft und Sonnenschein, sondern auch Kälte, Regen und Wind. Zugleich ist die Arbeitsbelastung von der Jahreszeit abhängig. Im Winter ist weniger zu tun. Im Frühjahr müssen Felder bestellt und im Sommer und Herbst muss vor allem geerntet werden. Da genügt der Arbeitstag mit acht Stunden meist nicht, und wenn am Wochenende schönes Wetter ist, muss die Zeit für die Arbeit auf dem Feld genutzt werden. Eine gute gesundheitliche Verfassung ist hier notwendig.

Arbeiten im Dienstleistungsbereich

Das Ausführen von Schreib- und Rechentätigkeiten, Datenverarbeitung, Buchen, Erstellen von Zeichnungen erfolgen vorwiegend im Büro. Es sind Arbeiten der modernen Dienstleistung, die solide geistige Fähigkeiten und Kenntnisse in der Mathematik erfordern. Notwendig sind auch Genauigkeit, Zuverlässigkeit, Präzision und eine hohe Konzentrationsfähigkeit, denn Fehler können oftmals harte Konsequenzen haben. Von größter Bedeutung sind logisch-analytisches Denkvermögen, die Fähigkeit zum Denken in

1 Maschinen, technische Anlagen oder Geräte einrichten, steuern, überwachen, warten

2 Anbauen, Züchten, Hegen, Ernten, Fischen

3 Abbauen/Fördern, Rohstoffe gewinnen

4 Fertigen, Be- und Verarbeiten, Bauen/Ausbauen, Installieren, Montieren

5 Einkaufen/Verkaufen, Vermitteln, Kassieren

6 Reparieren, Renovieren, Instandsetzen, Ausbessern

7 Ausführen von Schreib-, Rechen- und DV-Arbeiten, Buchen, Erstellen von Zeichnungen

8 Messen, Prüfen, Erproben, Kontrollieren nach vorgegebenen Verfahren

9 Forschen, Entwerfen, Konstruieren, Gestalten von Produkten, Plänen, Programmen

10 Werben, Marketing, Öffentlichkeitsarbeit/PR

11 Management-, Leitungs- und Führungstätigkeiten

12 Bewirten, Beherbergen, Speisen bereiten

13 Gesetze/Vorschriften/Verordnungen anwenden, auslegen; Beurkunden

14 Erziehen, Ausbilden, Lehren

15 Beraten, Informieren

16 Gesundheitlich/sozial helfen, pflegen; medizinisch/kosmetisch behandeln

17 Künstlerisch, journalistisch, unterhaltend tätig sein

18 Fahrzeuge führen, Packen, Beladen, Verladen, Sortieren, Zustellen

19 Reinigen, Abfall beseitigen, Recycling

20 Sichern, Schützen, Be-/Überwachen, Verkehr regeln

Systematik beruflicher Tätigkeiten

Zusammenhängen sowie Leitungs- und Kontrollkompetenz. Sprach- und Kommunikationsfähigkeiten, die Bereitschaft zu hohem Einsatz, zu Arbeit unter Stress, aber auch zu ständiger Weiterbildung sind ebenfalls unabdingbare berufliche Voraussetzungen für Tätigkeiten in diesem Bereich. An die Arbeit im Großraumbüro muss man sich gewöhnen.

Berufe fordern Körper, Geist und Seele

Die Vielfalt der beruflichen Tätigkeiten haben Experten der Berufsforschung zusammengefasst und geordnet. Sie kommen dabei auf zwanzig verschiedene Tätigkeitsgruppen (s. oben). Bei der Berufssuche können die Tätigkeiten eine Entscheidungshilfe sein. Die Grundfrage sollte lauten: Welche Tätigkeiten übernehme ich gerne? Welche Tätigkeiten würde ich lieber vermeiden? Zugleich sind die Tätigkeiten ganz entscheidend dafür, welche Anforderungen der Beruf stellt. Für die Berufswahl ist daher wichtig zu untersuchen:

- Welche Anforderungen werden an die geistige Leistungsfähigkeit gestellt? Hierzu zählen Abstraktionsvermögen, räumliches Vorstellungsvermögen, logisches Denken.
- Welche Anforderungen werden an die körperliche Leistungsfähigkeit gestellt? Hierzu zählen Muskelkraft, Körpergröße, gesundheitliche Verfassung.
- Welche Anforderungen werden an die seelische bzw. mentale Leistungsfähigkeit gestellt? Hierzu zählen Konfliktfähigkeit, Umgang mit Stress, Leistungsbereitschaft.

Berufe beanspruchen in unterschiedlichem Maße die Menschen körperlich, geistig und mental (seelisch).

1 Informiere dich über die beruflichen Anforderungen für einen deiner Wunschberufe. Gestalte ein Poster dazu.

Mein persönliches Profil

Um dich besser einzuschätzen, kannst du ein persönliches Profil erstellen. Damit überprüfst du für die Berufswahl wichtige Eigenschaften und Fähigkeiten. Wenn du Zweifel hast, wende dich an Freunde, Eltern und Lehrer und frage nach ihrer Einschätzung.

Aufgabe: Überdenke die einzelnen Eigenschaften und bewerte, ob diese bei dir im Vergleich zu deinen Mitschülerinnen und Mitschülern durchschnittlich, besser oder schlechter ausgeprägt sind.

Sascha, 13 Jahre

Sascha kam zu folgender Einschätzung:

Ich lerne gut und arbeite gern.	im Vergleich zu Mitschülern		
	besser	gleich	schlechter
Ich kann			
• logisch denken			✓
• Zusammenhänge erkennen			✓
• Wissen und Können auf andere Sachverhalte übertragen		✓	
• vorausschauend denken		✓	
• Skizzen und Zeichnungen lesen	✓		
• zweckmäßig und systematisch vorgehen	✓		
Ich bin teamfähig und kontaktfreudig.			
Ich bin			
• fair	✓		
• aufgeschlossen	✓		
Ich kann			
• mich schriftlich und mündlich gut ausdrücken		✓	
• gut argumentieren und überzeugen	✓		
Ich bin selbstständig und übernehme Verantwortung.			
Ich bin			
• zuverlässig			✓
• diszipliniert			✓
• umsichtig	✓		
• zielstrebig			✓
Ich kann			
• meine Meinung offen vertreten		✓	
• mich entscheiden			✓
• Verantwortung für andere übernehmen		✓	
Ich bin belastbar.			
Ich habe			
• Ausdauer	✓		
Ich kann			
• mich schweren Aufgaben stellen		✓	
• mich auf das Wesentliche konzentrieren		✓	

2 Haushaltsmanagement

Die Umwelt schonen

Die Finanzen planen

Den Haushalt führen heißt:

Ziele verwirklichen

Die Versorgung mit Sachgütern und Dienstleistungen sicherstellen

Arbeit und Zeit planen

Freizeit aktiv gestalten

Verschiedene Haushaltsformen

Im privaten Haushalt leben

Unterschiedliche Haushaltsformen

Benjamin hat sieben Geschwister und wohnt bei seinen Eltern in einer großen Altbauwohnung.
Maries Eltern sind geschieden. Marie lebt bei ihrem Vater. Ihre große Schwester ist vor einem Jahr zu ihrem Freund gezogen.
Vanessas Bruder studiert und ist froh, dass er ein Zimmer in einer studentischen Wohngemeinschaft gefunden hat.
Tobias wohnt vorübergehend bei Oma und Opa, weil seine Eltern im Ausland arbeiten. Im nächsten Monat kommen sie zurück. Dann leben Oma und Opa wieder zu zweit in ihrem Haus.
Nicoles Oma lebt nicht mehr in der Familie, sondern in einer Seniorenwohngruppe und wird dort betreut. Nicoles Schwester ist mit 18 ausgezogen und lebt als Single in einer Einraumwohnung.
Jonas macht nach dem Abitur erst einmal ein Jahr lang eine Weltreise und verdient sich sein Geld durch verschiedene Gelegenheitsjobs. Die wichtigsten Dinge hat er im Rucksack bei sich.
So wie die genannten Personen leben wir alle in einem Haushalt. Oft denken wir dabei zunächst nur an eine Wohnung oder ein Haus. Doch ihr seht an den Beispielen, dass Haushalte sehr verschieden sein können. Auch der Weltenbummler, der aus dem Rucksack lebt, führt einen Haushalt. Haushalte unterscheiden sich durch die Anzahl der Personen und die Art und Weise, wie diese im Haushalt zusammenleben. Wir sprechen dabei von unterschiedlichen Haushaltsformen.
Von einem privaten Haushalt sprechen wir immer dann, wenn Personen gemeinsam wirtschaften, das heißt, wenn sie das zur Verfügung stehende Einkommen gemeinsam für ihren Lebensunterhalt einsetzen, Entscheidungen gemeinsam treffen und sich gegenseitig unterstützen. Wenn zwei oder mehr Generationen zusammenwohnen, ist es ein Familienhaushalt.

Ein privater Haushalt ist die kleinste wirtschaftliche und soziale Einheit.

Funktionen der privaten Haushalte

Zur Familie Hartmann gehören Vater Uwe, 41 Jahre, Mutter Ramona, 38 Jahre, Sohn Maximilian, 14 Jahre, und Tochter Kristin, 5 Jahre. Wie alle privaten Haushalte erfüllt der Haushalt von Familie Hartmann wichtige Aufgaben in der Gesellschaft.

Funktionen des privaten Haushalts

Im privaten Haushalt werden die Haushaltsmitglieder wirtschaftlich versorgt, sie können sich erholen, die Kinder werden erzogen und Geburten sichern den Fortbestand der Gesellschaft.

Alle Familienmitglieder werden mit Gütern und Dienstleistungen versorgt. Familie Hartmann setzt die ihr zur Verfügung stehenden Mittel zum Wohle aller Haushaltsmitglieder ein. Diese wirtschaftliche Versorgung bezeichnen wir als *ökonomische Funktion* des privaten Haushalts.
Der private Haushalt bietet Entspannung und Erholung. Am Wochenende gehen die Familienmitglieder ihren Hobbys nach oder unternehmen gemeinsam etwas, um neue Kräfte für die anstrengende Arbeitswoche oder für die Aufgaben in der Schule zu sammeln. Dies nennen wir die *regenerative Funktion* des privaten Haushalts.
Die Familien sichern den Fortbestand der Gesellschaft. Mit der Geburt der Tochter Kristin hat die Familie die *generative Funktion* erfüllt. Die beiden Kinder werden, wenn sie herangewachsen sind, die Aufgaben der Eltern in der Gesellschaft übernehmen können.
Mutter Ramona und Vater Uwe geben sich Mühe, ihre Kinder gut zu erziehen. Die Kinder machen in der Familie ihre ersten Erfahrungen im Umgang mit anderen Menschen und lernen, sich richtig zu verhalten, z. B. Rücksicht zu nehmen, anderen zu helfen, das Spielzeug zu teilen. Das ist die Voraussetzung dafür, dass sich Kristin und Maximilian in die Gesellschaft einordnen können. Die Eltern leisten mit der Erziehung einen Beitrag zur *Sozialisation*.

Nicht immer werden die Funktionen erfüllt

Leider können aus sehr verschiedenen Gründen nicht alle Haushalte ihre Funktionen in der Gesellschaft erfüllen.
Carolins Mutter verdient nur wenig und oft reicht das Geld nicht, um Lebensmittel, die Energierechnung oder die Miete zu bezahlen.
Nicos Mutter ist berufstätig und pflegt außerdem die kranke Oma. Das erfordert viel Zeit und kostet Kraft. Die Erholung kommt oft zu kurz.
Dem Ehepaar Tille war die berufliche Karriere wichtig. Sie haben deshalb keine Kinder.
Bei Familie Müller isst man, wenn man Hunger hat. Auf Tischmanieren achtet da niemand.

1 Nenne die im Text auf Seite 26 enthaltenen Haushaltsformen. Ergänze weitere.

2 Erkläre die Funktionen des privaten Haushalts mithilfe von Beispielen aus dem eigenen Erfahrungsbereich.

E **3** Erkläre die Behauptung: „Haushalt ist nicht gleich Familie".

E **4** Beschreibe gesellschaftliche Probleme, zu denen es kommt, wenn die privaten Haushalte ihre Funktionen nicht erfüllen.

Viele verschiedene Bedürfnisse

Vielfalt der Bedürfnisse

Sascha hat Hunger, Daniela möchte einen Tee, Franzi benötigt neue Turnschuhe, Caroline wünscht sich ein eigenes Zimmer, Ronny sucht nach einer neuen Jacke. Allen gemeinsam ist, dass sie einen Mangel empfinden, den sie gern beseitigen möchten: Sie haben Bedürfnisse.

> Bedürfnisse sind ein Gefühl des Mangels. Wir möchten diesen Mangel beseitigen.

Diejenigen Bedürfnisse, deren Befriedigung für uns lebensnotwendig ist, heißen Grund- oder auch Existenzbedürfnisse.

> Grundbedürfnisse aller Menschen sind Ernähren, Kleiden, Wohnen und Schlafen.

Im Gegensatz zu anderen Lebewesen hat der Mensch nicht allein diese Grundbedürfnisse. Jedem von euch fällt bestimmt sofort etwas ein, was er darüber hinaus gern haben möchte. Die Wünsche nach einem neuen Fahrrad, einem MP3-Player, einem Konzertbesuch oder einem Besuch auf dem Reiterhof, also alles, was das Leben angenehmer macht, nennen wir Wahlbedürfnisse. Wahlbedürfnisse unterteilen wir in Kulturbedürfnisse und Luxusbedürfnisse. Zu den Kulturbedürfnissen zählen Sprachenlernen, Musik, Kino- und Theaterbesuche oder Fotografieren. Luxusbedürfnisse sind z. B. echten Schmuck zu tragen, eine Yacht oder ein teures Handy zu besitzen.

> Wahlbedürfnisse gehen über die Grundbedürfnisse hinaus. Ihre Erfüllung macht das Leben angenehmer. Man unterteilt sie in Kultur- und Luxusbedürfnisse.

Es hängt sehr vom einzelnen Menschen ab, wann er ein Bedürfnis als erfüllt betrachtet. Dem einen genügt eine Mietwohnung, der andere wünscht sich ein Haus.
Es gibt aber auch Bedürfnisse, die man nicht mit Geld kaufen kann. Man nennt sie immaterielle Bedürfnisse. Das können z. B. Bedürfnisse nach Glück, Gesundheit, Liebe, Freundschaft, Anerkennung, Erfolg, Sicherheit und Freiheit sein.

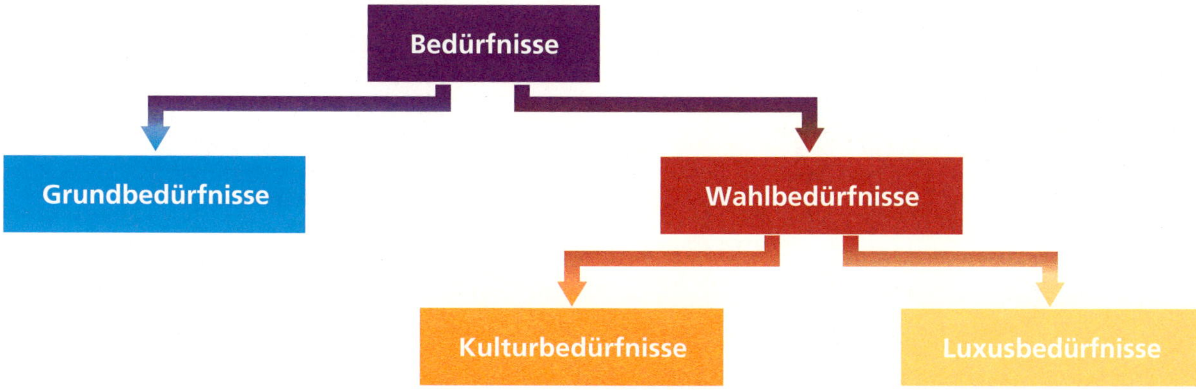

Verschiedene Arten von Bedürfnissen

Bedürfnisse verändern sich

Bedürfnisse verändern sich ständig. Sie werden durch den technischen Fortschritt und den Wandel des gesellschaftlichen und kulturellen Lebens beeinflusst. Hier sind einige Beispiele dafür.
Solange die Existenz von Menschen nicht gesichert ist, steht die Befriedigung der Grundbedürfnisse (Ernähren, Kleiden, Wohnen) an erster Stelle. Dies ist in armen Ländern, aber auch in wirtschaftlich harten Zeiten so.
Durch den wachsenden Wohlstand der Bevölkerung nehmen ehemalige Luxusbedürfnisse, wie der Wunsch nach einem Fernseher, einem Auto oder einer Urlaubsreise, an Bedeutung zu. Die meisten Familien besitzen heute mindestens ein Auto. Es wird benötigt, um zur Arbeit zu fahren, Einkäufe zu erledigen, jemanden zu besuchen oder um in den Urlaub zu fahren.
Ebenso ist es mit dem Computer. In fast jedem Haushalt ist heute ein Computer zu finden. Vor mehr als 20 Jahren waren diese Geräte sehr teuer und somit ein Luxusbedürfnis. Heute werden Computer in vielen Berufen benötigt, der Computer wird für Hausaufgaben verwendet, im Freizeitbereich und zur Unterhaltung. Somit ist der Computer zum Kulturbedürfnis geworden.
Auch das Handy – zum Telefonieren, Fotografieren oder Musikhören – spielt bei vielen Jugendlichen eine große Rolle. Es ist ein Wahlbedürfnis, welches man sich gern erfüllen möchte.

Bedürfnisse werden beeinflusst

Anne hat neue Inlineskates bekommen und prahlt damit. Maximilian möchte nun auch unbedingt solche Inlineskates haben. Nur leider sind sie sehr teuer, sodass sein Taschengeld dazu nicht ausreicht.
Bedürfnisse werden beeinflusst. Ohne das Vorbild von Anne wäre Maximilian nicht auf die Idee gekommen, sich neue Skates zu wünschen.
Außer dem Freundeskreis gibt es noch andere Faktoren, die unsere Bedürfnisse beeinflussen. Dazu gehören: der Wohnort, die Werbung, Entwicklungstrends, Mode, Bildung und Ausbildung, Vermögen und Einkommen, das Elternhaus, Alter und Geschlecht und vieles mehr.

Bedürfnisse verändern sich und werden von verschiedenen Faktoren beeinflusst.

1 Ordne die Beispiele aus der Abbildung S. 28 den verschiedenen Arten von Bedürfnissen zu.

2 Sammle Werbung, in der immaterielle Bedürfnisse angesprochen werden.

3 Diskutiert in kleinen Gruppen über die wichtigsten Einflussfaktoren auf Bedürfnisse und schreibt eure Ergebnisse auf.

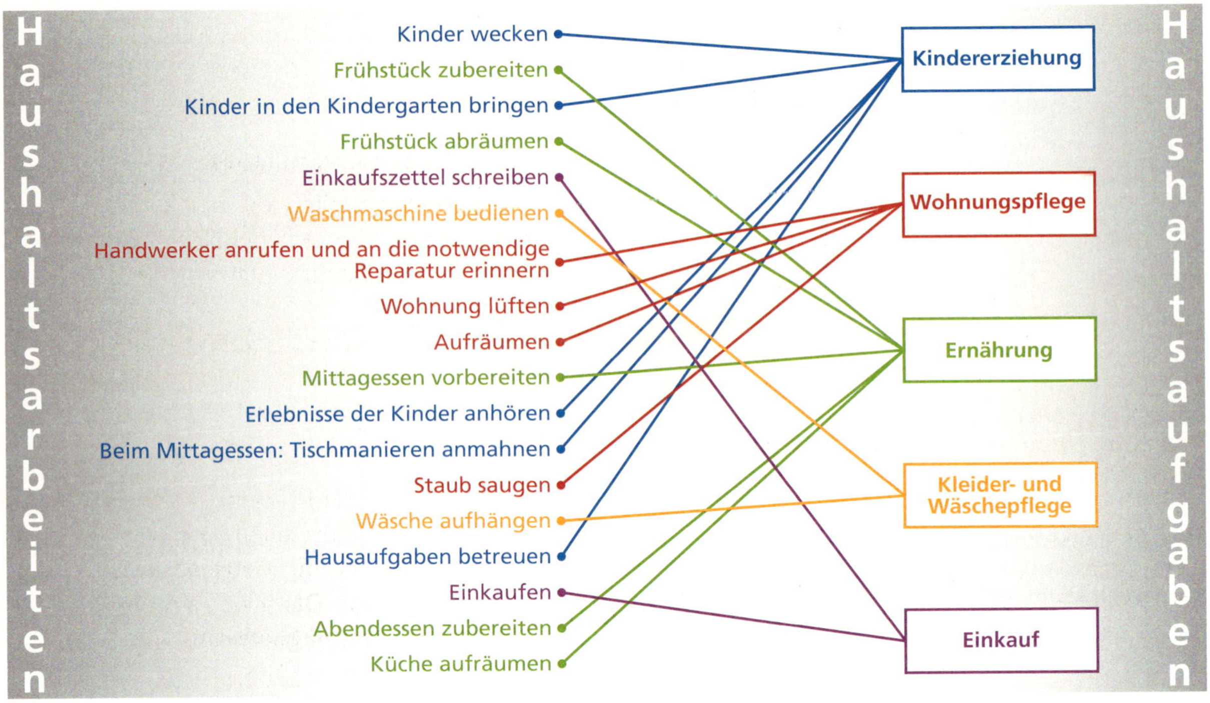

Arbeitsplanung einer Familie

Die Arbeit im privaten Haushalt organisieren

Um die Bedürfnisse der Haushaltsmitglieder zu erfüllen, ist nicht nur Geld, sondern auch Arbeitskraft und Zeit nötig. Damit das Zusammenleben im Haushalt klappt, alle Haushaltsmitglieder versorgt sind, sich wohlfühlen und sich entfalten können, muss Familie Hartmann überlegen, welche Aufgaben erledigt werden müssen. Einige Arbeiten, wie beispielsweise Abwaschen, Essen zubereiten und Hausaufgabenbetreuung, fallen täglich an. Manches, wie Einkaufen oder Wäsche waschen, erledigt die Familie ein- bis zweimal in der Woche. Andere Arbeiten, z. B. Fenster putzen, Kleidung in die Textilreinigung bringen oder mit den Kindern zum Arzt gehen, erfolgen seltener oder nach Bedarf. Diese und viele weitere im Haushalt anfallende Arbeiten können wir den Aufgaben der Haushaltsführung zuordnen.

Zu den Aufgaben der Haushaltsführung gehören Kindererziehung, Wohnungspflege, Ernährung, Wäschepflege und Einkauf.

Wer macht was?

Soll der Tagesablauf im privaten Haushalt funktionieren, muss alles gut organisiert sein. Da ist es im Haushalt nicht anders als in einem Betrieb, ohne Management geht es nicht. Früher war die Hausarbeit meistens reine Frauensache und die Männer haben an langen Arbeitstagen das Familieneinkommen verdient. An euren eigenen Familien könnt ihr sehen, dass das heute längst nicht mehr so ist. Väter betreuen in der Elternzeit den Nachwuchs, Mütter sind berufstätig, Teilzeitarbeit ist möglich, viele Eltern sind arbeitslos. Die Bedingungen in jedem Haushalt sind anders. Doch jeder moderne Haushalt sollte so organisiert werden, dass sich alle Familienmitglieder an der Bewältigung der haushälterischen Arbeiten beteiligen. Wie viele und welche Arbeiten jedes Familienmitglied übernimmt, hängt ab von

- der Anzahl der Haushaltsmitglieder,
- ihrem Alter,
- ihrem Können und Wissen,
- ihrer zur Verfügung stehenden Zeit,
- ihrem Bedarf an Freizeit und Erholung,
- ihren Wünschen und Bedürfnissen.

M Einen Familienrat abhalten

Familienrat

Wer übernimmt welche Arbeiten im Haushalt?

Folgende Fragen sind zu klären:

- Welche Arbeiten fallen an?
- Welche Arbeiten müssen täglich, wöchentlich oder in größeren Zeitabständen erledigt werden?
- Wann haben die Familienmitglieder Zeit für die Hausarbeiten?
- Wer übernimmt welche Arbeit?
- Wie werden die Arbeiten erledigt?

Jedes Familienmitglied verschafft sich mithilfe eines Tagesablaufplans einen Überblick über die freie Zeit, die ihm für Haushaltsarbeiten zur Verfügung steht. Dann werden die Arbeiten auf die Familienmitglieder verteilt.

Um die Teamarbeit im Haushalt zu organisieren, erstellt die Familie eine Arbeitsplanung. Je nach Haushaltsform, vorhandenen finanziellen Mitteln, Wohngegebenheiten und weiteren Faktoren sieht die Arbeitsplanung und Aufgabenverteilung für jeden Haushalt anders aus.

Zum Haushaltsmanagement gehört es, Arbeit und Zeit zu planen.

Auch ihr müsst entsprechend euren Fähigkeiten im Haushalt mithelfen. Dazu seid ihr sogar laut Paragraf 1619 des Bürgerlichen Gesetzbuches verpflichtet. Darin heißt es:
„Das Kind ist, solange es dem elterlichen Hausstand angehört und von den Eltern erzogen oder unterhalten wird, verpflichtet, in einer seinen Kräften und seiner Lebensstellung entsprechenden Weise den Eltern in ihrem Hauswesen und Geschäft Dienste zu leisten.“
Wenn du im Haushalt hilfst, lernst du, Hausarbeiten zu verrichten. Das ist wichtig, damit du später deinen eigenen Haushalt führen kannst. Außerdem kannst du zeigen, dass du in der Lage bist, Verantwortung zu übernehmen.

1 Trage in eine Tabelle ein, welche Aufgaben (s. Abb. S. 30) täglich, wöchentlich oder seltener erledigt werden müssen.

2 Unterbreite einen Vorschlag, wie Familie Hartmann die Aufgaben (S. 30) verteilen könnte. Fertige dazu eine Skizze an.

3 Äußere deine Meinung zu Paragraf 1619 und diskutiert in der Klasse darüber.

4 Erkundige dich bei Eltern und Großeltern, wie die Haushaltsaufgaben in ihrer Kindheit verteilt waren. Vergleiche.

E **5** Begründe oder widerlege die folgenden Aussagen mithilfe von Beispielen:
- Das bisschen Haushalt ist doch kein Problem.
- Unsere Mutter arbeitet nicht.
- Im Haushalt sind Multitalente gefragt.
- Für die Hausarbeit braucht man keine Ausbildung.
- Technik erleichtert die Hausarbeit.
- Alle können bei der Hausarbeit mithelfen.
- Hausarbeit sollte bezahlt werden.

Der einfache Wirtschaftskreislauf

Auskommen mit dem Haushaltseinkommen

Der private Haushalt im einfachen Wirtschaftskreislauf

In der Abbildung oben siehst du das Modell des einfachen Wirtschaftskreislaufs. Modelle kennst du bereits aus anderen Unterrichtsfächern, wie z. B. aus dem Biologie- oder dem Chemieunterricht. Daher weißt du, dass Modelle niemals alle Seiten der Realität zeigen können. Sie sind oft kleiner oder größer als das reale Objekt und stellen nur das dar, was genauer betrachtet werden soll.
Auch beim Modell des einfachen Wirtschaftskreislaufs ist alles weggelassen worden, was für den betrachteten Zusammenhang nicht wichtig ist. Nur die wesentlichen Beziehungen zwischen einem privaten Haushalt und einem Unternehmen sind dargestellt. So wird Folgendes deutlich:
Die privaten Haushalte stellen den Unternehmen Arbeitsleistungen zur Verfügung. Als Gegenleistung erhalten sie dafür Einkommen, wie beispielsweise Lohn oder Gehalt. Die Haushalte kaufen mit diesem Geld Sachgüter und Dienstleistungen von den Unternehmen, d. h. sie geben einen Teil ihres Einkommens für Konsumgüter wieder aus.

Die privaten Haushalte bieten den Unternehmen ihre Arbeitskraft an und kaufen ihnen Sachgüter und Dienstleistungen ab.

Betrachten wir die Wechselbeziehungen zwischen dem Haushalt der Familie Hartmann und den Stadtwerken, ergibt sich Folgendes:
Vater Uwe arbeitet als Elektroniker bei den Stadtwerken und verdient monatlich 1413,72 €. Mutter Ramona ist im gleichen Unternehmen im Büro beschäftigt und erhält monatlich 950,00 € Gehalt. Der Haushalt der Familie Hartmann bezieht von den Stadtwerken Trinkwasser und Erdgas. Dafür zahlen sie jeden Monat 207,00 €.

Ziel der Haushaltsführung ist es, von dem erzielten Haushaltseinkommen die Haushaltsmitglieder mit Sachgütern und Dienstleistungen zu versorgen.

Arbeitseinkommen

Das Arbeitseinkommen ist für die meisten Haushalte das Haupteinkommen. Lutz füllt in einer großen Chemiefirma technische Gase ab, die zum Schweißen gebraucht werden. Michaela arbeitet in einem Gartenbaubetrieb. Beide erhalten Lohn.

Verschiedene Arten des Arbeitseinkommens

Annika leitet in einer Wohnungsbaugenossenschaft die Lohnbuchhaltung. Lars betreut als Erzieher die Hortkinder. Die Arbeitseinkommen von Annika und Lars heißen Gehalt.
Mirko ist Schlagzeuger in einer Band. Am Wochenende gibt es nach dem Konzert eine Gage.
Juliane hat Medizin studiert und praktiziert jetzt als Ärztin. Ihr Einkommen nennt man Honorar.
Stefan hat Fliesenleger gelernt und dann seine eigene Firma gegründet. Seine Familie lebt vom Unternehmergewinn. Seitdem Anja ihre Ausbildung beim einem Sanitätskommando der Bundeswehr abgeschlossen hat, befindet sie sich im Auslandseinsatz und erhält Sold.
Jörg interessiert sich schon seit der Schulzeit für Politik. Er vertritt seine Partei als Abgeordneter im Landtag. Dafür bekommt er Diäten. Vanessa ist im zweiten Ausbildungsjahr zur Kranken- und Altenpflegerin. Sie unterstützt ihre Familie von ihrer Ausbildungsvergütung. Auch Maximilian trägt etwas zum Familieneinkommen bei, indem er Werbeprospekte verteilt.

Lohn und Gehalt sind die häufigsten Arbeitseinkommen. Daneben gibt es andere Arbeitseinkommen wie z. B. Honorar, Gage, Diäten, Unternehmergewinn.

1 Zeichne den Wirtschaftskreislauf für das Beispiel der Familie Hartmann auf Seite 32 rechts.

2 Zeichne den Wirtschaftskreislauf. Füge zu jedem Pfeil ein Beispiel aus deinem Haushalt ein.

3 Ordne den oben abgebildeten Arbeitseinkommen Tätigkeiten oder Berufe zu.

E **4** Schreibe eine eigene Geschichte, in der die Zusammenhänge aus dem einfachen Wirtschaftskreislauf dargestellt sind.

Lohn/Gehalt (brutto) > die Summe, die im Arbeitsvertrag steht

– **Lohnsteuer**

– **Solidaritätszuschlag**

– **Kirchensteuer**

– **Sozialversicherungsbeiträge:**
Rentenversicherung
Arbeitslosenversicherung
Krankenversicherung
Pflegeversicherung

= **Lohn/Gehalt (netto)** > die Summe, die ausgezahlt wird

Vom Brutto zum Netto – die verschiedenen Abgaben

Brutto und Netto

Kristins Vater sagt: „Brutto ist das, was man verdient, netto ist das, was man hat."
Der Bruttolohn ist der im Arbeitsvertrag vereinbarte Lohn. Er setzt sich aus dem Grundlohn (für die normale Arbeitszeit), den Zulagen (z. B. Urlaubsgeld, Weihnachtsgeld) und den Zuschlägen für Nachtarbeit, Überstunden, Sonn- und Feiertagsarbeit zusammen.
Vom Bruttolohn bzw. Bruttogehalt werden die Steuern und Sozialversicherungsbeiträge abgezogen.
Steuern sind Abgaben, die der Staat von Arbeitnehmern und Arbeitgebern erhebt. Damit finanziert er u. a. Schulen, Straßen und das Kindergeld. Die Höhe der Steuern ist abhängig von der Höhe des Lohnes oder Gehaltes, von der Steuerklasse (abhängig vom Familienstand) und der Anzahl der Kinder. Der Solidaritätszuschlag ist eine Sondersteuer zur Unterstützung strukturschwacher Regionen. Wer Mitglied einer Kirche ist, zahlt außerdem Kirchensteuer.
Neben den Steuern werden die gesetzlich festgelegten Sozialversicherungsbeiträge vom Bruttolohn abgezogen. Das sind Beiträge zur Renten-, Kranken-, Arbeitslosen- und Pflegeversicherung.

Den zwischen Arbeitgeber und Arbeitnehmer vereinbarten Lohn bezeichnen wir als Bruttolohn. Der Nettolohn ist die Differenz zwischen dem Bruttolohn und den gesetzlichen Abzügen.

Einkommen ohne zu arbeiten?

Familie Hartmann bekommt für die beiden Kinder Maximilian und Kristin Kindergeld. In der Zeit, in der Mutter Ramona arbeitslos war, hat sie Arbeitslosengeld erhalten. Wenn Maximilian später einmal studieren möchte, kann er BAföG beantragen. Oma und Opa bestreiten ihren Lebensunterhalt von der Rente. Sollte einer von ihnen einmal pflegebedürftig werden, wird Pflegegeld gezahlt.
Alle diese Gelder erhalten die Personen nicht als Gegenleistung für erbrachte Arbeit. Man bekommt sie übertragen (transferiert), wenn man bestimmte Bedingungen (z. B. Kinder, Renten-

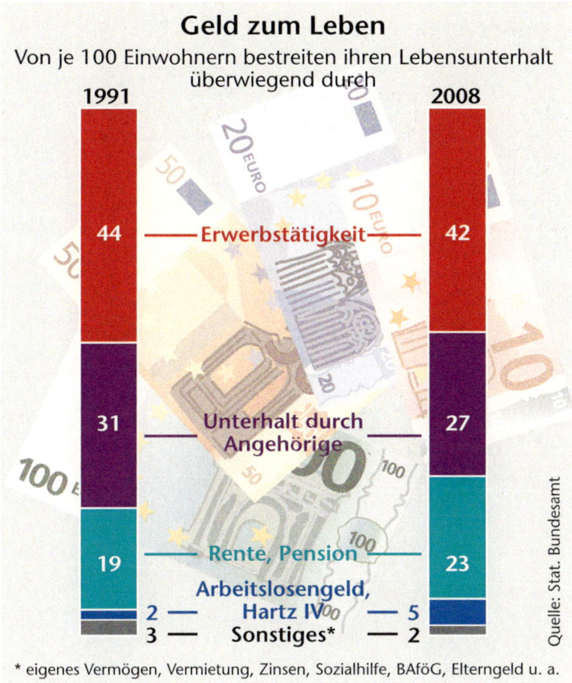

Woher das Geld zum Leben kommt

Jährliche Einnahmen der 6- bis 19-Jährigen

alter) erfüllt. Deshalb nennt man diese Einkünfte Transfereinkommen. Das oben stehende Diagramm zeigt euch, wie sich diese Leistungen in den letzten Jahren verändert haben.

Transfereinkommen werden bezahlt, wenn z. B. wegen Krankheit, Alter oder Arbeitslosigkeit kein Arbeitseinkommen erzielt wird, das für den Lebensunterhalt ausreicht.

Darüber hinaus haben einige Familien Einkommen aus Vermögen. Dazu gehören Zinsen für ein Sparguthaben oder Gewinne aus Aktienbesitz (Dividende). Familie Müller vermietet zwei Wohnungen in ihrem Mehrfamilienhaus und erhält dafür Miete. Familie Bauer besitzt ein Stück Ackerland, das sie der Agrargenossenschaft verpachtet hat. Diese überweist der Familie Bauer dafür jährlich Pacht.

Einkommen, die daraus resultieren, dass die Familie etwas besitzt, heißen Besitzeinkommen (z. B. Sparzinsen, Mieteinnahmen).

1 Welche Abgaben müssen Auszubildende bezahlen? Erkundige dich und notiere die Art und Höhe der Abgaben.

2 Schreibe mindestens drei Einkommensarten auf, die es in deiner Familie gibt. Erkläre sie.

3 Erkundige dich, wer dein Kindergeld bezahlt.

4 Was versteht man unter Pension, BAföG, Dividende und Pacht? Schlage im Lexikon nach oder recherchiere im Internet. Notiere die Definitionen.

E **5** Schreibe eine Geschichte, in der mindestens 7 Einkommensarten vorkommen.

E **6** Suche in Tageszeitungen nach Beiträgen, in denen es um Transfereinkommen geht. Fasse die Kernaussagen der Beiträge mit eigenen Worten zusammen und stelle sie deinen Mitschülern vor.

E **7** Welche Folgen hätte es, wenn es keine Transfereinkommen gäbe?

Datum	Anfangsbestand	Einnahmen		Ausgaben		Kassenbestand
	€	Posten	€	Posten	€	€
01.04.	25,00					25,00
01.04.		Taschengeld	50,00			75,00
03.04.				Handykarte	12,00	63,00
05.04.				Kinokarte	7,50	55,50
09.04.				Fastfood	6,50	49,00
15.04.				Geburtstagsgeschenk	11,00	38,00
15.04.		Zuschuss Oma	5,00			43,00
22.04.				Fahrradschlauch	6,50	36,50
23.04.				Beitrag Klassenfahrt	25,00	11,50
28.04.				Bäcker	1,50	10,00
30.04.		Prospekte-Job	20,00			30,00
30.4.	Schlussbestand					30,00

Maximilian führt Haushaltsbuch

Ausgaben planen – ein Haushaltsbuch hilft

Schon so manchen Monat hat Maximilians Taschengeld nicht gereicht. Damit ihm das nicht mehr passiert, beschließt er, seine Einnahmen und Ausgaben in ein Haushaltsbuch einzutragen. Tante Sabine arbeitet in der Buchhaltung und hilft ihm, eine übersichtliche Tabelle anzulegen und die richtigen Fachbegriffe zu verwenden.
Auf der Einnahmenseite für den Monat April verbucht Maximilian sein Taschengeld, einen kleinen Zuschuss von seiner Oma, weil er ihr beim Einkaufen geholfen hat, und seinen Lohn für das Austragen von Werbeprospekten. Maximilian hat erkannt, dass er nur dann wirklich die Übersicht über seine Finanzen behält, wenn er alle seine Ausgaben regelmäßig und ehrlich einträgt. Das Führen eines Haushaltsbuches ist der erste Schritt, die eigene aktuelle Finanzsituation zu analysieren. Maximilian kann Einsparungsmöglichkeiten aufspüren und so besser Rücklagen für die Erfüllung größerer Wünsche bilden.

Ein Haushaltsbuch hilft, richtig zu wirtschaften.

Das Familienhaushaltsbuch führen

Maximilian hat eine Vorstellung davon bekommen, wie aufwendig es sein muss, ein Haushaltsbuch für die gesamten Einnahmen und Ausgaben der Familie zu führen. Jeder Kassenzettel muss aufgehoben werden, keine auch noch so kleine Ausgabe darf unter den Tisch fallen. Und dann muss ja auch noch alles eingetragen werden. Das könnte man jeden Abend machen oder man sammelt die Bons und schreibt alles am Wochenende auf. Das erfordert viel Disziplin. Doch nur so ist es der Familie möglich, wirtschaftlich mit ihrem Einkommen umzugehen und ein Polster für unvorhersehbare Ausgaben anzulegen. Maximilian hat gelesen, dass jeder Haushalt etwa drei Monatseinkommen als Rücklage haben sollte.
Wenn sich nach einigen Monaten beim Durchforsten der Eintragungen herausstellt, dass das Verhältnis von Einnahmen und Ausgaben nicht stimmt, gibt es zwei Möglichkeiten: Die Familie kann versuchen, ihr Einkommen zu erhöhen. Da dies meist nicht so einfach ist, müssen Einsparungsmöglichkeiten gefunden werden.
Die Familie muss ihre Bedürfnisse kritisch überprüfen. Sollen die Werbeprospekte nach Sonderangeboten durchgesehen werden?

Ein Haushaltsbuch mit einem Tabellenkalkulationsprogramm erstellen

F4 fx =F3+C4-E4

	A	B	C	D	E	F
1	**Datum**	**Einnahmen**		**Ausgaben**		**Kassenbestand**
2		**Posten**		**Posten**		
3	01.04.	**Anfangsbestand**				25,00
4	01.04.	Taschengeld	50,00			75,00
5	03.04.			Handykarte	12,00	63,00
6	05.04.			Kinokarte	7,50	55,50
7	09.04.			Fastfood	6,50	49,00
8	15.04.			Geburtstagsgeschenk	11,00	38,00
9	15.04.	Zuschuss Oma	5,00			43,00
10	22.04.			Fahrradschlauch	6,50	36,50
11	23.04.			Beitrag Klassenfahrt	25,00	11,50
12	28.04.			Bäcker	1,50	10,00
13	30.04.	Prospekte austragen	20,00			30,00
14	30.04.	**Schlussbestand**				30,00

So gehst du vor:
1. Erstelle den Kopf der Tabelle.
2. Füge Rahmen ein, damit alles übersichtlich wird.
3. Setze in die erste Zeile den Wert für den Anfangsbestand der Haushaltskasse ein.
4. Formatiere die Spalten, in die du die Beträge einsetzt. Wähle dazu aus dem Menü Format: Zellen – Zahlen – Währung – €, beschränke auf 2 Dezimalstellen.
5. Fülle die Tabelle mit den Angaben zu Datum, Einnahmen und Ausgaben aus.
6. Trage in die Zelle unter dem Wert für den Anfangsbestand die Formel ein (vgl. Bearbeitungszeile in der Abbildung oben). Die Einnahmen werden addiert, die Ausgaben subtrahiert.
7. Kopiere nun die Formel in alle weiteren darunter liegenden Zellen.
8. Der Zellinhalt der letzten Zelle ist der Schlussbestand. Der Computer hat für dich das Ergebnis ermittelt!

Können größere Ausgaben auf die Monate verschoben werden, in denen im letzten Jahr weniger Geld verbraucht wurde? Um diese Fragen zu beantworten, muss ein Haushaltsbuch über einen längeren Zeitraum – mindestens über ein Jahr – geführt werden.
Maximilian hat sich informiert. Im Internet und bei Banken gibt es Muster und Vorlagen für Haushaltsbücher. Man kann das Haushaltsbuch aber auch digital am Computer führen. Das hat Maximilian ausprobiert (s. Abb. oben).

Zum Haushaltsmanagement gehört es, die Finanzen sorgfältig zu planen, das heißt, über Einnahmen und Ausgaben den Überblick zu behalten.

1 Erstelle ein Haushaltsbuch für deine monatlichen Einnahmen und Ausgaben.

Vater Uwe (41 J.)
voll berufstätig, Nettogehalt:
1.413,72 €

Mutter Ramona (38 J.)
arbeitet im Büro für
950 € netto

Sohn Maximilian (14 J.)
Realschüler
50 € Taschengeld
20 € Prospekte austragen

Tochter Kristin, (5 J.)

Warmmiete:
780 €/Monat

Versicherungen, Strom,
Wasser, Monatskarte und
andere feste Ausgaben:
440 €/Monat

Lebensunterhalt:
150 €/Woche
(ohne kleine Extras wie Kino
oder Essen gehen)

Keine größeren
Sparrücklagen

Fallbeispiel: Einnahmen und Ausgaben von Familie Hartmann

Feste und veränderliche Ausgaben

Auf der Einnahmenseite der Familie Hartmann stehen Lohn und Gehalt von Vater Uwe und Mutter Ramona sowie Maximilians Lohn für das Austragen von Werbeprospekten. Nun muss die Familie entscheiden, wofür sie das Geld ausgibt. Zunächst einmal müssen die festen Ausgaben eingeplant werden. Dazu gehören beispielsweise die jeden Monat anfallenden Beträge für Miete, Versicherungen, Schulspeisung, Fahrtkosten, Kindergartenbetreuung, Müllgebühren und Zeitungsabo sowie die Abschlagszahlungen für Heizung, Strom, Gas und Wasser. Zu den festen Ausgaben zählen auch Beiträge, die nur in bestimmten Monaten bezahlt werden müssen, wie Kfz-Steuern, Rundfunk- und Fernsehgebühren oder Vereinsbeiträge.

Feste Ausgaben sind vertraglich feste Kosten, die kurzfristig nicht verändert werden können und regelmäßig bezahlt werden müssen.

Darüber hinaus muss Familie Hartmann von ihrem Familieneinkommen die veränderlichen Ausgaben bestreiten. An erster Stelle stehen dabei die Aufwendungen für die Grundbedürfnisse, z. B. Lebensmittel und Bekleidung. Wenn dann noch Geld übrig ist, kann es für die Erfüllung von Wahlbedürfnissen ausgegeben werden, z. B. Kino- oder Konzertkarten, Kosmetik, einen neuen Rucksack für Kristin oder einen Friseurbesuch.

Veränderliche Ausgaben sind die laufenden Kosten, bei denen man immer wieder neu planen und entscheiden muss.

Die Familie muss bei ihrer Finanzplanung bedenken, dass nicht das gesamte Einkommen verplant werden darf, da es zu unvorhersehbaren Ausgaben (z. B. für Reparaturen) kommen kann.
Darüber hinaus hat jedes Familienmitglied besondere Wünsche und Bedürfnisse. Mutter Ramona wünscht sich eine neue Küche. Sohn Maximilian möchte in zwei Jahren den Führerschein machen. Tochter Kristin wartet schon darauf, dass sie auch Taschengeld bekommt, und Vater Uwe träumt

Wofür Haushalte ihr Geld ausgeben

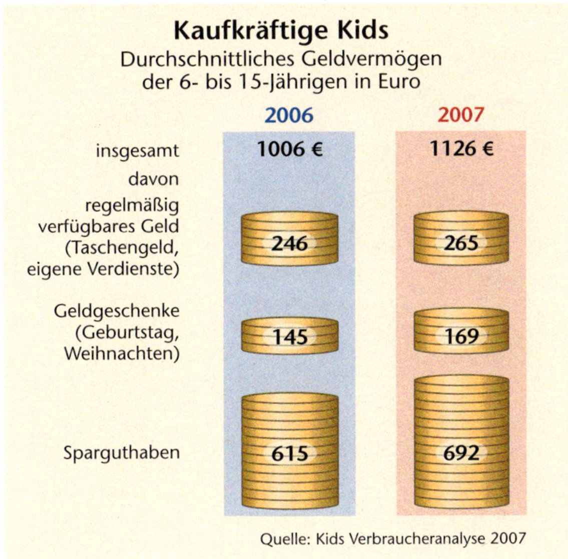

von einem neuen Auto. Reicht das Geld, das am Ende des Monats übrig bleibt, dafür?

Ausgeben oder sparen?

Jeder Haushalt verwendet einen mehr oder weniger hohen Anteil seines Einkommens für Konsumausgaben. Wie viel das ist, hängt vom Einkommen, den Bedürfnissen und den Preisen ab.

Konsumieren bedeutet verbrauchen.

Das Geld, das nach den Konsumausgaben noch übrig bleibt, kann gespart werden.

Sparen ist der Verzicht auf die Verwendung eines Teils des verfügbaren Einkommens.

Sparmotive sind vom Lebensstandard, vom Vertrauen in die Wirtschaft und von persönlichen Zielsetzungen abhängig. Dabei werden folgende Sparformen unterschieden:

- Zwecksparen – Sparen zur Erfüllung bestimmter Wünsche;
- Vorsorgesparen – Sparen für den Notfall, etwas auf die „hohe Kante" legen;
- Vermögensbildung – langfristige Geldanlagen, die möglichst hohe Zinsen bringen.

1 Ein Haushaltsbuch hilft sparen. Begründe diese Aussage.

2 Erstelle für Familie Hartmann ein Haushaltsbuch. Wie viel Geld können sie monatlich sparen?

3 Was könnte Familie Hartmann tun,
a) um kurzfristig Geld zu sparen?
b) um langfristig Geld zu sparen?

4 Nenne die festen und veränderlichen Ausgaben aus dem Balkendiagramm in der Abbildung links oben.

5 Notiere Bezeichnungen für feste und veränderliche Ausgaben in eurem Haushalt.

6 Beantworte die folgenden Fragen zu den oben abgebildeten Diagrammen:
- Welche Daten kannst du entnehmen?
- Wie werden die Daten veranschaulicht?
- Für welchen Personenkreis sind die Daten hilfreich?
- Welche Schussfolgerungen lassen sich aus den Daten ableiten?

E **7** Jeder Haushalt sollte drei Monatseinkommen als Rücklage haben. Berechne, wie viel das für Familie Hartmann wäre.

Viele Möglichkeiten, zu bezahlen

Zahlungen leisten

Der Austausch von Waren und Dienstleistungen im heutigen Umfang, sei es im Inland oder weltweit, wäre ohne ein voll entwickeltes Geld- und Bankwesen und ohne funktionierende Finanzmärkte nicht möglich. Mit der Zeit haben sich unterschiedliche Zahlungsarten herausgebildet. So unterscheiden wir die bare, die halbbare und die bargeldlose Zahlung.

Barzahlung: Monika kauft im Supermarkt Lebensmittel ein und bezahlt mit Scheinen und Münzen aus dem Portemonnaie. Für diesen Zahlungsvorgang wird kein Konto benötigt.

Halbbare Zahlung: 1. Fall: Peter hat sich über das Internet ein Buch bestellt. Er zahlt den Rechnungsbetrag bei einem Geldinstitut bar auf das Konto des Verkäufers ein. 2. Fall: Peter verkauft seinen MP3-Player über das Internet. Der Käufer schickt Peter einen Scheck, den Peter bei einem Geldinstitut einlöst. Das Geldinstitut bucht die Summe vom Konto des Käufers ab und zahlt sie an Peter aus. Bei der halbbaren Zahlung benötigt entweder der Zahlende oder der Empfänger ein Konto.

Bargeldlose Zahlung: Wenn sowohl Zahlender als auch Empfänger ein Konto besitzen, ist der Zahlungsvorgang am einfachsten: Der Zahlende beauftragt sein Geldinstitut, den Geldbetrag von seinem Konto auf ein anderes Konto zu übertragen. So kann man weltweit bezahlen.

Kreditkarten sind ein modernes Instrument des nationalen und internationalen bargeldlosen Zahlungsverkehrs. Eine weitere Möglichkeit der bargeldlosen Zahlung ist das Onlinebanking. Mithilfe des Internets kann man sehr schnell Überweisungen tätigen.

Unter Zahlungsverkehr versteht man alle Zahlungsvorgänge, die zwischen privaten Haushalten, Unternehmen, Staat und Banken stattfinden. Ein Schuldner (Zahlender) leistet an den Gläubiger (Zahlungsempfänger) eine Zahlung.

Funktionen des Geldes

Das Geld hat in der Wirtschaft wichtige Funktionen. Es ist zunächst *Tausch- und Zahlungsmittel.* Darüber hinaus dient es uns als *Recheneinheit oder Wertmaßstab*, weil mit Geld der Wert von Gütern eingeschätzt werden kann. Geld dient außerdem als *Wertaufbewahrungsmittel*, man kann es sparen. Und Geld dient als *Wertübertragungsmittel.* Mit seiner Hilfe kann man Werte an andere Personen übertragen, z. B. Schenkung oder Lohn.

Basiskonto		Kompaktkonto		Onlinekonto		Jugendkonto	
monatlicher Grundpreis	3,00 €	monatlicher Grundpreis	5,50 €	monatlicher Grundpreis	0,00 €	monatlicher Grundpreis	0,00 €
eine Bankcard		zwei Bankcards		zwei Bankcards		eine Bankcard	
Überweisungen: • mit Beleg • am SB-Terminal • online		Überweisungen: • mit Beleg • am SB-Terminal • online		Überweisungen: • mit Beleg • am SB-Terminal • online		Überweisungen: • mit Beleg • am SB-Terminal • online	
Auszahlungen am Automaten	0,00 €	Auszahlungen am Automaten	0,00 €	Auszahlungen am Automaten	0,00 €	Auszahlungen am Automaten	0,00 €
Buchungen	0,30 €	Buchungen	0,00 €	Buchungen	0,00 €	Buchungen	0,00 €
Sie zahlen nur das, was Sie auch wirklich nutzen. So können Sie die Kosten niedrig halten.		Im monatlichen Paketpreis sind alle Buchungen enthalten. Sie erhalten zwei Bankcards kostenlos.		Ihre Bankgeschäfte kosten Sie keinen Cent, wenn Sie sie bequem von zu Hause aus erledigen.		Wir unterstützen den Start ins Berufsleben. Das Jugendkonto ist für alle Kunden bis zum Alter von 25 Jahren kostenlos.	

Konten im Vergleich

Den Umgang mit Geld frühzeitig lernen

Maximilian soll zukünftig sein Taschengeld nicht mehr bar ausgezahlt bekommen. Die Eltern wollen es auf ein Konto überweisen. Maximilian soll so den Umgang mit Geld noch besser lernen. Um sich zu informieren, gehen Uwe und Ramona mit ihrem Sohn zur Bank. Dort verschaffen sich die drei einen Überblick über die angebotenen Konten.

Für Maximilian kommt ein Jugendgirokonto in Frage. Die Eltern können das Taschengeld regelmäßig überweisen. Maximilian kann am Automaten mit einer eigenen Bankcard Geld abheben und bekommt sogar Zinsen. Er kann sein Konto aber nicht überziehen. Wenn er mehr abheben möchte, als auf dem Konto gutgeschrieben ist, bricht der Automat den Vorgang ab. Auch in Geschäften kann Maximilian noch nicht mit seiner Bankcard bezahlen. Das ist gesetzlich so vorgeschrieben, um Kinder und Jugendliche vor Verschuldung zu schützen.

Den Besuch bei der Bank nutzen Maximilians Eltern, um auch ihre eigenen Bankgeschäfte zu überdenken. Vielleicht haben sie bisher zu viel Geld für ihr Girokonto ausgegeben.

1 Ordne die Fallbeispiele aus der Abb. S. 40 den Zahlungsarten bar, halbbar und bargeldlos zu.

2 Nenne weitere Beispiele für Barzahlungen und bargeldlose Zahlungen.

3 Warum solltest du bei Barzahlungen immer einen Beleg einfordern? Begründe.

4 Stelle die Vor- und Nachteile von Barzahlungen und bargeldlosen Zahlungen in einer Tabelle einander gegenüber.

5 Erkläre die Funktionen des Geldes mithilfe von Beispielen.

6 Welche Vorteile hat das Jugendkonto (vgl. Abb. oben) für Maximilian?

7 Warum gewähren Banken Jugendlichen gute Konditionen für ihr Girokonto?

E **8** Erkläre die Gründe für die Unterschiede bei den Girokonten in der Abb. oben. Welches empfiehlst du Maximilians Eltern? Begründe.

E **9** Stelle die Vor- und Nachteile von Bankgeschäften am Schalter und online in einer Tabelle einander gegenüber.

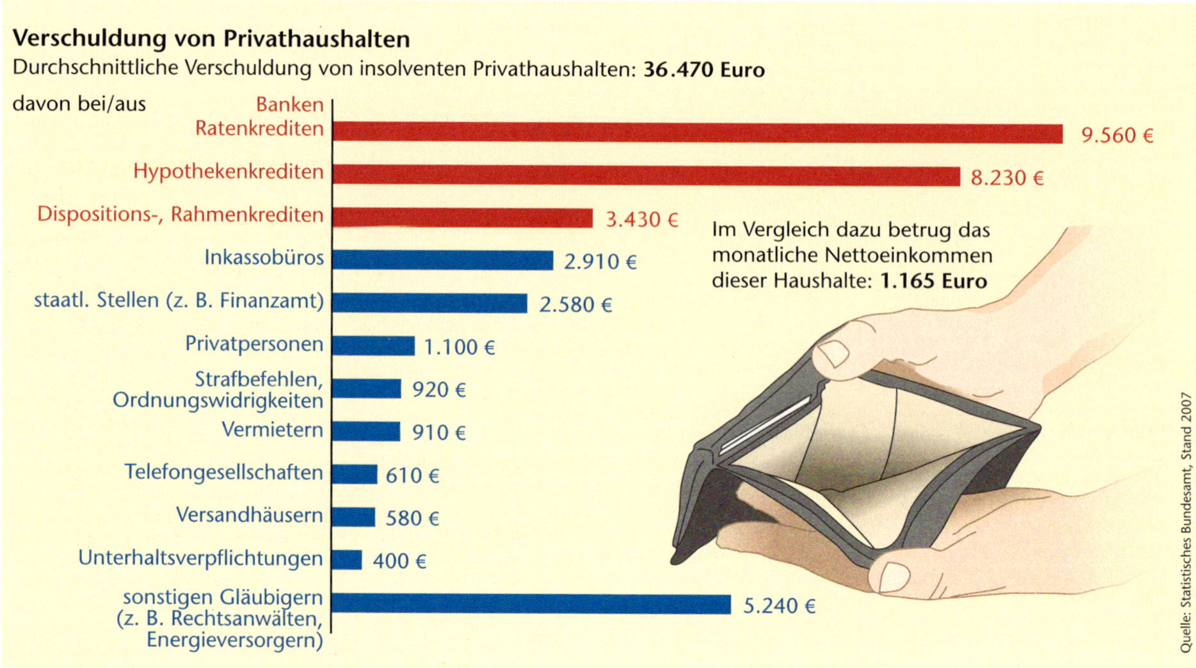

Haushalte in der Schuldenklemme

Schulden vermeiden?

Was ist besser? Für die große Urlaubsreise das Konto zu überziehen oder zu Hause bleiben? Die neue Küche über mehrere Monate in Raten bezahlen oder so lange sparen, bis sie bar bezahlt werden kann?
Auf diese Fragen gibt es unterschiedliche Antworten, die von der persönlichen Lebenssituation abhängen. Allerdings kostet ein Kredit nicht nur Zinsen, er ist auch immer ein mehr oder weniger großes Risiko.

Verschuldung liegt vor, wenn Geldforderungen bestehen, die man sofort oder in Raten begleichen muss.

Schulden lohnen sich nur für Investitionen, die zukünftige Kosten sparen oder Einkünfte bringen. Im Privatleben gibt es davon nur wenige, z. B. BAföG für die Ausbildung oder ein Auto für die Arbeitsaufnahme oder die eigene Wohnung. Ratenzahlungen für verschiedene Konsumgüter machen das Produkt nur unnötig teuer. So bilden viele Menschen Dauerschulden, die sie nur schwer abzahlen können. Die Bank verdient sich damit reich, doch die Familie lebt in der Gefahr der Überschuldung.

Überschuldung liegt vor, wenn nach Abzug der festen Kosten zuzüglich Ernährung der Rest des verfügbaren monatlichen Einkommens für die Zahlungsverpflichtungen nicht ausreicht.

Ursachen von Überschuldung können übersteigerte Konsumansprüche sein, aber auch unvorhergesehene Ereignisse, wie Arbeitslosigkeit, Scheidung oder längere Krankheit oder die mangelnde Fähigkeit zum Umgang mit Geld und zur Haushaltsführung.

Die fünf häufigsten Schuldenfallen

1. *Versandhauskäufe:* Wer immer wieder bei Versandhäusern bestellt und diese Bestellungen nicht sofort, sondern mit Zahlpause oder in Raten von einem Kundenkonto bezahlt, kann schnell den Überblick verlieren.

2. *Handygebühren:* Gerade zu Beginn der Nutzung eines Handys laufen oft hohe Summen auf.

Kreditbetrag: **7.500,00 Euro**
monatliche Rate: **129,32 Euro**
Bevorzugte Laufzeit: **72 Monate**

Kein Problem, wir verwirklichen Ihnen diesen Traum für nur 129,32 EUR* monatlich.
Und das ist nicht alles: Die 1. Ratenzahlung ist erst nach 59 Tagen fällig.

Kreditangebot

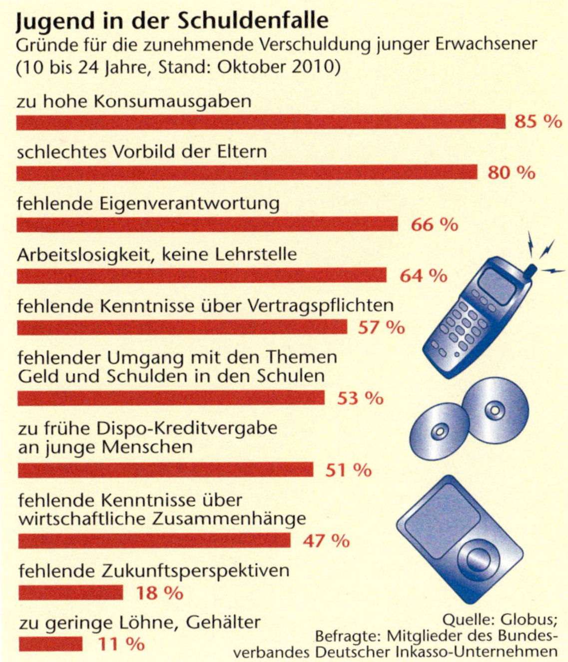

Jugend in der Schuldenfalle

Dies liegt einerseits an der verspäteten Abrechnung der Handyanbieter und andererseits daran, dass die Kunden keinen Überblick über die verschickten SMS und MMS sowie anfallende Gebühren haben. Verlockende Zusatzangebote wie Klingeltöne oder Musik werden bei vielen Anbietern teuer abgerechnet.

3. *Dispositionskredit:* Eine Kontoüberziehung ist nur ratsam für einen sehr kurzfristigen Zeitraum und eine einmalige Ausgabe. Den Lebensunterhalt mit dem Dispokredit zu finanzieren, führt häufig in die finanzielle Katastrophe.

4. *Kreditkarten:* Bei Zahlungen mit Kreditkarten kann schnell die Übersicht über die eigenen finanziellen Möglichkeiten verloren gehen, da die Beträge erst nach einigen Tagen oder Wochen abgebucht werden.

5. *Auto:* Die Kosten für ein Auto werden häufig unterschätzt. Zu den laufenden Kosten für Benzin, Öl und Reparaturen kommen noch die Kreditraten. Beiträge zur Kfz-Versicherung, größere Reparaturen und die Kfz-Steuer müssen ebenfalls berücksichtigt werden.

Wo es kein Geld, aber Hilfe gibt

Den Verbrauchern helfen Schuldnerberatungsstellen. Man findet sie bei folgenden Institutionen:

- Verbraucherzentralen
- Wohlfahrtsverbänden
- städtischen Schuldnerberatungsstellen

Dort kann jeder kostenlos Beratung für eine Schuldenregulierung in Anspruch nehmen. Die Adressen findet man im Internet oder im örtlichen Telefonbuch. Vorsicht ist vor privaten Schuldnerberatern geboten. Sie lassen sich die Beratung meist teuer bezahlen.

1 Ladet einen Mitarbeiter einer Schuldnerberatung in die Klasse ein. Befragt ihn zum Thema „Jugendliche Schuldner".

2 Erkläre die Diagramme S. 42 und 43. Nutze die Fragen S. 39, Aufgabe 6.

3 Versandhäuser werben mit Slogans wie: „Kaufe jetzt, zahle später". Diskutiert Vor- und Nachteile solcher Angebote.

4 Untersuche das Kreditangebot „Segelboot". Was kostet der Kredit über 7.500 €?

Unter ökologischen Gesichtspunkten ist der Selbstversorgerhaushalt der umweltfreundlichste Haushaltstyp. Der Vergabehaushalt verbraucht die meisten Ressourcen. Der Dienstleistungshaushalt ist in modernen Gesellschaften der meistverbreitete Haushaltstyp.

Vergabehaushalt	Dienstleistungshaushalt	Selbstversorgerhaushalt
Fast alle Hausarbeiten werden an Personen vergeben. Das kann die Pizza vom Pizzadienst, die Nachhilfe für die Kinder oder die Vergabe der Wäsche sein. Der Vergabehaushalt ist der jüngste Haushaltstyp.	Viele Güter und Lebensmittel werden durch den Kauf erworben. Hausarbeit wird in hohem Maße selbst ausgeführt. Der Anteil an Eigenarbeit beträgt ca. 50 %.	Benötigte Güter werden zu einem großen Teil selbst erzeugt. Der Anteil an Eigenleistung ist sehr hoch, der Geldfluss gering. Diesen Haushaltstyp findet man heute noch vorwiegend in Entwicklungsländern.

Haushaltstypen

Ressourcen im privaten Haushalt nutzen

Durch eigene Arbeit Geld sparen?

Aus dem einfachen Wirtschaftskreislauf (vgl. S. 32) geht hervor, dass die privaten Haushalte den erarbeiteten Lohn für Sachgüter und Dienstleistungen ausgeben. Damit lassen sie Aufgaben von Unternehmen erfüllen. Doch nicht alle privaten Haushalte sind ausschließlich konsumierende Wirtschaftsteilnehmer. In der Regel produzieren sie auch für den Eigenbedarf, z. B. Nahrungsmittel oder Mahlzeiten, und erbringen Dienstleistungen wie beispielsweise Pflege oder Kindererziehung. Je nachdem, wie hoch dieser selbst erbrachte Anteil ist, unterscheiden wir verschiedene Haushaltstypen (siehe die Abbildung oben). Allerdings lassen sich die meisten Haushalte nicht eindeutig einem Typ zuordnen, es sind eher Mischtypen.
Die Haushaltsmitglieder müssen sich entscheiden, wie hoch der Anteil der Eigenproduktion sein soll. Das hängt insbesondere von der familiären Situation sowie von gesellschaftlichen und wirtschaftlichen Bedingungen ab.

> Kein Haushalt gleicht dem anderen. Die Haushaltsführung orientiert sich an den Zielen und Bedürfnissen der Mitglieder.

Familienhaushalt – ein kleines Wirtschaftsunternehmen führen

Einen modernen Haushalt wirtschaftlich zu führen, erfordert ein hohes Maß an Wissen und Können. Wie ein Wirtschaftsunternehmen verfügt der private Haushalt über Betriebsmittel:

- Arbeitskraft,
- Geld,
- Sachgüter (Verbrauchs- und Gebrauchsgüter).

Diese Betriebsmittel setzt er ein, um sein Unternehmensziel zu erreichen, das heißt, die Grund- und Wahlbedürfnisse seiner Mitglieder so gut wie möglich zu erfüllen.

> Die Betriebsmittel des privaten Haushalts sind Arbeitskraft, Geld und Sachgüter.

Kombination der Betriebsmittel

Zur Bewältigung der Haushaltsaufgaben wirken die drei Betriebsmittel zusammen. Nehmen wir als Beispiel die Nahrungszubereitung:

- Geld wird eingesetzt, um Lebensmittel für ein Mittagessen zu kaufen.
- Arbeitskraft ist nötig, um aus den Lebensmitteln ein Mittagessen zuzubereiten.
- Sachgüter, wie Töpfe und Herd (Gebrauchsgüter), Energie und Wasser (Verbrauchsgüter), brauchen wir, um das Mittagessen zu kochen.

Eine alleinstehende Berufstätige setzt wenig Arbeitskraft im Haushalt ein, hat verhältnismäßig viel Geld, kann sich genügend Sachgüter leisten.

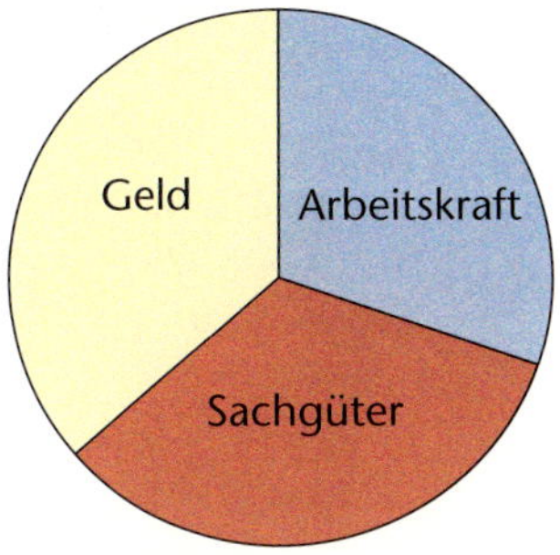

Ein Ehepaar mit drei kleinen Kindern muss viel Arbeitskraft im Haushalt einsetzen, lebt von einem Gehalt, besitzt wenig Sachgüter.

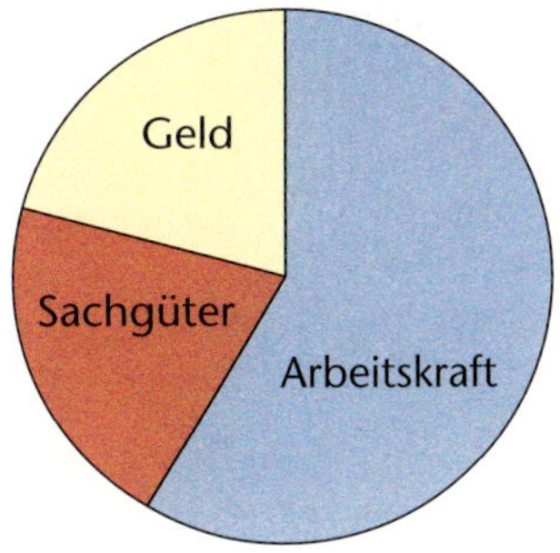

Möglichkeiten zur Kombination der Betriebsmittel

In welchem Umfang die verschiedenen Betriebsmittel eingesetzt werden, hängt beispielsweise von der familiären Situation ab.
Gehen beide Elternteile arbeiten, stehen ihre Einkommen zur Verfügung. Der Anteil der im Haushalt verfügbaren Arbeitskraft ist dafür gering. Die Familie greift aus diesem Grund vielleicht auf Fertigprodukte zurück. Diese sind im Vergleich zu selbst hergestellten Speisen meist teurer, sparen aber Zeit. Wird ein Elternteil arbeitslos, kann bei Verdienstausfall das Betriebsmittel Geld durch das Betriebsmittel Arbeitskraft ersetzt werden. Zum Kochen steht mehr Zeit zur Verfügung. Sind Sachgüter vorhanden, beispielsweise ein Mikrowellengerät, spart das Zeit und damit Arbeitskraft.
An diesen Beispielen wird deutlich, dass ein Betriebsmittel durch ein anderes ausgeglichen werden kann.
Auch wirtschaftliche Veränderungen wirken sich aus. Steigen beispielsweise die Preise für Handwerkerleistungen, renoviert die Familie die Wohnung selbst. Verkürzen sich die Arbeitszeiten, hat die Familie mehr Zeit und kann beispielsweise selbst Marmelade kochen oder Brot backen.

Einen Haushalt wirtschaftlich zu führen heißt, Entscheidungen über den Einsatz der Betriebsmittel zu treffen.

1 Beschreibt den Tagesablauf einer Familie in einem Vergabehaushalt, einem Dienstleistungshaushalt und einem Selbstversorgungshaushalt. Arbeitet in Gruppen.

2 Erkläre die Kombination der Betriebsmittel am Beispiel der Zubereitung einer Pizza:
a) selbst zubereitet,
b) unter Verwendung einer Teigbackmischung,
c) unter Nutzung eines Lieferservice.

3 Zeichne für folgende Fälle Betriebsmittelkreise wie in der Abbildung oben:
a) Maria, gut verdienend, Single
b) junge Familie, zwei kleine Kinder, ein Einkommen
c) rüstiges Rentnerehepaar mit geringer Rente und eigenem Garten

E **4** Erkläre, welche Veränderungen im Betriebsmitteleinsatz die folgenden Fälle nach sich ziehen:
a) Die Kinderbetreuung ist zu teuer.
b) Eine Geschirrspülmaschine (Schnellkochtopf) wird gekauft.
c) Die Mutter geht wieder arbeiten.
d) Der 17-jährige Sohn macht eine Ausbildung zum Koch.
e) Studenten-WG ohne Waschmaschine

Maximalprinzip: Ziel ist es, mit 50 Euro eine ganz tolle Geburtstagsparty zu finanzieren.

Minimalprinzip: Ziel ist es, mit möglichst wenig Zeitaufwand die Hausaufgaben zu erledigen.

Ökonomische Prinzipien beachten

Das Maximum herausholen

Theresa möchte ihren Geburtstag mit ihren Freunden feiern. Für die Gestaltung dieses Festes bekommt sie von der Oma 50 Euro. Was und wie viel kann sie von dem Geld kaufen?

- Sie möchte verschiedene Getränke aus dem Supermarkt oder Getränkemarkt anbieten,
- außerdem unterschiedliche Speisen anbieten
- und ihren Partyraum schön dekorieren.

Theresa setzt die vorhandenen Mittel (ihre 50 Euro) so ein, dass sie für sich den größtmöglichen Nutzen daraus zieht.
Wir können sagen: Sie handelt rational (von ratio = Vernunft) oder sie handelt nach einem ökonomischen Prinzip. Man spricht in diesem Fall vom Maximalprinzip.

> Das Maximalprinzip im Haushalt bedeutet, mit den gegebenen Mitteln den größtmöglichen Nutzen zu erzielen.

Minimalen Aufwand betreiben

Lukas muss noch seine Hausaufgaben erledigen. Er möchte sich aber auch an diesem Nachmittag mit seinen Freunden treffen und möglichst viel Zeit mit ihnen verbringen.
Welche Möglichkeiten hat Lukas, um die Hausaufgaben zu erledigen?

- Er kann in die Bibliothek gehen und sich Bücher zum Nachschlagen holen,
- er kann im Internet recherchieren,
- er kann bei seinen Eltern oder Freunden nachfragen,
- er kann die Aufgaben mit seinem vorhandenen Wissen erledigen.

Lukas hat eine von vornherein festgelegte Aufgabe und möchte diese mit möglichst geringem Aufwand erfüllen. Man spricht in diesem Fall vom Minimalprinzip.

> Das Minimalprinzip im Haushalt bedeutet, mit einem möglichst geringen Aufwand das gegebene Ziel zu erreichen.

Brandrodung im Regenwald

Stau auf der Autobahn

Schneelawine

Spanien, Region Valencia

Ökonomie um jeden Preis?

Das ökonomische Prinzip in den beiden Formen Maximalprinzip und Minimalprinzip, die hier gezeigt wurden, geht vom einzelnen Menschen aus. Er fragt: Was ist für mich wirtschaftlicher?

> Was für den Einzelnen wirtschaftlich vernünftig ist, kann für unsere gesamte Gesellschaft, vielleicht sogar für die gesamte Erde, durchaus unvernünftig sein.

Wie könnte das im Einzelfall aussehen?

- Kathrin kauft Frühstücksbretter, die aus dem Holz der tropischen Regenwälder gefertigt sind, weil sie diese viel ansprechender findet als andere Fabrikate.
- Christian bevorzugt beim Kauf seiner Getränke Einwegverpackungen, weil diese im Laden um die Ecke billiger sind als Pfandflaschen.
- Michael verzichtet auch im Winter nicht auf seine geliebten Erdbeeren – schließlich verdient er genug Geld und kann sie sich leisten.
- Herr Müller würde nie mit öffentlichen Verkehrsmitteln fahren. Das wäre viel zu umständlich und würde außerdem zu lange dauern. Schließlich heißt es doch: „Zeit ist Geld“.
- Frau Schneider lehnt es strikt ab, im Bioladen einzukaufen. Die Produkte sind ihr dort viel zu teuer.
- Herr Keller benutzt immer den Wäschetrockner, das spart Zeit.

1 Nimm Stellung zu den in Bild und Text aufgezeigten Beispielen.

2 Familie Meier plant die Anschaffung einer neuen Küche. Gemeinsam legen die Familienmitglieder Kriterien fest, welche die Küche erfüllen muss. Welches ökonomische Prinzip liegt hier zugrunde?

3 Finde weitere Fallbeispiele, in denen nach Minimal- bzw. Maximalprinzip gehandelt wird.

Was wir tun können

Sehr geehrte Fam. Hartmann,
für das laufende Jahr berechnen wir Ihnen:

	Netto (€)	Gesetzliche Umsatzsteuer (€)	Brutto (€)
Strom	622,79	118,33	741,12
abzüglich Ihrer Zahlungen	665,52	126,48	792,00
Guthaben			50,88
1. Abschlag am 23.04.	52,94	10,06	63,00
zu zahlender Betrag			**12,12**

Wir werden den Betrag von 12,12 € vereinbarungsgemäß von Ihrem Konto abbuchen. Danach beträgt Ihr neuer monatlicher Abschlag 63,00 €.

Jahresabrechnung des Stromanbieters

Ökologisch ist doch logisch!

Die privaten Haushalte tragen eine große Verantwortung für den Umweltschutz. Damit auch nachfolgende Generationen lebenswerte Bedingungen vorfinden, ist es für uns höchste Zeit, umweltfreundlich zu handeln. Für das Wort „umweltfreundlich“ habt ihr bestimmt auch schon einmal das Wort „ökologisch“ gehört. Ökologie ist die Lehre von der Umwelt.

Ökologisches Handeln im Haushalt bedeutet, Entscheidungen so zu treffen, dass die Umwelt geschont wird.

Strom und Wasser, unbegrenzt nutzbar?

Was können wir im Haushalt tun, um die Umwelt zu schützen? Denkt einmal darüber nach, worauf ihr verzichten müsstet, wenn keine Elektroenergie zur Verfügung stünde. Wir nutzen sie ganz selbstverständlich und belasten dabei die Umwelt. Elektroenergie wird vorwiegend aus der Verbrennung von Erdgas, Erdöl oder Kohle gewonnen. Die Vorräte an diesen Brennstoffen sind begrenzt und bei der Verbrennung entstehen giftige Abgase. Immer wieder kommt es zu Unfällen mit Öltankern oder Bohrinseln. Wird die Elektroenergie in Kernkraftwerken erzeugt, entsteht radioaktiver Müll, dessen Strahlung noch viele Jahre gefährlich ist. Nur ein kleiner Teil der Elektroenergie wird aus erneuerbaren Energien wie Sonne, Wind und Wasserkraft erzeugt.
Deshalb sollten wir Elektroenergie verantwortungsbewusst nutzen, z. B. den Standby-Betrieb abschalten und energiesparende Geräte kaufen.

Jedes Haushaltsmitglied verbraucht im Durchschnitt 140 Liter Wasser pro Tag. Sauberes Trinkwasser aus der Leitung ist für uns eine Selbstverständlichkeit. Doch in einigen Ländern Südeuropas ist das Trinkwasser bereits knapp. Nur einen kleinen Teil des Trinkwassers nutzen wir wirklich zum Durstlöschen oder zur Speisenzubereitung. Den größeren Teil verwenden wir zur Körperpflege, zum Wäschewaschen, zur Toilettenspülung und für Reinigungsarbeiten. Dabei verschmutzen wir das Wasser stark, oft auch mit Chemikalien, sodass es in Kläranlagen aufwändig gereinigt werden muss.

Niedrige Verbrauchswerte
- 20 % sparsamer als Energieeffizienzklasse A bei voller Beladung
- Energieeffizienzklasse A auch bei halber Beladungsmenge
- Hervorragende Waschwirkung
- Hervorragende Schleuderwirkung

Der Wasserzähler
Mithilfe eines elektronischen Wassermengenzählers wird die benötigte Wassermenge exakt an die Beladungsmenge und Textilart angepasst. Das ist wassersparend und umweltschonend zugleich.

Niedrige Temperaturen zum Energiesparen
Bei den meisten Programmen kann die Waschtemperatur dank der fortschrittlichen Waschtechnologie auf 20°C oder sogar auf kalt abgesenkt werden. Bei leicht verschmutzter Wäsche kann so Energie gespart werden.

Wärmstens zu empfehlen: der Warmwasseranschluss
Anstatt das Wasser elektrisch im Gerät aufzuheizen, kann mithilfe eines Warmwasseranschlusses warmes Wasser direkt aus der Leitung genutzt werden. Dadurch sparen Sie bis zu 43 % der Energiekosten.

Einsparungen beim Betriebswasseranschluss
70 % Trinkwassereinsparung bei der Nutzung von Regenwasser, 41 % bei der Nutzung von Brunnenwasser. Weiterhin können Sie bei der Nutzung von weichem Regen- oder Brunnenwasser Waschmittel und Enthärter sparen.

Exakte Mengenautomatik
Die Maschine stellt die erforderliche Wassermenge selbstständig fest.
→ Sparsamer Wasserverbrauch bei jeder Beladungsmenge

Auszüge aus einer Informationsbroschüre eines Waschmaschinenherstellers

Deshalb sollten wir alles tun, um den Wasserverbrauch zu senken, z. B. duschen, statt zu baden, die Spartaste der Toilettenspülung benutzen und die Zähne nicht bei fließendem Wasser putzen. Wir sollten biologisch abbaubare Reinigungsmittel wie Essig oder Gallseife verwenden.
Auch durch häufige Nutzung der Waschmaschine belasten wir das Wasser. Deshalb ist es besser, Kleidung nach dem Tragen zum Lüften aufzuhängen und sie noch einmal anzuziehen, bevor sie in den Wäschekorb wandert. Wenn wir das Waschmittel richtig dosieren, auf Weichspüler verzichten und die Wäsche anschließend an der Luft trocknen statt im Wäschetrockner, haben wir schon viel getan.

Immer mit der Mode gehen?

Jedes T-Shirt, das wir kaufen, hat schon eine lange Reise hinter sich, die so aussehen könnte: Die Baumwolle stammt aus den USA, gewebt und veredelt wurde der Stoff in Deutschland, genäht haben das T-Shirt Arbeiterinnen in Tunesien. Dann erst landet es endlich bei uns auf dem Ladentisch. Für den Transport und die Herstellung eines textilen Gegenstandes wird viel Energie verbraucht. Beim Baumwollanbau und bei der Textilveredlung werden giftige Chemikalien eingesetzt, die Böden, Luft und Trinkwasser verseuchen und damit die Gesundheit der Menschen gefährden.
Mit diesem Wissen sollten wir darüber nachdenken, ob wir jeden Modewechsel mitmachen wollen oder ob wir unsere Kleidung etwas länger tragen. Wenn sie nicht mehr passt, kann sie an Bedürftige weitergegeben oder recycelt, also aufgearbeitet und wiederverwendet werden.

Alle diese Beispiele zeigen, dass wir durch unsere Haushaltsführung dazu beitragen können, die Natur zu erhalten.
In der Forstwirtschaft wurde dafür der Begriff „Nachhaltigkeit" geprägt. Er besagt, dass man z. B. nur so viele Bäume abholzen darf, wie nachwachsen können, damit der Wald erhalten bleibt.

Nachhaltiges Wirtschaften bedeutet, natürliche Ressourcen wie Rohstoffe, Luft und Wasser nur in dem Maße zu beanspruchen, wie sie sich regenerieren können.

Wer handelt ökologisch?

Lebensmittel – billig und aus aller Welt?

Auch beim Einkauf unserer Lebensmittel können wir einen Beitrag zum Umweltschutz leisten.

- Lebensmittel aus kontrolliert biologischem Anbau bevorzugen: Hier werden beispielsweise Tiere artgerecht gehalten und Pflanzen ohne chemische Pflanzenschutzmittel angebaut.
- Obst und Gemüse von Betrieben aus der Region kaufen: So werden lange Wege und Transportkosten vermieden.
- Obst und Gemüse der Jahreszeit entsprechend verwenden: Erdbeeren werden im Januar aus Mexiko eingeflogen – das verursacht einen hohen Transportaufwand. Tomatenanbau im Gewächshaus erfordert zusätzliche Energie.
- Unverpackte Ware bevorzugen: Damit wird Verpackungsmüll vermieden.
- Frische Produkte bevorzugen: Fertigprodukte sind meist unter hohem Energie- und Wasserverbrauch hergestellt und aufwendig verpackt.
- Mehrwegflaschen bevorzugen: Sie können wiederverwendet werden.

Alles Müll oder was?

Auch wenn wir uns sehr bemühen – in unseren privaten Haushalten entsteht eine ganze Menge Müll. Der Joghurtbecher vom Frühstück, das Konservenglas und die Kartoffelschalen vom Mittagessen, das kaputte Bügeleisen oder die Tageszeitung werden zu Müll.
Der Hausmüll besteht vorwiegend aus folgenden Materialien: Pappe und Papier, Kunststoff, Glas, Küchen- und Gartenabfälle, Textilien und Metall. Wenn wir den Müll trennen, können die Wertstoffe wiederverwendet – recycelt – werden.
Abfallstoffe, die bei der Müllverbrennung die Luft oder beim Deponieren den Boden oder das Grundwasser vergiften könnten, gehören in den Sondermüll. Im Haushalt entsteht Sondermüll zum Beispiel durch Farbreste, Batterien oder nicht mehr benötigte Medikamente. Auch ausgediente technische Haushaltsgeräte, wie das Bügeleisen, der Computer oder der Kühlschrank, gehören nicht in den Hausmüll, sondern müssen zur Sammelstelle gebracht werden.

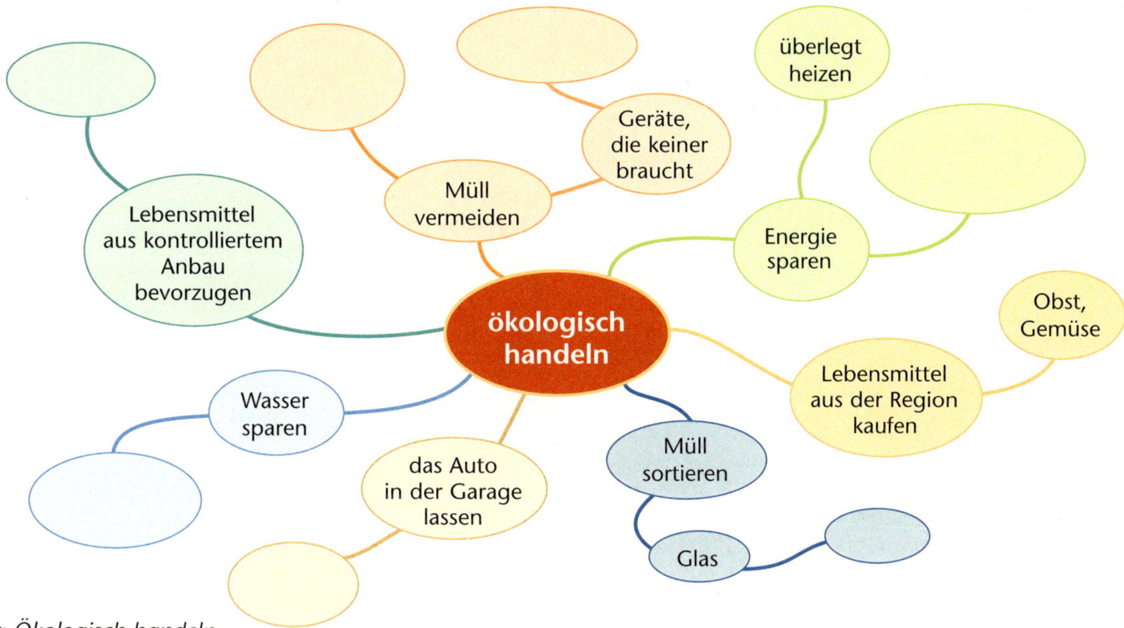

Cluster: Ökologisch handeln

Besser als jede Entsorgung ist es natürlich, Müll zu vermeiden. Dadurch können wertvolle Rohstoffe eingespart werden, die Umwelt wird weniger belastet und die Haushaltskasse wird entlastet.

Es muss nicht immer Motorkraft sein

Welches Verkehrsmittel nutzt du auf deinem Schulweg? Steigst du in Bus oder Bahn oder wirst du mit dem Auto gefahren? Diese Verkehrsmittel verbrauchen Energie. Bei öffentlichen Verkehrsmitteln wird diese besser genutzt als beim Pkw, der oft nur eine Person befördert. Noch besser für unsere Umwelt ist es natürlich, wenn wir zu Fuß gehen oder das Fahrrad benutzen. Dabei wird kein Kraftstoff verbrannt und es entstehen weder Abgase noch Lärm.

Einen Haushalt nach ökologischen Prinzipien führen heißt:
- Elektroenergie und Wasser sparen,
- Reinigungsmittel sparsam einsetzen,
- überlegt einkaufen,
- Müll vermeiden,
- für kurze Strecken das Fahrrad benutzen oder zu Fuß gehen.

1 Erstelle eine Liste, was du tun kannst, um ökologisch zu handeln. Beginne den Satz: Ich handle ökologisch, wenn ich …

2 Erstellt eine Liste, was ihr in der Schule tun könnt, um ökologisch zu handeln.

3 Diskutiert über das Verhalten von Mara und Paul (Abb. S. 50).

4 Gestaltet in Gruppenarbeit einen Cluster zum ökologischen Handeln. Vervollständigt dazu die Abbildung oben.

5 Begründe mithilfe von Beispielen, warum ökologisches Verhalten die Haushaltskasse entlastet.

E **6** Bildet Gruppen und erkundigt euch nach den Kosten für Elektroenergie, Wasser und Müllentsorgung in eurer Region.

E **7** Erkläre die Energie-Jahresabrechnung auf Seite 48.

E **8** Erkläre die Auszüge aus der Broschüre des Waschmaschinenherstellers (S. 49).

E **9** Recherchiere für ein elektrisches Gerät nach technischen Neuerungen, die die Umwelt schonen. Berichte darüber.

Was beeinflusst unser Konsumverhalten?

M Kaufentscheidungen treffen

Familie Hartmann beschließt, der Umwelt zuliebe öfter vom Auto auf das Fahrrad umzusteigen. Vater Uwe braucht dann aber ein neues Rad. Schon seit Wochen durchforstet die Familie die Werbung nach geeigneten Angeboten. Die Entscheidung fällt nicht leicht.
Da ist der Wochenendeinkauf einfacher. Hartmanns fahren in den zwei Kilometer entfernten Supermarkt und kaufen dort die Produkte, die sie kennen und mit denen sie gute Erfahrungen gemacht haben. Kristin bekommt das Müsli, das ihr schmeckt, Maximilian seinen Lieblingsketchup und Mutter Ramona kauft das Waschmittel, das auch ihre Mutter benutzt. Neue Produkte werden kaum probiert. Lediglich Sonderangebote werden genutzt, um Geld zu sparen. Brot und Brötchen gibt es beim Bäcker an der Ecke. Dort ist es zwar teurer als im Supermarkt, aber die Verkäuferin ist eine Schulfreundin von Mutter Ramona und die Hartmanns werden von ihr immer nett bedient.

Bei Gewohnheitskäufen greifen wir auf bekannte Produkte zurück, ohne unsere Entscheidung erneut zu überprüfen.

Kleidung wird meist spontan gekauft. Wenn Maximilian eine Jeans sieht, die ihm gefällt, kauft er sie. Auch wenn Mutter Ramona einen Einkaufsbummel macht, lässt sie sich vom Warenangebot beeindrucken und fährt oft mit vollen Einkaufsbeuteln zurück.

Impulskäufe erfolgen rasch und spontan. Sie sind nicht geplant und es wird kaum überlegt. Die Ware übt einen starken Reiz auf die Käufer aus.

Überlegt kaufen

Beim Fahrradkauf allerdings wollen die Hartmanns die Kaufentscheidung weder gewohnheitsmäßig noch spontan treffen. Schließlich soll das Fahrrad zu den Bedürfnissen von Vater Uwe passen, es soll lange halten und die Familienkasse nicht zu sehr belasten. Die Familie möchte einen überteuerten oder falschen Einkauf vermeiden.

Beim Kauf einer nicht alltäglichen Ware muss der Bedarf genau bestimmt werden und Informationen über Angebote müssen eingeholt werden.

Eine Kaufentscheidung treffen

Information → **Kaufwunsch** → **Entscheidung**

Bedürfnisse:
Wofür will ich mein Fahrrad nutzen?
- für Wochenendtouren
- für den täglichen Weg zur Arbeit
- zum Sporttreiben
- zum Einkaufen
- für Radreisen mit Gepäcktransport

Prospekte, Fachgeschäft, Testzeitschriften, Internet, Freunde und Bekannte …

Wie viel Geld steht zur Verfügung?
– Maximal möchte ich 500,00 € ausgeben.

	Preis	Ausstattung	Service
Rad 1 Trekkingrad Fachgeschäft	499,00 €	24 Gänge, 15,2 kg schwer, Gepäckträger, Lichtanlage	Ratenzahlung möglich, erste Durchsicht kostenlos
Rad 2 All-Terrain-Bike Supermarkt	149,00 €	18 Gänge, Gepäckträger, Lichtanlage mit Standlichtfunktion	Reparaturservice über Telefonhotline
Rad 3	…	…	…

Schrittfolge für überlegte Kaufentscheidungen

Die richtigen Informationen finden und eine Entscheidung fällen

Seit Wochen heben die Hartmanns alle Fahrrad-Prospekte auf. Mutter Ramona war in einem Fachgeschäft und hat sich beraten lassen. Sogar eine Probefahrt hat sie schon gemacht. Vater Uwe hat mit seinem Arbeitskollegen über dessen neues Rennrad gefachsimpelt. Maximilian beschließt, im Internet nach Tipps zum Fahrradkauf zu suchen. Er findet nicht nur Angebote verschiedener Händler, sondern auch einen Testbericht der „Stiftung Warentest", den er sich ausdruckt.
Gemeinsam will Familie Hartmann alle gesammelten Informationen auswerten und erst dann eine endgültige Kaufentscheidung treffen.
Das Beispiel Fahrradkauf zeigt, dass Kaufentscheidungen ein wichtiger Bestandteil des Haushaltsmanagements sind. Die Haushaltsmitglieder legen zuerst Kriterien für das neue Fahrrad fest. Dann bewerten sie mithilfe dieser Kriterien die Angebote der Händler und vergleichen die Preise mit der Summe, die sie ausgeben wollen.
Mit dem Kauf des neuen Fahrrades wird der Bedarf von Vater Uwe gedeckt. Damit kann dann auch das Ziel der Familie, künftig öfter das Fahrrad zu benutzen, erreicht werden.

1 Nenne Beispiele für Waren, die du aus Gewohnheit kaufst. Wie entstand diese Gewohnheit? Berichte.

2 Erzähle eine Geschichte zu einem spontanen Einkauf. Wie hast du dich dabei und danach gefühlt?

3 Berichte über einen überteuerten oder falschen Einkauf.

4 Begründe mithilfe von Beispielen, warum die in der Abb. S. 52 genannten Faktoren unser Konsumverhalten beeinflussen.

5 Recherchiere im Internet nach Tipps zum Fahrradkauf. Gehe dabei nach der Schrittfolge auf S. 136 vor.

6 Suche im Internet oder in Prospekten nach einem Fahrrad, das zu den Bedürfnissen von Vater Uwe passt.

E **7** Recherchiert in Gruppen nach Einkaufstipps für weitere Produkte, wie beispielsweise Mikrowelle, Handy, USB-Stick, Fahrradhelm, Inlineskates, Schulrucksäcke, Wetterjacken, Taschenrechner … Präsentiert eure Ergebnisse.

Waren oder Dienstleistungen testen

Auswahl des Testobjekts:	eigener Erfahrungsbereich, eigene Interessen, preisgünstig …
↓ Fragestellung:	welche Eigenschaften, Merkmale sollen getestet werden?
↓ Informationsbeschaffung:	theoretische Auseinandersetzung mit dem Thema, Erkundung, Fachliteratur lesen
↓ Auswahl der zu testenden Produkte:	nicht alle auf dem Markt befindlichen Produkte können getestet werden, auf bestimmte Merkmale beschränken oder willkürliche Auswahl …
↓ Beurteilungskriterien festlegen:	über Bewertungsmaßstab und Gewichtung entscheiden
↓ Testmethoden entwickeln:	sensorische Prüfung, Experimente, Erkundungen, praktische Prüfungen …
↓ Tests durchführen:	Ergebnisse protokollieren
↓ Ergebnisse auswerten:	Gesamturteil, Präsentation

Testfahrplan

M Wir testen Waren oder Dienstleistungen

Maximilians Klasse möchte eine Fahrradtour unternehmen. Die Schülerinnen und Schüler haben gelesen, dass bei sportlicher Betätigung isotonische Getränke besonders empfehlenswert sind. Ob das stimmt und ob es Unterschiede zwischen den einzelnen Getränken gibt, wollen sie genauer erforschen.

Die Jugendlichen haben das Testobjekt ausgewählt, weil sie persönlich von der Fragestellung betroffen sind. Wenn ihr ebenfalls Dienstleistungen oder Waren testen wollt, ist euer Ausgangspunkt die Wahl eines geeigneten Testobjekts. Es sollte nicht allzu teuer sein, damit ihr die Produkte auch einkaufen könnt. Interessant wird euer Test, wenn ihr ein persönliches Interesse an den Produkten oder Dienstleistungen habt, weil beispielsweise eine Verbindung zu Unterrichtsthemen oder euren Freizeitinteressen besteht.

In einem nächsten Schritt müsst ihr euch theoretisch mit dem Thema auseinandersetzen. Das heißt für Maximilians Klasse, sich zu informieren, was eigentlich „isotonisch" bedeutet. Juliane spielt Floorball und kann es erklären: Bei isotonischen Getränken ist der Mineralstoffgehalt genauso hoch wie in unserem Blut. Daher wird der Mineralstoffverlust, der bei sportlicher Anstrengung entsteht, schnell ausgeglichen. Über die Bedeutung der einzelnen Mineralstoffe im menschlichen Körper informiert sich die Schülergruppe im Internet.

	Gewichtung	Getränk 1		Getränk 2		Getränk 3	
		ohne Gewichtung	*mit Gewichtung*	*ohne Gewichtung*	*mit Gewichtung*	*ohne Gewichtung*	*mit Gewichtung*
Farbe	1	2	2	2	2	2	2
Geschmack	5	3	15	1	5	4	20
Preis pro Liter	2	2	4	5	10	3	6
Magnesiumgehalt	2	1	2	2	4	2	4
Aufnahme im Getränkehalter	3	5	15	2	6	4	12
Gesamtbewertung			38		27		44

Beispiel für eine Bewertungstabelle (Maximalpunktzahl 5)

Nun müsst ihr festlegen, welche Produkte für den Test gekauft werden sollen. Bei der heutigen Produktvielfalt ist es kaum möglich, alle auf dem Markt befindlichen Produkte zu testen. Ihr müsst also eure Auswahl einschränken. Entweder wählt ihr willkürlich einige Produkte aus den Geschäften eurer Umgebung aus. Oder ihr legt bestimmte Merkmale fest. Das könnte beispielsweise bedeuten, dass Maximilians Klasse nur Getränke in Mehrweg-Trinkflaschen testet oder nur Getränke der gleichen Farbe von verschiedenen Herstellern auswählt. Es wäre auch denkbar, eine selbst hergestellte Apfelsaftschorle mit einem handelsüblichen Getränk zu vergleichen.

Als Beurteilungskriterien legen die Schülerinnen und Schüler den Geschmack, den Gehalt an Mineralstoffen, den Preis und die Form der Verpackung fest. Da es für die Fahrradtour besonders wichtig ist, dass die Flaschen in die Halterungen an den Fahrrädern passen, geht dieses Kriterium mit der doppelten Gewichtung in das Gesamturteil ein. Auch ihr müsst für eure Testobjekte solche Überlegungen anstellen.

Nun geht es an die eigentlichen Tests. Die 7a beschließt, fünf Testpersonen zu bestimmen, die die Getränke mit verbundenen Augen verkosten. Eine weitere Schülergruppe notiert die Preise und den Gehalt an den einzelnen Mineralstoffen. Sie schauen besonders nach dem Magnesiumgehalt, der für die Muskeltätigkeit wichtig ist.

Paul hat sein Fahrrad mitgebracht, sodass auf dem Schulhof getestet werden kann, ob die Flaschen gut im Getränkehalter halten und auch während der Fahrt entnommen werden können.

In einer Tabelle wird alles protokolliert und die Punktbewertung ergänzt. Am Ende ergibt sich das Gesamturteil. Die Klasse kann entscheiden, welche Getränke sie für die Klassenfahrt einkaufen will. Vielleicht finden sie ja aber auch heraus, dass die Getränke zu teuer sind und entscheiden sich für die selbst gemischte Apfelsaftschorle.
Gut ist es, wenn ihr am Ende eurer Tests die Ergebnisse auch anderen zugänglich macht. Ihr könnt Diagramme zeichnen, eine Wandzeitung oder eine Powerpoint-Präsentation gestalten.

Zu vielen Waren und Dienstleistungen könnt ihr die Testergebnisse der Stiftung Warentest im Internet oder in der Testzeitschrift nachlesen und euch informieren.

M

1 Beschafft euch eine Testzeitschrift und berichtet, wie die Profis arbeiten.

2 Informiert euch im Internet über den Wettbewerb „Jugend testet“.

3 Wählt ein Testobjekt (Ware oder Dienstleistung) aus und führt Tests durch. Nutzt die Schrittfolge auf Seite 54.

Wir gestalten ein Lernplakat

Plakate waren ursprünglich ein öffentlicher Aushang. Heute kennen wir sie hauptsächlich aus der Werbung. Mit einem Lernplakat könnt ihr wichtige Lernergebnisse zusammenfassen.

Was wollt ihr nach der Erarbeitung eines Themas anderen mitteilen?

Was wollt ihr euch unbedingt merken?

Womit wollt ihr zum Nachdenken und vielleicht auch zum Handeln anregen?

Damit ihr eure Ziele erreicht, ist Folgendes wichtig:

⇒ eine zündende **Überschrift**

⇒ eine **Bildidee**, die ins Auge springt

⇒ eine **Gestaltung**, die viele Sinne anspricht

⇒ mögliche **Schlussfolgerungen**

Weitere Themenvorschläge:

- Mein Traumhaushalt
- Berufe im Haushalt
- Meine Bedürfnisse
- Auskommen mit dem Einkommen
- Sparen, sparen, nochmals sparen!
- Bezahlen: bar oder bargeldlos?
- Ökologisch – ist doch logisch!
- Augen auf beim …-Kauf!
- Jugend testet!
- …

Lernplakat einer 7. Klasse einer Sekundarschule in Sachsen-Anhalt

Mehrere Plakate können eine Ausstellung oder eine Wandzeitung ergeben!

3 Betriebe und Arbeitsplätze in der Region

Wärmekraftwerk

Bäckerei

Phasen der Betriebserkundung

Erkundung vorbereiten	
• Ziel bestimmen: Was wollen wir mit der Erkundung erreichen? • Erkundungsfragen formulieren	• Was können wir beobachten und was müssen wir erfragen? • Wie wollen wir uns beim Betrieb bedanken?
Erkundung durchführen	
• Erkunden, ohne die betrieblichen Abläufe zu stören! Worauf müssen wir achten? • Skizzen anfertigen • Wenn es erlaubt ist, fotografieren	• Interviews helfen, die Beobachtungen zu ergänzen – Expertenbefragung • Festhalten und dokumentieren der Ergebnisse in einem Protokoll
Erkundung auswerten	
• Beobachtungen zusammentragen • Fotos sichten, Zeichnungen anfertigen • Fragen und Antworten bewerten	• Sind noch Fragen offengeblieben? • Was war gut, was sollte verbessert werden? • Wie sollen die Ergebnisse dargestellt werden?

M Einen Betrieb erkunden

Lernen können wir auf verschiedene Art und Weise. Der traditionelle Unterricht in der Schulklasse kann zu guten Ergebnissen führen. In diesem Kapitel soll allerdings der Lernort immer wieder einmal gewechselt werden, um Betriebe in der Region zu erkunden.
Eine Betriebserkundung ist mehr als eine Betriebsbesichtigung. Bei einer Betriebsbesichtigung durchqueren die Besuchenden oft in einer großen Gruppe im Eilschritt die Produktionsstätten, um anschließend einen langen Vortrag zu hören, dessen Informationsflut sie kaum verarbeiten können.
Bei einer Erkundung hingegen sollte sich ein Gespräch zwischen Vertretern des Betriebes und den Lernenden entwickeln.

Bei der Betriebserkundung untersuchen wir die Betriebswirklichkeit vor Ort auf der Basis gezielter selbst entwickelter Arbeitsaufträge.

Betriebserkundungen müssen deshalb gut vorbereitet werden. Die Schülerinnen und Schüler legen ein Erkundungsziel fest, grenzen die Thematik ein, stellen sich klare Aufgaben und erarbeiten Beobachtungsbögen und Fragebögen.
Wo soll der Schwerpunkt der Erkundung liegen? Soll untersucht werden, wie aus verschiedenen Ausgangsstoffen ein Produkt entsteht oder eine Dienstleistung erstellt wird? Geht es um die Arbeitsbedingungen der Mitarbeiter? Oder soll die Erkundung der Berufsorientierung dienen?
Von eurer Zielstellung ausgehend legt ihr die Beobachtungsschwerpunkte fest. Nicht alles lässt

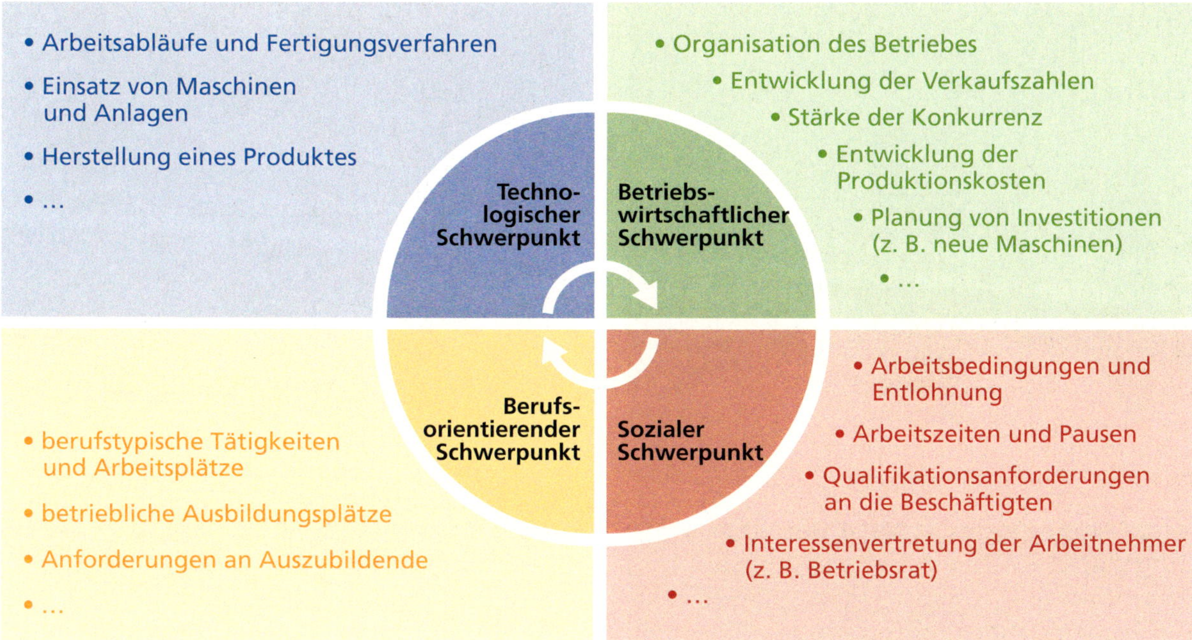

Erkundungsschwerpunkte

sich beobachten. Daher müsst ihr die Beobachtungen durch Befragungen ergänzen. Hierfür sind Fragebögen zu entwickeln. Schreibt eure Zielstellung und Beobachtungsschwerpunkte, auch eventuelle Fragestellungen auf.
Die Übersicht zeigt verschiedene Schwerpunkte, unter denen ihr einen Betrieb erkunden könnt.

1. Technologischer Schwerpunkt: Die Erkundungsgruppe beobachtet beispielsweise, welche Materialien im Betrieb benötigt werden oder auch nach welchem Verfahren das Produkt produziert wird. Oder sie interessiert sich für die verwendeten Maschinen und deren Bedienung.

2. Betriebswirtschaftlicher Schwerpunkt: Hier fragt die Gruppe nach der Stückzahl der pro Tag verkauften Produkte und welches Produkt sich am besten verkauft. Sie möchte wissen, wie stark die Konkurrenz ist und wie der Betrieb seinen Absatz organisiert. Gerade bei diesem Schwerpunkt solltet ihr überlegen, ob ihr nicht durch ein gezieltes Interview mehr Informationen erhaltet als durch reine Beobachtung. Fragen wie: Welche Neuanschaffungen stehen für die nächsten Jahre an? Wie ist die Lieferung organisiert? Gibt es für jeden Tag einen Zeitplan? können euch die verantwortlichen Mitarbeiter beantworten.

3. Sozialer Schwerpunkt: Die Gruppe erkundet die Arbeitsbedingungen im Betrieb (Arbeitszeit, Ausstattung von Arbeitsplätzen, Pausen und Verdienst). Sie fragt nach, welche Anforderungen an die Mitarbeiter gestellt werden und ob sich diese in nächster Zeit ändern. Auch die Interessensvertretungen der Arbeitnehmer wie Betriebsrat oder Jugend- und Auszubildendenvertretung gehören zu diesem Erkundungsschwerpunkt.

4. Schwerpunkt der Berufsorientierung: Die Gruppe beobachtet die Mitarbeiter in verschiedenen Berufen bei ihrer Tätigkeit. Durch gezielte Fragen erfährt sie beispielsweise, welche Berufe ausgebildet werden und welche Qualifikationsanforderungen der Betrieb an Auszubildende stellt. M

1 Notiere die verschiedenen Betriebe, die du auf dem Weg zur Schule siehst.

E **2** Versuche, die Betriebe unter 1. zu ordnen. Überlege geeignete Kriterien dazu.

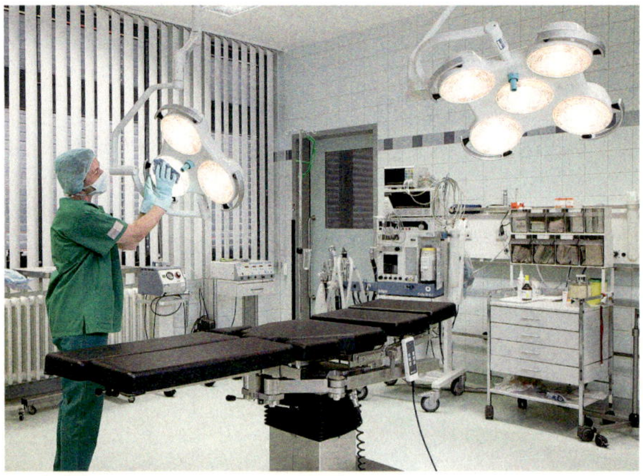

Gebäudereiniger
Dienstleistung anbieten: Handwerk

Bäcker bei der Arbeit
Sachgüter produzieren: Handwerk

Gütertransport
Dienstleistung anbieten: Industrie

Kalksteinabbau
Sachgüter produzieren: Industrie

Ⓜ Eine Erkundung vorbereiten

Die grundlegende Frage ist: Welcher Betrieb soll erkundet werden?

Die Auswahl des Betriebes ergibt sich aus den vereinbarten Erkundungszielen.

Hier ist die Entscheidung gefallen, die Erkundung unter betriebswirtschaftlichem Schwerpunkt durchzuführen. Es geht um die Fragen:

- Wie sind Betriebe aufgebaut?
- Was ist nötig, damit in Betrieben bestimmte Produkte hergestellt oder Dienstleistungen angeboten werden können?
- Was müssen Betriebe unternehmen, damit ihre Produkte und Dienstleistungen auch an den Kunden kommen?

Interessant ist auch zu erkunden, inwieweit Industrie- und Handwerksbetriebe bzw. Produktions- und Dienstleistungsbetriebe die genannten Fragen unterschiedlich beantworten.
Da eine Betriebserkundung nur ein bis zwei Stunden dauert, können nur ausgewählte Bereiche näher betrachtet werden. Die Klasse muss deshalb überlegen, ob sie sich in mehrere Gruppen aufteilen oder als gesamte Klasse die Betriebserkundung durchführen will. Beide Wege sind möglich, jeder hat Vor- und Nachteile.

Grundsätzliche Angaben für den Betrieb:	Auflistung möglicher Fragen/Schwerpunkte:

• *Verantwortliche Lehrkraft:* Herr Mathias Barth (Tel.: 0123/456789)
• *Ziel der Erkundung:* Analyse von Arbeitsplätzen in der Produktion
• *Teilnehmer:* 27 Schülerinnen und Schüler der 7. Jahrgangsstufe der „Thomas Münzer Schule"
• *Erkundungszeitraum:* 42. oder 43. Kalenderwoche, möglichst am Mittwochnachmittag
• *Zeitdauer:* ca. 2 Stunden (30 Minuten Einführung zum Betrieb, dann Gruppenarbeit an acht Arbeitsplätzen, nach weiteren 30 Minuten Wechsel der Arbeitsgruppen)
	• Was muss bezüglich der Arbeitssicherheit im Betrieb beachtet werden? Welche Hinweise zur Kleidung sind zu berücksichtigen?
	• Die Arbeitsplatzanalyse soll beinhalten:
	  • Haupttätigkeiten zur Lösung der Arbeitsaufgabe
	  • Anforderungen (körperlich, geistig, sozial) an die Arbeitsperson
	  • Umgebungseinflüsse
	• Bevorzugte Arbeitsplätze: Arbeiten an der Bohrmaschine, Kaltsäge, Drehmaschine, in der Schmiede

Muster für die Kontaktaufnahme mit dem Erkundungsbetrieb

Um sich einen allgemeinen Überblick über den Betrieb zu verschaffen, ist es ratsam, zunächst folgende Fragen zu beantworten:

- Welches Produkt stellt der Betrieb her bzw. welche Dienstleistung bietet er an?
- Wie viele Mitarbeiter beschäftigt er?
- Seit wann gibt es den Betrieb?
- Gibt es Konkurrenten in der Region?

Die erste Kontaktaufnahme

Da Betriebe für eine Erkundung längere Vorbereitungszeiten benötigen, empfiehlt es sich, einige Wochen oder besser Monate vor dem beabsichtigten Termin beim Betrieb anzufragen:

- Kann in dem gewünschten Betrieb ein Betriebsrundgang in mehreren kleinen Gruppen durchgeführt werden?
- Ist es möglich, an ausgewählten Arbeitsplätzen länger zu verweilen, um gezielt zu beobachten und zu befragen?
- Kann sich anschließend für die Gruppen jeweils ein Vertreter oder eine Vertreterin des Betriebes zum Gespräch zur Verfügung stellen?

Dieses ist besonders aufschlussreich, wenn die Gesprächspartner aus verschiedenen Betriebsbereichen kommen, z. B. Werksleiter, Produktionsleiter, Vertreter der Entwicklungsabteilung.

Für die Verantwortlichen im Betrieb ist es einfacher, auf die Fragen und Wünsche der Besuchergruppe einzugehen, wenn sie nach der ersten Kontaktaufnahme eine schriftliche Mitteilung über die geplante Betriebserkundung erhalten (siehe oben).

In der Vorbereitungsphase werden
- der Erkundungsbetrieb ausgewählt,
- Zeit und Dauer der Erkundung festgelegt,
- Vorabsprachen mit dem Betrieb getroffen,
- ein Fragen- und Beobachtungskatalog entwickelt.

M

1 Ihr wollt eine Betriebserkundung durchführen: Diskutiert, welche Ziele ihr erreichen wollt, und vereinbart Schwerpunkte.

2 Welche Betriebe würden sich in eurer Region für die Erkundung anbieten?

3 Ordne die Betriebe auf deinem Schulweg nach Dienstleistungsbetrieben oder Betrieben zur Produktion von Sachgütern.

E **4** Entwickle eine Übersicht für die erste Kontaktaufnahme mit dem Betrieb. Orientiere dich dabei am Beispiel oben.

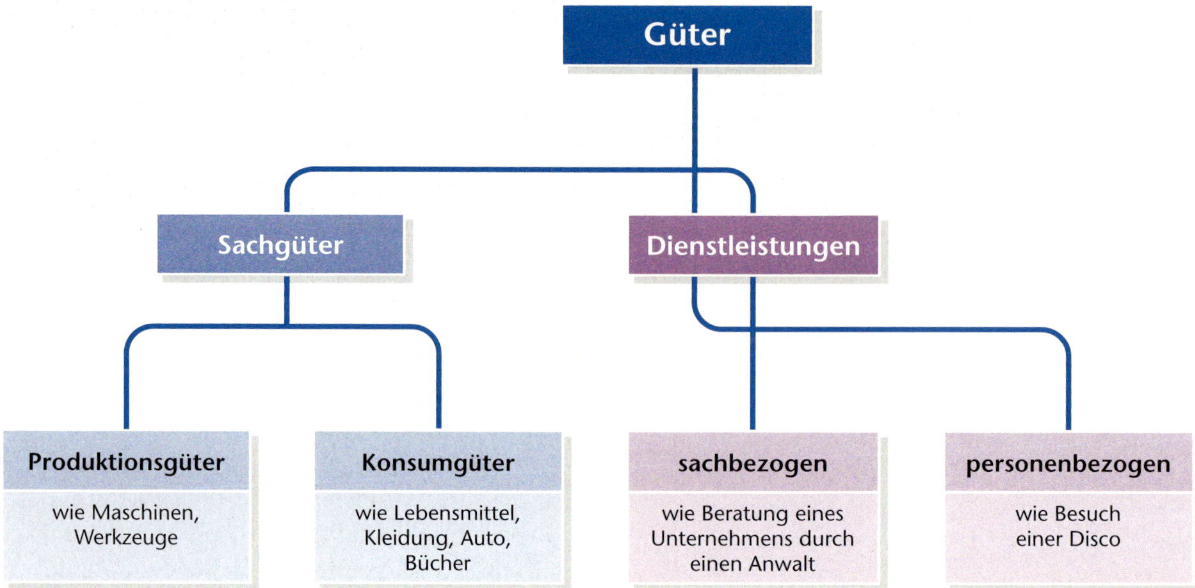

Einteilung der Güter

Betriebe produzieren Sachgüter und Dienstleistungen

Die Frage, welche Bedeutung Betriebe für den Einzelnen und die Gesellschaft haben, ist scheinbar leicht zu beantworten. Stellen wir uns doch vor, es gäbe keine Betriebe. Die Folgen liegen auf der Hand:

- Menschen wären ohne Arbeit und damit ohne Arbeitseinkommen und könnten sich weniger leisten.
- Falls diese Menschen keine andere Arbeit finden, muss die Gesellschaft helfen, ihre Existenz zu sichern. Sie erhalten Arbeitslosengeld.
- Fehlende Betriebe können nicht produzieren. Es würden Produkte auf dem Markt fehlen.

In Betrieben und Unternehmen wirken Menschen zusammen, um Sachgüter und Dienstleistungen zu erstellen und diese auf dem Markt anzubieten.

Die Übersicht oben zeigt deutlich, dass es verschiedene Möglichkeiten gibt, Güter einzuteilen. Nicht alle Güter im wirtschaftlichen Sinn sind Gegenstände und materiell. Die Bezeichnung „immaterielle Güter" steht für Dienstleistungen wie die Typberatung im Kosmetikstudio oder die Angebote von Bildungseinrichtungen (z. B. Museen).

Jeder Betrieb muss für seine Produktion Geld, Material, Maschinen und Personal beschaffen, er muss produzieren und sich um den Absatz, das heißt den Verkauf, der erzeugten Güter kümmern.

Die Bereiche Beschaffung, Produktion und Absatz sind in jedem Betrieb zu finden. Man nennt sie „betriebliche Grundfunktionen".

Betrieb oder Unternehmen?

Im Alltag unterscheiden wir selten zwischen Betrieben und Unternehmen. Wir werden auch in diesem Kapitel weitgehend darauf verzichten. Mit „Betrieb" wird eher die technisch-wirtschaftliche Seite betont, mit „Unternehmen" mehr die juristisch-finanzielle Seite. Vielfach wird Unternehmen auch als Oberbegriff gebraucht. In diesem Sinne zählen zu einem Unternehmen mehrere Betriebe. So hat das Unternehmen Siemens Betriebe unter anderem in München, Berlin und Hanoi.

Arbeit

Betriebsmittel

Werkstoffe

Produktionsfaktoren

Damit die Betriebe ihre Funktion erfüllen können, müssen notwendige Voraussetzungen geschaffen sein. Notwendig für die Produktion ist der Einsatz von menschlicher Arbeitskraft, von Maschinen, Werkzeugen und Werkstoffen.

Produktionsfaktor Arbeit: Auch wenn Maschinen und Anlagen den Menschen nicht nur die Arbeit erleichtern, sondern ihn auch oft von der Arbeit befreien, bleibt die menschenleere Fabrik doch wohl für die nächsten Jahrhunderte eine Illusion. Noch ist eine betriebliche Produktion ohne menschliche Arbeit unmöglich.
Diese Arbeit kann geistig oder körperlich-ausführend sein. Auch in Chefetagen wird gearbeitet. Im Mittelpunkt stehen Aufgaben zur Unternehmensleitung, Planung, Organisation und Kontrolle. Diese Arbeit bewirkt im Unterschied zur körperlich-ausführenden Arbeit keine unmittelbaren Veränderungen an den Erzeugnissen. Diese Form der Arbeit wird als leitende oder auch als dispositive Arbeit bezeichnet.

Der Produktionsfaktor Arbeit umfasst sowohl ausführende als auch leitende Arbeiten.

Produktionsfaktor Betriebsmittel: Arbeit erfolgt nicht im luftleeren Raum; gearbeitet wird in Werkstätten, auf Feldern, in Laboren oder auch unter Tage. Damit die menschliche Arbeit leichter, schneller und genauer vonstatten geht, nutzen die Menschen Maschinen und Werkzeuge. Eingesetzt werden diese aber auch, weil der Mensch unvollkommen ist, denn wer kann schon fliegen oder auch kühlen? Betriebsmittel sind daher Grundstücke, Gebäude, Werkzeuge, Maschinen und Anlagen.

Zum Produktionsfaktor Betriebsmittel werden alle im Produktionsprozess verwendeten Gegenstände gezählt, die nicht Bestandteile der erzeugten Leistung werden.

Produktionsfaktor Werkstoffe: Vielfach besteht eine Produktion darin, dass Rohstoffe in ein neues Produkt umgewandelt werden. Aus einem Stapel Holz wird ein Schrank hergestellt. Die Rohstoffe gehen dabei unmittelbar in das Produkt ein.
Neben den Rohstoffen werden in der Möbelfabrik aber auch Hilfsstoffe wie Nägel, Leim und Farben benötigt. Hilfsstoffe gehen auch in das Produkt ein, sind aber später kaum zu erkennen.
Schließlich wird zur Produktion noch elektrische Energie für Licht oder zum Antrieb der Maschinen gebraucht. Notwendig sind auch Reinigungsmittel für die Produkte, die Maschinen oder die Werkräume. Das sind Betriebsstoffe, die zwar nicht in das Produkt eingehen, ohne die aber die Produktion nicht funktionieren würde.

Der Produktionsfaktor Werkstoffe umfasst Rohstoffe, Hilfsstoffe und Betriebsstoffe.

1 Du willst einen CD-Ständer aus Kunststoff herstellen. Nenne und ordne notwendige Produktionsfaktoren.

2 Nenne Berufe, in denen überwiegend ausführende, und solche, in denen überwiegend leitende Tätigkeiten ausgeführt werden müssen.

Die Arbeitslandschaft hat sich in den letzten Jahrzehnten stark verändert. Durch Prognosen wird versucht, wahrscheinliche Entwicklungsrichtungen in der Zukunft vorauszusagen.

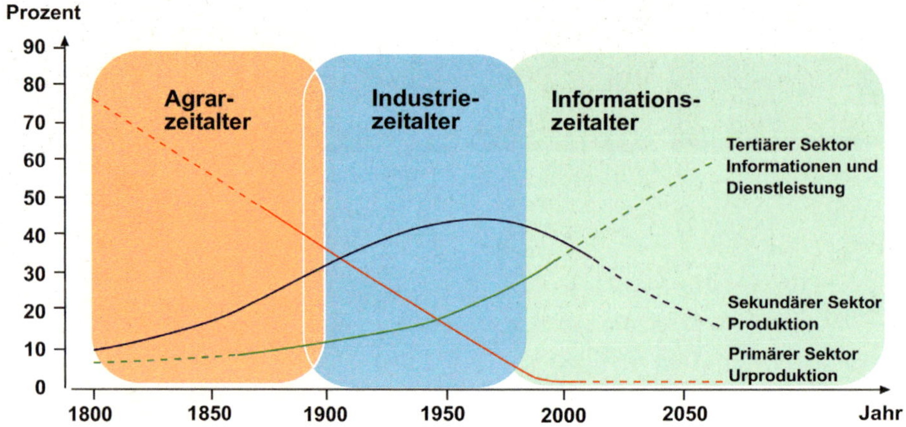

Primärer Wirtschaftssektor
Dieser Sektor wird auch Urproduktion genannt. Er liefert die Rohstoffe für ein Produkt (z.B. Landwirtschaft, Bodenschätze).

Sekundärer Sektor
Auch Produktion genannt. Hier werden in Industrie- und Handwerksbetrieben die gelieferten Rohstoffe aus der Urproduktion zu einem fertigen Produkt weiterverarbeitet (Handwerk, Industrie).

Tertiärer Sektor
Hier spricht man auch vom Dienstleistungs- und Informationssektor. Die fertigen Produkte werden durch die Arbeit in diesem Sektor an den Verbraucher gebracht (Dienstleistung, Handel, Transport- und Verkehrswesen, Verwaltung).

Prognosen für die Arbeitswelt bis 2050

Dienstleistungen im Aufbruch

Betrachten wir die Anzahl der Beschäftigten in den vergangenen dreihundert Jahren (s. Grafik), können wir mehrfach einen Wandel erkennen.

Vom Agrarzeitalter zum Industriezeitalter

Bis ins 19. Jahrhundert war das Leben der Menschen durch die Landwirtschaft geprägt. Fast 80 Prozent der Bevölkerung arbeiteten mit der Hand oder einfachen Geräten. Ihr Ziel war es, den Hunger zu stillen. Die erzeugten landwirtschaftlichen Produkte dienten vor allem der Selbstversorgung. Die wenigen Fabriken hatten ihren Standort außerhalb der Stadt, da die Maschinen meist mit Wasser- oder Windkraft angetrieben wurden.
Durch die Erfindung der Dampfmaschine 1769 in England nahm der Anteil der industriellen Produktion stetig zu. Immer mehr Menschen zogen in die Städte und arbeiteten in den Fabriken an Maschinen. Mit ihrem anfangs spärlichen Lohn kauften sie vor allem Lebensmittel und Kleidung. Die Selbstversorgungsgesellschaft verwandelte sich in eine Fremdversorgungsgesellschaft.
Das Industriezeitalter Ende des 20. Jahrhunderts ist geprägt von „High Tech“ (Hochtechnologie).

Das Informationszeitalter

In den 1970er- und 1980er-Jahren begann der Übergang vom Industriezeitalter ins Informationszeitalter. Voraussetzung war die Erfindung der elektronischen Datenverarbeitung (Computer) 1948 und des Internets 1989, das einen schnellen globalen Informationsaustausch ermöglicht. Die Information gewinnt eine zentrale Bedeutung als Rohstoff und Ware, als Produktionsfaktor. Immer mehr Menschen sind damit befasst, Informationen zu beschaffen, zu verteilen und zu bewerten. Solche Tätigkeiten sind Dienstleistun-

Eisenwalzwerk (Adolph Menzel, 1875; Ausschnitt)
Das Industriezeitalter beginnt

Arbeiten im Großraumbüro
Leben im Informationszeitalter

gen. Entscheidend für die Wertschöpfung ist im Informationszeitalter die Intelligenz, die in ein Gut gesteckt wird.

Die Wirtschaft kann in drei Wirtschaftsbereiche eingeteilt werden: primärer Sektor (Urproduktion), sekundärer Sektor (Produktion) und tertiärer Sektor (Dienstleistungen).

Dienstleistungen – immer wichtiger

Zu den Dienstleistungsgewerben gehören Handel und Verkehr, Banken, Versicherungen, Gastronomie, Wissenschaft, Gesundheitswesen, Verwaltung, Bildung, Erziehung, öffentlicher Dienst etc. Dienstleistungen unterscheiden sich erheblich von Sachgütern:

- Sie sind nicht lagerfähig. Eine Unternehmensberatung, Software-Schulung oder ein Haarschnitt können nicht vorproduziert werden. Sie finden immer „just-in-time“ statt.
- Sie sind individuelle Leistungen. Jeder Leistungsprozess hat ein anderes Ergebnis in Zeit und Qualität zur Folge. So werden zwei Optiker denselben Kunden in puncto Brillendesign unterschiedlich beraten.

Bereits Ende des letzten Jahrhunderts waren nur noch knapp zehn Prozent der Fachkräfte mit der Fertigung von Produkten beschäftigt. Deutlich mehr Beschäftigte hatten mit dem Einrichten, Programmieren, Steuern und Warten von technischen Anlagen zu tun oder waren im Servicebereich tätig (z. B. Vertrieb, Kundendienst, Weiterbildung).

Im Informationszeitalter gewinnen Dienstleistungen immer stärker an Bedeutung.

Das Motto des Dienstleistungszeitalters lautet „High Touch“ (statt „High Tech“). Es steht für die intensive Zuwendung zu Menschen und betrifft alle Dienstleistungsbereiche. Man unterscheidet

- primäre Dienstleistungen, das sind allgemeine Dienste (Reinigung, Gastronomie, Transport, Lagerung), aber auch Bürotätigkeit, Handel, und
- sekundäre Dienstleistungen wie Betreuen, Beraten, Lehren, Organisation und Management, Forschung und Entwicklung.

1 Ordne jedem Wirtschaftssektor fünf Berufe zu. Beschreibe, wie sich einer dieser Berufe bzw. die Anforderungen an ihn verändert haben.

2 Erläutere „Just-in-time-Produktion“.

E **3** Sascha behauptet: „Nicht nur ist die Dienstleistung selbst ein Produkt. Unternehmen bieten auch Dienstleistungen zum eigentlichen Produkt an.“ Nenne Beispiele und erläutere sie.

Familiäre Arbeitsteilung: Männerarbeit? Frauenarbeit?

Beginn der Arbeitsteilung in Ägypten, 3200 v. Chr.; hier: Zimmerleute und Schreiner, Wandbild um 1500 v. Chr.

Arbeitsteilung

Die Einteilung der Wirtschaft in den primären Sektor (Urproduktion), den sekundären Sektor (Produktion) und den tertiären Sektor (Dienstleistungen) ist ein Ergebnis der Arbeitsteilung. Bereits in der Steinzeit teilten die Menschen die Arbeit untereinander auf. Sie mussten arbeiten, um sich zu ernähren, zu kleiden und zu wohnen. Sie sammelten Eßbares, stellten Werkzeuge und Waffen her, erlegten Tiere und lebten in der Gemeinschaft. Dabei bildeten sich verschiedene Formen der Arbeitsteilung heraus. So kümmerten sich die Frauen um die Kinder, während die Männer jagten. Dies nennt man natürliche Arbeitsteilung.

Die natürliche Arbeitsteilung ist eine Teilung der Arbeit nach Alter, Geschlecht sowie den speziellen Stärken und Schwächen der einzelnen Menschen.

Gesellschaftliche Arbeitsteilung

Um sich die Arbeit zu erleichtern und in gleicher Zeit mehr und besser zu produzieren, entwickelten die Menschen weitere Formen der Arbeitsteilung. Einzelne Menschen oder auch Gruppen spezialisierten sich auf bestimmte Tätigkeiten. Diese Form wird gesellschaftliche Arbeitsteilung genannt. So kam es z. B. zur Trennung von Ackerbau und Viehzucht.
Durch die Spezialisierung konnte mehr produziert werden, als der Stamm für sich selbst benötigte. Hatte ein Stamm beispielsweise Getreide übrig, so konnte er bei einem anderen dafür Waffen eintauschen, um erfolgreicher zu jagen. Mit der Zunahme von Tauschgeschäften entstand ein neues spezielles Tätigkeitsgebiet, der Handel.
Durch weitere Spezialisierung spaltete sich das Handwerk von der Landwirtschaft ab. Besonders geschickte Menschen konzentrierten sich darauf, Geräte wie Pflüge oder Hacken für die Feldarbeit herzustellen. Hierfür erhielten sie im Tausch

Formen der Arbeitsteilung

Arbeitszerlegung in höchster Form: Arbeit am Fließband

Nahrungsmittel. Mit dem Handwerk entwickelte sich auch die Trennung von Stadt und Land.

Bei der gesellschaftlichen Arbeitsteilung wird der Arbeitsprozess in die grundlegenden Bereiche Landwirtschaft, Handwerk und Handel aufgegliedert.

Regionale und internationale Arbeitsteilung

Nicht nur zwischen Stadt und Land, sondern auch zwischen den einzelnen Regionen gab und gibt es die Spezialisierung auf die Produktion bestimmter Sachgüter und Dienstleistungen, z. B. Weinanbau an der Unstrut, Tourismus im Spreewald, Maschinenbau in Magdeburg.
Die bislang weitreichendste Form der regionalen Arbeitsteilung ist die internationale Arbeitsteilung. Hierbei spezialisieren sich einzelne Länder auf die Produktion bestimmter Güter, die sie besonders günstig herstellen (z. B. Kaffee aus Südamerika, Handys aus Finnland) oder abbauen (z. B. Erdöl aus den Golfstaaten) können.

Betriebliche Arbeitsteilung und Berufe

Der Begriff Arbeitsteilung wird auch verwendet, wenn Produkte bei ihrer Fertigung verschiedene Betriebe durchlaufen (z. B. Autos). Ebenso sprechen wir von Arbeitsteilung, wenn ein Arbeitsprozess in verschiedene Arbeitsschritte aufgeteilt wird. Die Menschen können sich dann auf bestimmte Tätigkeiten innerhalb des Produktionsprozesses spezialisieren.
Diese Arbeitszerlegung und die Spezialisierung von Produzenten und Produktionsstätten auf die Produktion bestimmter Güter und Dienstleistungen führten schließlich auch zur Herausbildung der Berufe. Zu den ältesten Berufen dürften Schmied und Heiler gehört haben. Heute ist die Vielzahl der verschiedenen Berufe fast unüberschaubar. Dies belegt, dass die Arbeitsteilung im Laufe der Zeit immer intensiver wurde.

Bei der Arbeitsteilung wird ein Arbeitsprozess in Teile zerlegt, um mehr, besser und schneller zu produzieren. Arbeitsteilung führt zur Spezialisierung.

1 Zeige anhand von fünf Produkten aus dem Supermarkt typische Beispiele für Arbeitsteilung auf. Um welche Form der Arbeitsteilung handelt es sich jeweils?

E **2** Durch die Arbeitsteilung soll die Produktivität der Arbeit gesteigert werden.
a) Was bedeutet das? b) Wodurch kann das erfolgen? c) Welche Probleme sind mit der Arbeitsteilung verbunden?

Beschaffung → **Produktion** → **Absatz**

- die richtige Ware
- zum richtigen Zeitpunkt
- in der richtigen Qualität
- in der richtigen Menge
- in der richtigen Reihenfolge
- am richtigen Ort
- zum richtigen Preis

Die sieben „R“ der Beschaffung

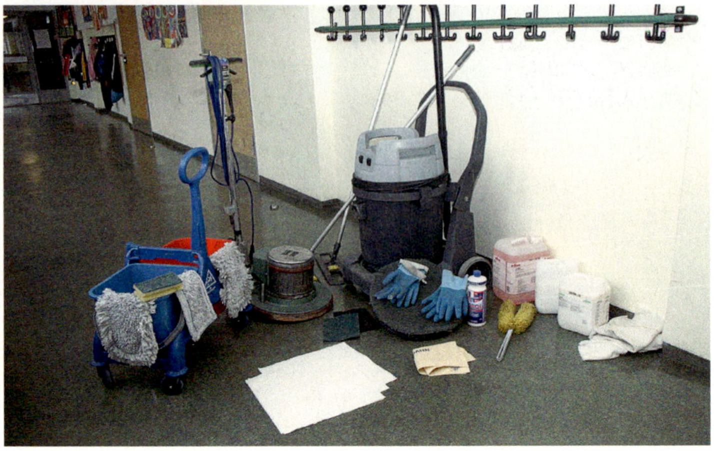

Beschaffung in der Gebäudereinigung

Die betriebliche Grundfunktion Beschaffung

Bevor in einem Betrieb Sachgüter hergestellt oder Dienstleistungen erbracht werden können, sind entsprechende Vorbereitungsarbeiten notwendig. Die wichtigsten Vorbereitungsarbeiten beginnen mit der Beschaffung. Ohne Beschaffung gäbe es keine Produktion.
Die Aufgabe der Beschaffung ist die kostengünstige Bereitstellung der Faktoren, die für die Produktion notwendig sind. Hierzu müssen Angebote eingeholt und verglichen werden, Bestellungen aufgegeben und Liefereingänge überwacht und kontrolliert werden. Dazu gehört auch die Organisation von Lagerung, Transport und Entsorgung von Abfällen.
Die Beschaffung ist eine betriebliche Grundfunktion, die alle Betriebe erfüllen müssen.

Die Beschaffung umfasst die Bedarfsermittlung, den Einkauf, den Transport und die Lagerung bis hin zur Entsorgung.

Folgende Fragen sind zu beantworten:

- Was benötigen wir in welcher Menge, um zu produzieren oder die Dienstleistung zu erbringen?
- Wo und wann können wir das Notwendige beschaffen?
- Zu welchem Preis muss beschafft werden?
- Wer übernimmt die Beschaffung?
- Wo können wir das Beschaffte lagern?

Beschaffung von Geld

Beschafft werden müssen aber nicht nur Werkstoffe und Hilfsmittel. Oft müssen Betriebe auch sehr leistungsfähige Maschinen, Geräte und Vorrichtungen einkaufen, um die entsprechende Qualität ihrer Produkte und Dienstleistungen zu sichern. Solche großen Anschaffungen sind meist mit hohen Geldausgaben verbunden. Auch dieses Geld muss beschafft werden.

Wenn ein Betrieb Geld für langfristig nutzbare Maschinen und Anlagen ausgibt, dann spricht man von Investitionen.

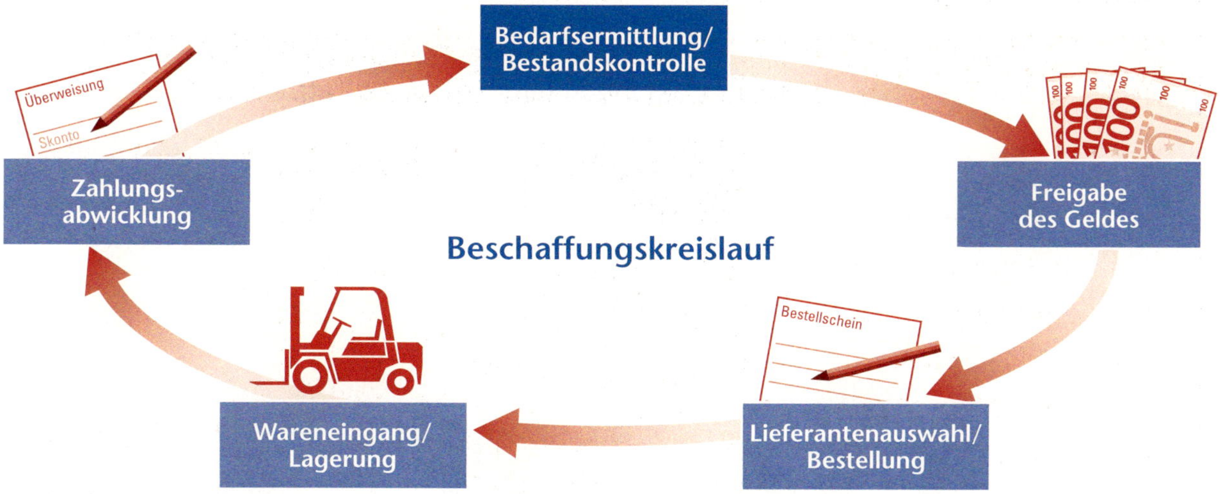

Beschaffungskreislauf

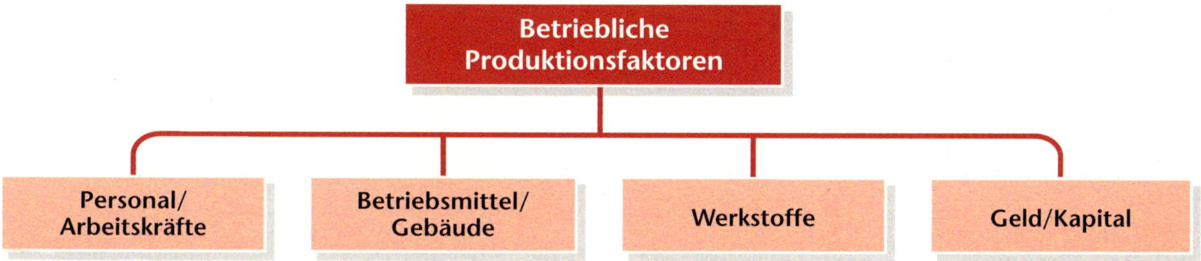

Beschaffungsobjekte

Diese Investitionen werden oft lange im Voraus geplant und das Geld in Form von Krediten bei Banken beschafft.

Investitionen sind vor allem auch notwendig, wenn Gebäude oder Räume gemietet oder gar Immobilien gekauft werden sollen. Selbst eine Gebäudereinigung, die ihre Dienstleistung vor Ort beim Kunden erbringt, benötigt Immobilien. Hier müssen Werkstoffe und Maschinen gelagert werden. Das Reinigungspersonal benötigt Umkleide- und Waschräume und das Personal der Verwaltung Büroräume.

Beschaffung von Personal

Natürlich muss auch das Personal „beschafft" werden. Jeder Betrieb benötigt qualifizierte und engagierte Arbeitskräfte. Deshalb legen die Betriebe großen Wert auf die Personalgewinnung und -auswahl. Die meisten Betriebe bilden ihr Personal selbst aus und sorgen für eine regelmäßige Weiterbildung.

1 Du hast selber schon Erfahrungen im Einkauf. Was meinst du, worauf ein erfolgreicher Einkäufer achten muss?

2 Stelle einen Fragekatalog für die Betriebserkundung hinsichtlich der Beschaffung auf.

3 Wie organisiert dein Erkundungsbetrieb die Beschaffung? Stelle in einer Tabelle dar, was, wer, wann und wo einkauft.

E **4** Ihr habt bereits selbst einen Gegenstand gefertigt. Stelle eine Stückliste auf und ermittle den Materialbedarf für 12 Stück.

E **5** Welche Anforderungen stellt dein Erkundungsbetrieb an die „Beschaffung" von Personal?

Der Produktionsprozess in der Bäckerei

Die betriebliche Grundfunktion Produktion

Bei der Erkundung der Bäckerei stellte der Bäckermeister Exner voller Stolz fest: „Die Produktion ist das Herzstück unseres Geschäfts." Das war Maurice angesichts der leckeren Torten völlig klar, da lief ihm förmlich das Wasser im Mund zusammen. Komplizierter wurde es da schon, als der Bäckermeister die Produktion als einen Prozess erklärte, in dem Inputs in Outputs umgewandelt werden.

Inputs und Outputs

Ohne Inputs wäre die Bereitstellung von Gütern nicht möglich. Zu den Inputs gehört alles, was zuvor beschafft werden musste und nun in den Arbeitsprozess eingeht. Inputs sind in der Bäckerei beispielsweise die Zutaten für einen Kuchen, wie Eier, Mehl, Wasser, Zucker usw. Der Backprozess funktioniert aber auch nur, wenn Elektroenergie und Wasser vorhanden sind. Energie und Wasser sind also ebenso Inputs wie die Informationen im Rezeptbuch des Bäckermeisters.

Inputs sind die für die Produktion zu Beginn oder während des ablaufenden Prozesses von außen zugeführten und damit dem System zur Verfügung stehenden Objekte und Informationen. Sie erst ermöglichen den Arbeitsprozess.
Der Arbeitsprozess verändert die Inputs dann zielgerichtet, um den gewünschten Output zu erzeugen. So verändert ein Tischler bei seiner Arbeit vor allem die Form des Werkstoffs, der Bäcker verändert vor allem die Struktur.

Input und Output sind englische Begriffe. Input bedeutet „Eingabe" oder auch „Einspeisung", Output bedeutet „Ausgabe" oder auch „Ausstoß".

Diese Betrachtungsweise kann auf jeden Produktionsprozess angewendet werden. In der Möbelfabrik werden verschiedene Holzwerkstoffe, Verbindungselemente und Beschläge als Input in den Prozess gegeben. Fachkräfte formen alsdann im Arbeitsprozess diese Eingangsgrößen unter Nutzung von Maschinen und Werkzeugen in Schränke, Tische, Stühle und andere Möbel um. Diese Möbel stellen schließlich den Output dar.

Produktion und Dienstleistung

Die Dienstleistung als Produktion

Wenn wir jeden Prozess, der durch den Einsatz von betrieblichen Produktionsfaktoren zu einem Arbeitsergebnis führt, als Produktion bezeichnen, dann zählt zur Produktion auch die Bereitstellung von Dienstleistungen.
Mandy war tief beeindruckt, als sie die Akrobaten bei der Reinigung der riesigen Glasflächen des Kaufhauses sah. Auch hier gehen in den Prozess die Arbeitskräfte mit ihren Maschinen, Werkzeugen und Hilfsmitteln ein. Das Ergebnis – blitzblanke Glasflächen – ist unübersehbar.
Auch die Fahrt mit dem Taxi ist im wirtschaftlichen Sinne eine Produktion, ebenso wie die Vermittlung eines Kredits.

Zur Produktion gehören das Erzeugen, Herstellen oder Fördern von Gütern ebenso wie die Erbringung von Dienstleistungen.

Für jede Produktion müssen folgende Fragen beantwortet sein:

- Wie soll die Produktion organisiert sein?
- Welche Produkte soll das Produktionsprogramm umfassen? (Stückzahl, Varianten, eigene Herstellung der Teile oder Zukauf?)
- Welche Fertigungsverfahren sollen angewendet werden?
- Welche Betriebsmittel sollen zum Einsatz kommen? Wo können sie beschafft werden?
- Wie kann der Fertigungsprozess gesteuert und kontrolliert werden?

1 Wodurch unterscheiden sich eine Produktion im Haushalt und in einem Betrieb?

2 Nenne einen Betrieb aus deiner Region, der Güter erzeugt oder fördert, und einen Betrieb, der Güter herstellt.

3 Nenne fünf Betriebe aus deiner Region, die Dienstleistungen anbieten.

4 Stelle einen Fragenkatalog zur Produktion für die Betriebserkundung auf.

Rolls-Royce Dahlewitz, Flugzeugturbinenbau

Das Produkt und die Betriebsmittel

Vor allem die industrielle Güterproduktion, wie zum Beispiel der Braunkohlebergbau oder die Produktion von Flugzeugantrieben, ist durch den Produktionsfaktor Betriebsmittel geprägt. Aber auch bei der Erstellung von Dienstleistungen sind Betriebsmittel notwendig, wie zum Beispiel der Herd im Restaurant, der Computer im Reisebüro oder der Filmprojektor im Kino.

Die Betriebsleitung muss geeignete Betriebsmittel für die Produktion bestimmen.

Auswahl der Betriebsmittel

Die Technik bietet für jeden Zweck verschiedene Lösungen an. Wir sprechen auch von Lösungsalternativen. Du kennst das: Für deine Wege kannst du ein Fahrrad nutzen. Welches Fahrrad du kaufst, hängt von vielen Faktoren ab, zum Beispiel: Wie viel Geld hast du zur Verfügung? Qualität hat ihren Preis. Ein Fahrrad aus dem Baumarkt ist oft deutlich billiger als das Markenprodukt beim Fachhändler. Wie lange kannst du das Produkt nutzen? Wird deine Körpergröße noch deutlich zunehmen, dann musst du wohl irgendwann ein größeres Fahrrad kaufen.
Ähnlich ist es in den Betrieben. Auch hier müssen die Betriebsmittel sorgfältig ausgewählt werden, da sie langfristige Auswirkungen haben.

Beispiel: Produktion von Metallzylindern

Unlängst erkundete Saschas Klasse einen Produktionsbetrieb, der sich vor fünf Jahren angesiedelt hatte. Der Produktionsleiter konnte sich noch genau an die wichtigsten Entscheidungen erinnern. Der Betrieb wollte sich auf die Produktion von Zylindern aus Metall spezialisieren.
Solche Zylinder können durch Gießen, Drehen oder Schmieden hergestellt werden. Gefordert war eine lange Lebensdauer des Produkts. Gegossene oder gedrehte Zylinder sind in der Herstellung billiger, haben aber nicht die geforderte Härte und Beständigkeit. Damit war klar, dass die Zylinder durch Schmieden hergestellt werden sollten.
Aber es gibt verschiedene Schmiedeverfahren und -geräte bzw. Maschinen zum Schmieden. Man kann von Hand schmieden oder mit auto-

Handarbeit: Hufschmied bei der Arbeit

Maschinenarbeit: Dreherin an der Drehmaschine

Schmiedeautomat

CNC-Maschine

matisch arbeitenden Maschinen. Diese Entscheidung wirkt sich auf die benötigten Arbeitskräfte aus.
Bei überwiegend manueller Arbeit werden viele Arbeitskräfte mit Geschick und großer Muskelkraft benötigt. Das bedeutet hohe Lohnkosten. Für Frauen ist diese Arbeit nicht geeignet.
Maschinen erleichtern den Menschen die Arbeit. Die Bedienung von Schmiedeautomaten erfordert Konzentrationsfähigkeit und Ausdauer, sie kommt auch für Frauen infrage. Benötigt werden aber auch Spezialisten, die die Automaten einrichten. Allerdings setzt die Anschaffung der Automaten ein großes Startkapital voraus.
Die Auswahl der Betriebsmittel ist abhängig von

- der Zahl der Arbeitskräfte, ihrer Eignung und ihren Fähigkeiten,
- den einzusetzenden Techniken und Fertigungsverfahren,
- den finanziellen Möglichkeiten des Betriebes,
- der Art und Menge der zu erstellenden Leistungen.

Vorteile der Technisierung

Automaten haben auch Vorteile: Sie ermüden nicht, werden nicht krank, benötigen keinen Urlaub, können fast ununterbrochen arbeiten, streiken nicht, arbeiten meist genauer als Menschen und können darüber hinaus Tätigkeiten verrichten, die Menschen nicht verrichten können.
Ziele der Technisierung sind: das Verbessern der Produktqualität, das Steigern der Produktionsmenge pro Zeiteinheit, das Einsparen von Personalkosten und die Entlastung des Menschen von schwerer körperlicher oder monotoner Arbeit.

Der zunehmende Einsatz von Technik in der Produktion wird „Technisierung“ genannt.

Massenproduktion von Würstchen

Serienproduktion von Kleidungsstücken

Einzelfertigung im Schiffsbau

Automatisierung in der Getränkeproduktion: Brauerei

Das Produkt und die Fertigungsorganisation

Nachdem Maschinen die Menschen zunächst nur von schwerer körperlicher und oft auch gefährlicher Arbeit befreit hatten, übernahmen sie zunehmend auch wichtige Kontroll- und Steuerungsfunktionen.
Manuel kann sich noch gut an den Besuch in der Limonadenfabrik erinnern. Es waren kaum Menschen zu sehen. Die Flaschen eilten wie von Geisterhand getrieben leer an ihnen vorbei und verließen dann nach gründlicher Reinigung und gleichmäßig gefüllt die Maschine.
Das Gegenteil erlebte Manuel bei seinem Praktikum in der Konditorei. Hier wurden die Torten vom Konditor noch selbst gemacht. Jedes Stück sah anders aus und regte den Appetit an.

Wie viel soll produziert werden?

Offensichtlich ist die Gestaltung der Produktion nicht nur vom jeweiligen Produkt, sondern auch von der Produktionsmenge abhängig. In der Produktion von Gütern, die in großen Massen hergestellt werden, wie Schokolade, Schrauben oder Getränke, kommen überwiegend Automaten zum Einsatz. Diese sind in der Anschaffung zwar teuer, dadurch dass sie aber über lange Zeit ständig genutzt werden, machen sie sich schnell bezahlt.

Massen- oder Serienproduktion: Größere Mengen gleichartiger Produkte werden fortlaufend in sehr hohen Stückzahlen hergestellt, überwiegend durch Automaten.

Automaten nehmen den Beschäftigten die ständig wiederkehrenden Arbeitsgänge ab und führen sie selbstständig aus. Nur wenige Arbeitskräfte bedienen und überwachen die Automaten.

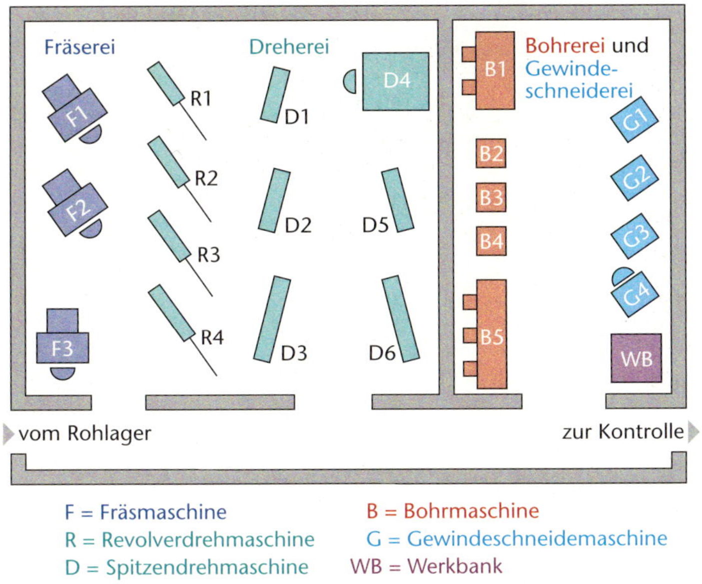

Skizze: Werkstättenfertigung

Fließfertigung

Anders ist es, wenn Einzelstücke gefragt sind, wie im Schiffbau oder auch beim Maßschneider.

Einzelfertigung: Einzelne oder ganz wenige gleiche oder gleichartige Produkte werden hergestellt.

Bei der Serienfertigung sind Spezialisten gefragt, die ihr Handwerk verstehen. Sie müssen vielseitig sein, selbstständig arbeiten können und oft eigenverantwortlich Entscheidungen treffen.

Die Anordnung der Produktionsschritte

Die Frage, ob Produkte in Einzel-, Serien- oder Massenfertigung hergestellt werden, hat nicht nur Einfluss auf die Beanspruchung und die Fähigkeiten der Arbeitskräfte, sondern auch auf die Fertigungsorganisation.
Bei hohen Stückzahlen über einen langen Zeitraum lohnt es sich, die Maschinen nach dem Produktionsablauf aufzustellen. Die aufeinanderfolgenden Arbeitsgänge werden zeitlich abgestimmt. Oft werden Fließbänder eingesetzt. Bei der Fließfertigung wird der Produktionsprozess in Arbeitsschritte zerlegt, Maschinen und Arbeitsplätze werden in der Abfolge der Arbeitsschritte angeordnet.

Wechselt das Produkt immer wieder, so erfolgt die Produktion in Werkstätten, wo gleichartige Maschinen zusammen aufgestellt sind. In einer Werkstattfertigung findet man typischerweise eine „Schweißerei", „Stanzerei", „Dreherei" etc. Der Vorteil der Werkstattfertigung liegt darin, dass Kundenwünsche berücksichtigt werden können.

Massenfertigung erfolgt oft am Fließband, Einzelfertigung nach dem Werkstattprinzip.

1 Liste Vor- und Nachteile der Arbeit von Menschen (lebendige Arbeit) und Maschinen (vergegenständlichte Arbeit) auf.

2 Welche Arbeit würdest du bevorzugen: Arbeit am Fließband oder in einer Werkstatt? Begründe deine Meinung.

3 Nenne je zwei typische Beispiele für Einzel- bzw. Serien- und Massenfertigung.

4 Nenne je zwei Berufe mit täglich ähnlichen oder gleichen Tätigkeiten bzw. mit wechselnden Tätigkeiten. Was bevorzugst du? Erörtere Vor- und Nachteile.

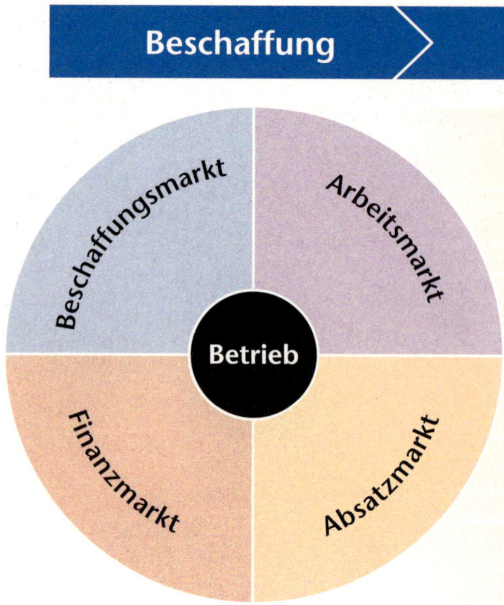

Der Betrieb im Wirtschaftsgeschehen

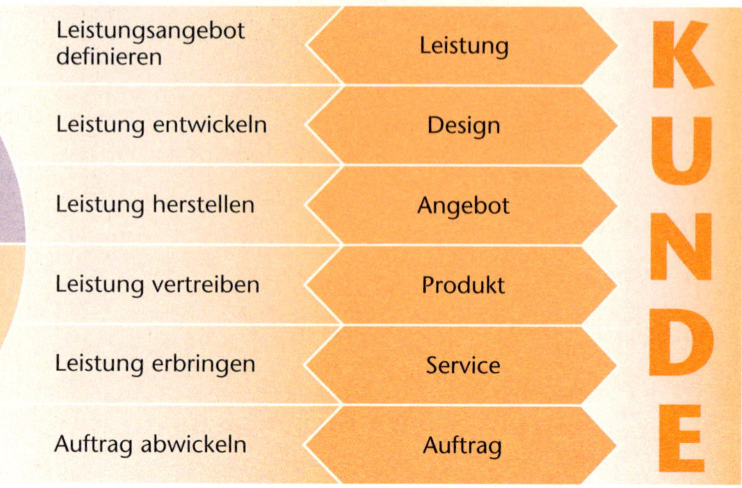

Grundprozesse im Absatz

Die betriebliche Grundfunktion Absatz

Schon in der Vorbereitung für die Herstellung von Produkten oder Erbringung von Dienstleistungen spielt der Absatz eine große Rolle. Im Erkundungsbetrieb, der Möbeltischlerei „Kreativ", finden regelmäßig Beratungen zwischen Verkaufsabteilung und Betriebsleitung statt.
Dabei werden folgende Fragen erörtert:

- Wie lassen sich unsere Produkte und Dienstleistungen möglichst gut verkaufen?
- Welche Preise können wir verlangen?
- Wie können wir für unser Produkt werben? Wie präsentieren wir unser Angebot?
- Wie organisieren wir den Verkauf?

Der Absatz umfasst alle Tätigkeiten, die mit dem Verkauf von Produkten oder Dienstleistungen zusammenhängen.

Aufgaben der Abteilung Absatz

Im Zentrum des Absatzes in allen Betrieben stehen die Aufgaben, die betrieblichen Leistungen, das sind die hergestellten Produkte und angebotenen Dienstleistungen,

- auf dem Markt bekannt zu machen,
- an die Kunden zu verkaufen sowie
- neue Märkte und Kunden zu erschließen.

Dazu müssen die Betriebe die Wünsche und Erwartungen der Kunden ermitteln und ihr Leistungsangebot definieren.
Die Möbeltischlerei „Kreativ" hat sich auf formschöne und umweltfreundliche Gartenmöbel spezialisiert. Im Vergleich mit der Konkurrenz hat sie die Preise für die angebotenen Leistungen kalkuliert. In einem weiteren Schritt geht es darum, vorhandene oder zukünftige Kunden mit Informationen über das Leistungsangebot zu versorgen. Dazu werden nicht nur Anzeigen in Zeitschriften geschaltet, Werbeflyer gedruckt und Radiowerbung genutzt, sondern auch eine Website im Internet gestaltet. Über einen bekannten Dienstleister wurde geplant, wie die Produkte auf einfachstem und schnellem Weg zum Kunden gelangen können. Durch einen engen Kundenkontakt und zielgerichtete Befragungen wird gesichert, dass die Interessen und Wünsche der Kunden bei der Leistungserstellung mit einbezogen werden.
Schließlich müssen noch die Aufträge abgewickelt werden. Hierzu gehören: Auftragsplanung, Auftragsrealisierung und Auftragsabrechnung.

Möglichkeiten, den Absatz anzuregen

Den Absatz anregen

Für Bäckermeister Exner sind sein breites Sortiment, die Laden- und Schaufenstergestaltung sowie die Werbung mit Flyern im Wohngebiet wichtig, um den Absatz zu sichern. Auch die Verkäuferinnen bemühen sich, freundlich und sachkundig über die Produkte zu informieren und Kundenwünsche zu erfragen.

Verkaufsgespräche, Schaufenster oder Flyer sind Mittel der Kommunikationspolitik und dienen der Verkaufsförderung.

Bei der Preisgestaltung achtet der Bäckermeister auf optisch günstig wirkende Preise. Auf Beträge über volle zehn Cent oder volle Euro wird in seinem Laden konsequent verzichtet. Die Möbeltischlerei „Kreativ“ bietet ihren Kunden darüber hinaus Ratenzahlungen mit günstigen Zinsen an.

Die Preispolitik umfasst alle Maßnahmen zur Preisbildung (z. B. Preisnachlässe, Sonderangebote, Ratenzahlung).

Besonderen Wert legen jedoch beide Betriebe auf ihr Produktsortiment. Es beginnt bei der Gestaltung der Produkte und ihrer Qualität. Aber auch die Verpackung und der Produktname sind wichtig. So gibt es „Krüstchen“ und „Küsschen“ oder andere neckische Naschereien, die zum Kauf verführen. Durch neue Produkte oder die Verbesserung bereits bekannter Produkte wird das Sortiment ständig erneuert. Für alle Kundengruppen sollte das „richtige“ Produkt im Angebot sein. Veraltete Produkte müssen rechtzeitig vom Markt genommen werden.

Hauptziel der Produktpolitik ist es, dass die Käufer die angebotenen Produkte und Dienstleistungen kaufen.

1 Zeige für fünf Betriebe auf, wie sie den Absatz anregen. Gestalte eine Tabelle (Betrieb, Produkt, Instrument der Absatzpolitik, Anmerkungen).

2 Stelle einen Fragenkatalog zum Absatz für die Betriebserkundung auf.

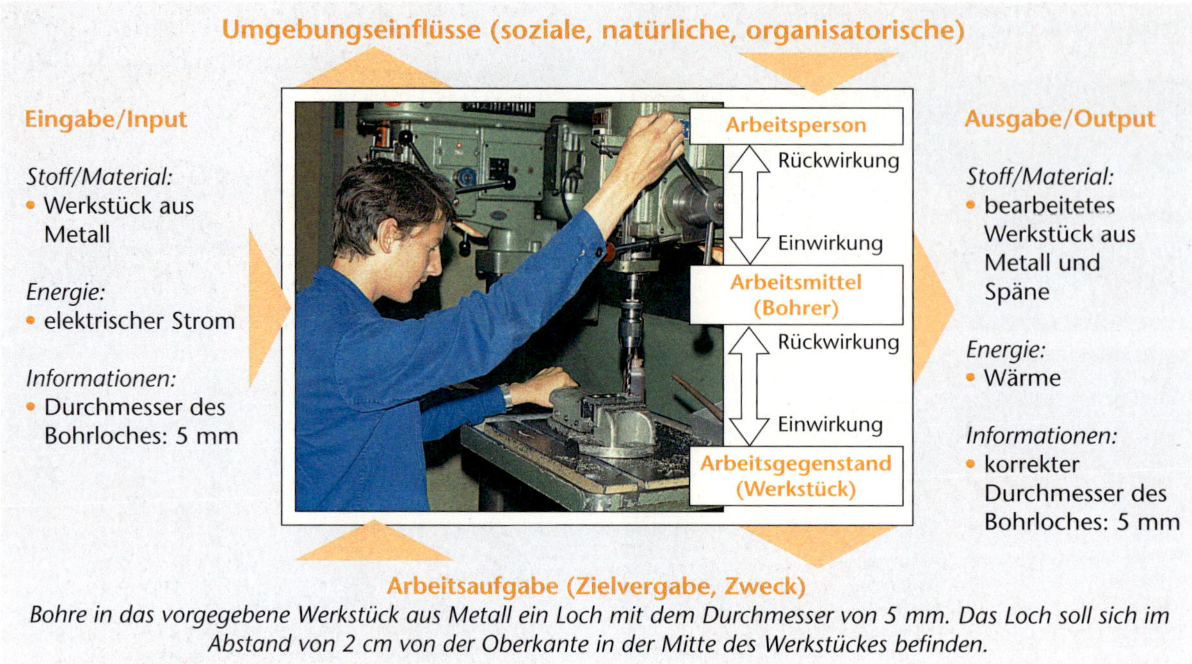

Arbeitssystem – Beispiel für einen Werkstattarbeitsplatz mit einer Ständerbohrmaschine

M Erkundung von Arbeitsplätzen

In der Produktion wollen wir den Arbeitsplatz einer Metallbauerin analysieren und beschreiben. Dabei erfahrt ihr, was bei der Analyse von Arbeitsplätzen beachtet werden muss. Außerdem werden wir einen Gebäudereiniger bei seiner Arbeit begleiten. In der Beschaffung besuchen wir einen Lageristen und im Absatz schauen wir einer Großhandelskauffrau über die Schulter.

Eine Arbeitsplatzanalyse muss gut vorbereitet werden. Überlegt zunächst, wie ihr vorgehen wollt. Folgende Grundfragen helfen euch, einen Beobachtungsbogen zu erstellen:

Welche Aufgaben sind an diesem Arbeitsplatz zu erfüllen? Wer verrichtet die Arbeit? Womit wird die Arbeit ausgeführt? Wo wird die Arbeit ausgeführt? Wann wird die Arbeit ausgeführt? Wie lange und wie oft wird die Arbeit verrichtet?

Die Arbeitsperson und die Arbeitsaufgabe:

Die Arbeitsaufgaben werden durch Wünsche der Kunden bestimmt. Eine Metallbauerin in der Metallgestaltung muss Einzelstücke nach Kundenwunsch oder eigenen Entwürfen herstellen. Sie benötigt technisches Verständnis und muss technische Zeichnungen anfertigen und lesen können. Mit Maschinen muss sie verantwortungsvoll gemäß den Sicherheitsbestimmungen umgehen.

Zu den Arbeitsaufgaben eines Gebäudereinigers gehört neben dem Säubern auch die Auswahl der Maschinen, Geräte und chemischen Mittel sowie deren Instandhaltung und Einlagerung. Er muss teamfähig sein, darf Schmutz nicht fürchten und keine Allergien bekommen. Für Arbeiten an der Außenfassade muss er schwindelfrei sein.

Die Arbeitsaufgabe ist die Aufgabe, die eine Arbeitsperson erfüllen muss.

Der Arbeitsablauf:

Damit die Arbeit erfolgreich verläuft, müssen Metallbauerinnen ihre Arbeitsaufgaben sorgfältig planen und vorbereiten. Sie nehmen den Kundenauftrag entgegen und ermitteln die Maße gegebenenfalls vor Ort, sie erstellen Skizzen und Entwürfe, lesen Bau- und Montagezeichnungen. Schließlich stellen sie die Werkstücke und Bauteile manuell und maschinell her und liefern sie an den Kunden. Oft montieren sie auch vor Ort.

Arbeitsablauf: Metallbauer beim Rohrbiegen

Betriebsmittel: Fassadenbefahranlage

Eingabe: Technische Informationen

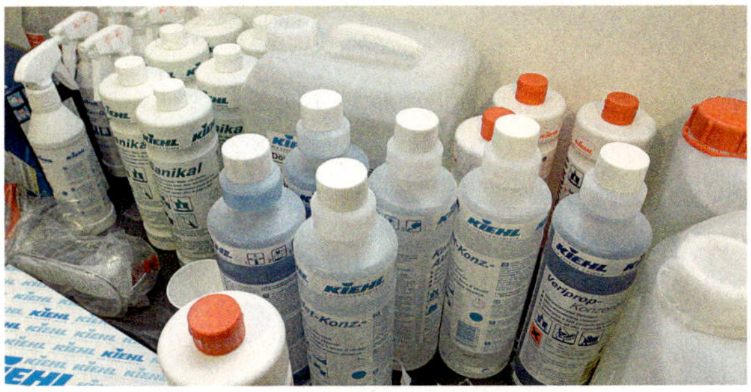

Betriebsstoffe: Spezialreiniger (Gebäudereinigung)

Auch Gebäudereiniger erstellen Arbeitspläne. Dabei veranschlagen sie Arbeitszeiten und legen die Reihenfolge der Arbeitsschritte fest. Beim Säubern arbeiten sie oft im Team, vor allem wenn eine Reinigung besonderen Aufwand erfordert.

Der Arbeitsablauf ist eine detaillierte Beschreibung der zur Erfüllung der Arbeitsaufgabe notwendigen Tätigkeiten.

Die Betriebsmittel:
Um sich die Arbeit zu erleichtern, aber auch um schneller und genauer zu fertigen, setzt die Arbeitsperson Werkzeuge und Maschinen – sogenannte Betriebsmittel – ein. Eine Metallbauerin arbeitet mit Werkzeugmaschinen, aber auch mit schweren Handwerkzeugen. Gebäudereiniger nutzen Bodenreinigungsmaschinen und Dampfreinigungsgeräte zur Fußbodenreinigung, Fassadenbefahranlagen bei der Reinigung von Glasfronten.

Betriebs- oder Arbeitsmittel sind alle Anlagen, Maschinen und Geräte, die an der Erfüllung der Arbeitsaufgabe beteiligt sind.

Eingabe (Inputs):
Nicht nur die Materialien der Metallbauerin wie Profilstähle, auch Betriebsstoffe wie Reinigungsmittel oder Hilfsstoffe und Energie müssen als Eingabe betrachtet werden. Eingaben sind auch die Informationen, die Metallbauer oder Gebäudereiniger erhalten: Wie hoch und wie lang soll der Schmiedezaun sein? Wie groß ist das zu reinigende Gebäude? Wie stark verschmutzt sind die einzelnen Abschnitte?

Die Eingabe (Inputs) sind alle notwendigen Ressourcen, die zur Erfüllung der Arbeitsaufgabe notwendig sind.

Ausgabe (Outputs):
Um das Ergebnis zu erreichen, werden die Eingabegrößen (Inputs) verändert. Das Arbeitsergebnis der Metallbauerin ist der Schmiedezaun und das des Gebäudereinigers sind saubere Fußböden und Fenster.

Die Ausgabe (Outputs) sind alle Ergebnisse der erfüllten Arbeitsaufgabe.

Umgebungseinflüsse: helles Licht, Dämpfe

Arbeitsort: Arbeit beim Kunden

Containerterminal

Zollvorschriften beachten

Arbeitsort und Arbeitsumgebung:
Metallbauer arbeiten überwiegend in einer Werkstatt. In einer Schmiede ist es oft sehr heiß und laut.
Für Gebäudereiniger sind wechselnde Arbeitsorte typisch, da sie vor Ort beim Kunden tätig sind: z. B. in Büroräumen, Schwimmbädern, Verkehrsbetrieben. Bei ihrer Arbeit spielen nicht nur natürliche Umgebungseinflüsse wie Lärm oder schlechtes Wetter eine Rolle. Auch die chemischen Dämpfe, die bei der Reinigung entstehen können, stellen eine Belastung dar.

Umgebungseinflüsse sind physikalische, chemische oder biologische Faktoren, die die Arbeitsbedingungen beeinflussen.

Sowohl Metallbauer/-in als auch Gebäudereiniger/-in sind Berufe, die zur betrieblichen Grundfunktion „Produktion“ gehören. Damit die Produktion reibungslos verläuft und das Produkt den Kunden erreicht, müssen die Funktionen „Beschaffung“ und „Absatz“ gegeben sein.

Außenhandelskauffrau – ein Beruf im Bereich Absatz

Eine besondere Entdeckung machte Rica bei der Erkundung des Arbeitsplatzes ihrer Mutter. Ricas Mutter arbeitet als Großhandelskauffrau bei einem international tätigen Unternehmen.
Als junge Frau war sie von fremden Kulturen und Sprachen fasziniert und wollte Stewardess werden. Sie interessierte sich aber auch für kaufmännische Dinge. In der Berufsberatung wurde ihr klar, dass eine Tätigkeit als Außenhandelskauffrau beides verbinden würde.
Nun arbeitet sie in einer Abteilung für zoll- und außenwirtschaftsrechtliche Fragen. Beim Export von Gütern in andere Länder sind die jeweiligen Handels- und Zollvorschriften zu beachten. Ricas Mutter ist u. a. dafür zuständig, die nötigen Dokumente zu erstellen und zu überprüfen.
Aufgaben: Grundsätzlich können Groß- und Außenhandelskaufleute vielfältige Aufgaben übernehmen: Sie organisieren den Warenaustausch über Grenzen hinweg und verhandeln dabei mit Herstellern und Abnehmern in aller Welt. Sie bearbeiten Angebote und Aufträge, können im Ein-

Beschädigte Ware beim Lieferanten melden

Lagerist mit dem Gabelstapler am Hochregal

und Verkauf, im Marketing, in der Buchhaltung oder in der Zollabwicklung eingesetzt werden. Klingelt das Telefon, dann verhandelt Ricas Mutter mit Mitarbeitern anderer Niederlassungen – oft in englischer Sprache. Die Außenhandelskauffrau hält sich auch durch spezielle Sprachkurse auf dem Laufenden. „Im Außenhandel gibt es viele Vorschriften und eine eigene Fachsprache. Die muss ich beherrschen – das gehört zum Job dazu."

Unterschiede zum Einzelhandel: „Was ist nun aber der Unterschied zwischen einer Kauffrau im Einzelhandel und im Außenhandel?", wollte Rica wissen. „Grob gesagt stehst du als Einzelhandelskauffrau hinterm Tresen, als Großhandelskauffrau sitzt du im Büro. Als Einzelhändler verkaufst du an Kunden wie dich und mich, als Großhändler an Firmenkunden. Die Ausbildung zum Großhändler ist anspruchsvoller, das Gehalt höher. Der Einzelhandel bringt die Ware an den Endverbraucher, der Großhandel kümmert sich um Import und Export oder beliefert den Einzelhandel."

Lagerist – ein Beruf im Bereich Beschaffung

Marcel nutzte die Erkundung in der Arbeitswelt, um sich bei seinem Stiefvater über den Beruf des Lagerarbeiters zu informieren. Der Stiefvater arbeitet in einem Speditionsbetrieb im Großhandel. Dort ist er überwiegend im Lager, in Fabrikhallen oder Kühlhäusern tätig. Bis die Güter zur weiteren Verarbeitung oder zum Endkunden gelangen, müssen sie immer wieder transportiert, gelagert und erneut versandt werden.

Aufgaben: Lagerarbeiter/-innen erfüllen eine logistische Funktion innerhalb eines Unternehmens. Bei der Anlieferung nehmen sie die Waren in Empfang, packen sie aus und kontrollieren die Lieferung auf Vollständigkeit und Unversehrtheit. Bei Beanstandungen sprechen sie mit dem Lieferanten und leiten weitere Maßnahmen ein. Jedes Produkt und jede Ware bedarf einer anderen Art der Lagerung: Lebensmittel müssen kühl und trocken gelagert werden, giftige Stoffe, Gasflaschen müssen unter besonderen Vorkehrungen gelagert werden. Auch Volumen und Gewicht der Ware sind zu berücksichtigen.

Die Güter werden mithilfe von Fördergeräten wie Gabelstaplern oder automatischen Förder- oder Sortieranlagen eingelagert. Je nach Art der Ware wird auch per Hand und mit Körperkraft gearbeitet. Die Einlagerung dokumentieren Lageristen mit einer speziellen Software.

Bei einer Arbeitsplatzanalyse werden die Tätigkeiten der Arbeitsperson zur Erfüllung der Arbeitsaufgabe, die verwendeten Arbeitsmittel sowie die Arbeitsumgebung beschrieben.

M

1 Beschreibe die Arbeitsplätze der Außenhandelskauffrau und des Lagerarbeiters systematisch nach den genannten Kriterien. Illustriere deinen Text durch Bilder.

2 Beschreibe einen Arbeitsplatz deiner Wahl. Was ist interessant, was belastend?

E **3** Begründe bei zwei Berufen die Notwendigkeit von lebenslanger Weiterbildung.

Es muss nicht immer Catering sein

Veranstaltungsservice	Bäckerei/Catering	Cafeteria
Fahrrad/Mofa	Floristik/Kunst/Kreativ	Garten-/Landschaftsbau
Hauswirtschaft/Textilien	Holz/Metall/CNC	Multimedia/Web/Foto
Raumgestaltung	Schul-/Bürobedarf	Sozialer Dienst/Einkaufen

Ideen sind gefragt: Vielfältige Tätigkeitsfelder für Schülerfirmen

In Schülerfirmen gibt es viele Rollen
- Geschäftsführer/-in
- Personalchef/-in
- Buchhalter/-in
- Sekretär/-in
- Kundenbetreuer/-in
- Lagerverwalter/-in
- Einkaufsleiter/-in

Logo der Schülerfirma ►

Ⓜ Arbeiten und Lernen in Schülerfirmen

„Grau ist alle Theorie“, meint Mandy und regt an, das Gelernte in einer Schülerfirma zu vertiefen. Ihre Freundin, die in der Hauptstadt die 8. Klasse besucht, hatte ihr von der Schülerfirma mit Feuereifer berichtet. Die Schülerfirma ist eine Chance, eine eigene Geschäftsidee fast wie erwachsene Existenzgründer umzusetzen und solche Fähigkeiten und Fertigkeiten zu erwerben und anzuwenden, die im späteren Berufsleben von Nutzen sein werden. Mandys Freundin berichtete von einer Cateringfirma, die an der Schule die Pausenversorgung übernommen hat. Das Motto der Firma lautet: „Frisch und lecker“. Für die Geschäfte der Schülerfirma sind die Schülerinnen und Schüler selbst verantwortlich.

Egal ob Schülercafé, das eine gesunde und leckere Pausenversorgung liefert, Medienfirma, die den Webauftritt der Schule gestaltet, oder eine Fahrradwerkstatt, die Räder für Schüler und Lehrkräfte wieder fit für den Straßenverkehr macht – Schülern bieten sich vielfältige Möglichkeiten zur Gründung von Schülerfirmen.

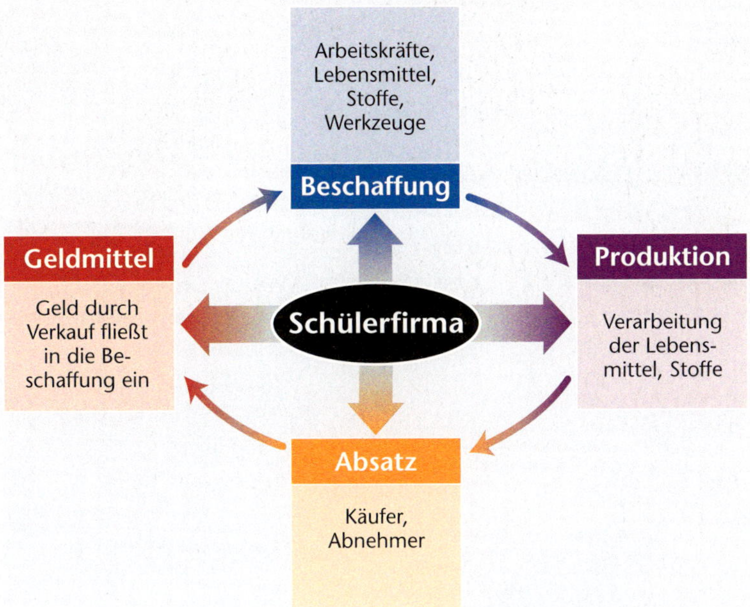

Betriebliche Grundfunktionen auch in Schülerfirmen

- Welche räumlichen und materiellen Voraussetzungen brauchen wir?
- Was ist schon in der Schule dafür vorhanden?
- Wer sind unsere Kunden?
- Besteht die Gefahr, dass wir jemandem ernsthaft Konkurrenz machen?
- Können wir mit der Idee Gewinn erzielen?
- Über das ganze Schuljahr oder nur zu bestimmten Zeiten (Weihnachten, Ostern usw.)?
- Woher bekommen wir günstig weiteres Material oder Geräte?
- Können wir uns Fehler erlauben?
- Welche Folgen hat es, wenn wir unser Produkt/unsere Dienstleistung nicht wie versprochen anbieten?

Fragen suchen nach Antwort

Firmengründung – Schritt für Schritt

Am Anfang steht die Geschäftsidee: Was soll hergestellt und verkauft oder welche Dienstleistung soll angeboten werden? Ohne Personal geht es nicht: Wer macht mit und wer macht was?
Gemeinsam mit den Lehrkräften und unterstützt durch die Schulleitung und Eltern arbeitet die Klasse die Schritte zur Gründung einer Schülerfirma ab:

- Geschäftsideen entwickeln und sich für eine tragbare Idee entscheiden,
- das Unternehmen mit seinen Abteilungen und Funktionen organisieren,
- Mitarbeiter qualifizieren,
- Stammkapital besorgen,
- Kosten berechnen und Preise kalkulieren,
- Geschäftsbeziehungen aufbauen und unterhalten,
- Dienstleistungen anbieten oder Produkte herstellen und verkaufen,
- über die Verteilung der erwirtschafteten Gewinne entscheiden,
- gemeinsame Höhepunkte gestalten.

Eine Schülerfirma ist ein Schulprojekt zur Verbindung von Theorie und Praxis sowie von Arbeiten und Lernen.

Schülerfirmen unterscheiden sich in ihren Aufgaben und im Aufbau kaum von einer gewöhnlichen Firma: In der Firma werden Produkte und Dienstleistungen erstellt und verkauft. Dabei sind Geld- und Warenströme zu lenken. Die Firmen verfügen über eine Leitung sowie Mitarbeiterinnen und Mitarbeiter. M

1 Ihr wollt eine Schülerfirma gründen. Entwickelt mögliche Produktideen. Diskutiert und bewertet diese. Welche Idee lässt sich am besten umsetzen?

2 Beantwortet die Fragen im Kasten oben für eure Produktidee.

E **3** Stellt mögliche Güter und Geldströme bei der Umsetzung eurer Produktidee grafisch dar. Nutzt dazu die Grafik oben.

Wir lesen Statistiken und Diagramme

Fragen – Informationen – Antworten

Produktionsfaktor Arbeit

Um welchen Sachverhalt geht es?
- Anteil der Erwerbstätigen in den Wirtschaftssektoren

Deutschland bei der Arbeit
Im Jahr 2007 waren knapp 40 Millionen Bundesbürger erwerbstätig. Davon waren beschäftigt in:

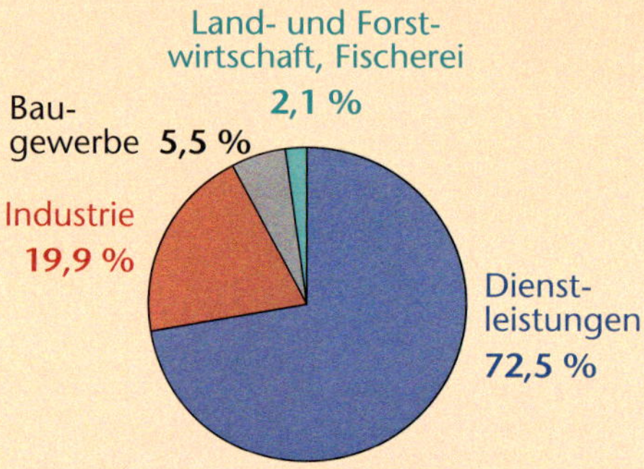

Quelle: Statistisches Bundesamt

Welche Quelle wird genutzt? Ist die Quelle verlässlich?
- Statistisches Bundesamt (vermutlich sehr verlässlich)

Für welche Zielgruppe ist das Bild bestimmt?
- Schüler?
- Rentner?
- Wissenschaftler?

Wie werden die Daten veranschaulicht?
- Koordinatensystem
- Zahlenreihe
- Säulendiagramm
- Tortengrafik

Welche Daten können wir entnehmen?
- Prozentsatz der Erwerbstätigen, die im Jahr 2007 in den verschiedenen Wirtschaftsbereichen gearbeitet haben.

Welche Basisinformationen müssen wir besitzen?
- Wie kommt die Einteilung in der Grafik zustande?

Die Wirtschaft kann in drei Wirtschaftsbereiche eingeteilt werden:
1. Primärer Sektor (Urproduktion): dazu gehören Land- und Forstwirtschaft, Fischerei
2. Sekundärer Sektor (Produktion): dazu gehören Industrie und Baugewerbe
3. Tertiärer Sektor (Dienstleistungen)

(Vgl. S. 64/65)

Welche Informationen können wir entnehmen?
- 72,5 % der Erwerbstätigen arbeiteten 2007 im Dienstleistungssektor,
- 2,1 % der Erwerbstätigen arbeiteten in Land- und Forstwirtschaft sowie in der Fischerei,
- 19,9 % arbeiteten in der Industrie,
- 5,5 % im Baugewerbe.

Welche Schlussfolgerungen können wir ziehen?
- Die meisten Erwerbstätigen arbeiteten 2007 im Dienstleistungssektor. Es sind mehr als doppelt so viele wie in den anderen Sektoren zusammen (72 % gegenüber 27,5 %)
- Der Dienstleistungssektor ist der größte und wichtigste Wirtschaftsbereich in Deutschland.
- Der Dienstleistungssektor bietet die meisten Arbeitsplätze.

4 Markt und Marktgeschehen – Entwicklung des Handels

Markttreiben in einer flämischen Stadt, Mitte des 16. Jahrhunderts
Ölgemälde von Pieter Aertsen (um 1509–1575)

Der Markt – Ort des Wirtschaftens

Angenommen, man würde das Wirtschaftsleben aus der Vogelperspektive betrachten, dann könnten wir in wenigen Minuten viele Tausend Vorgänge und ein reges Handelstreiben beobachten: den Kauf von Lebensmitteln; Menschen, die Arbeit suchen; Banken, die Geld verleihen; das Buchen von Fernreisen; Börsenmakler, die mit Aktien handeln; den Makler, der gerade Wohnungen verkauft, und vieles, vieles mehr.
Auf den ersten Blick erschiene das wirtschaftliche Treiben der Menschen wie ein planloses Durcheinander. Nach und nach würde der aufmerksame Beobachter aber erkennen, dass sich hinter all dem Hin und Her ein Prinzip verbirgt – das Prinzip des Marktes.

Vom „Laden" zur Einkaufspassage

Märkte sind eine der erstaunlichsten Entwicklungen der Menschheit. Es gab sie zu allen Zeiten und überall auf der Welt. Niemand hat jemals das Prinzip des Marktes „erfunden", die Menschen entwickelten es unbewusst, indem sie einfach ihren Bedürfnissen nachgingen.

Das Wort „Laden" bedeutete in der Vergangenheit zunächst „Brett" oder „Bohle". Wir finden diese Bedeutung noch im Wort „Fensterladen" – ein Brett zum Schutz eines Fensters. Mit „Laden" bezeichnete man aber auch das vorne an einer Verkaufsbude herabgelassene Brett, auf dem Waren zum Verkauf angeboten wurden. So erweiterte sich die Bedeutung des Wortes „Laden" und bezeichnete später auch den Verkaufsstand.
Märkte spielten bereits in der Antike und im Mittelalter eine entscheidende Rolle bei der Entwicklung der Städte. In frühesten Zeiten fand ein Handel (anfangs ein Tauschhandel) an Schnittpunkten wichtiger Verkehrswege oder an Flussübergängen statt, aber auch in der Nähe religiöser Zentren, an Pilgerstraßen oder in der Nähe politischer Zentren, wo sich Fürsten mit ihrem Gefolge versammelten.
Märkte waren zeitlich begrenzte „Verkaufsveranstaltungen" und wurden oft als Jahrmärkte veranstaltet, zum Beispiel als Wochenmarkt, als Frühjahrs-, Herbst- oder Weihnachtsmarkt, und sind auch als Flohmarkt, Fischmarkt oder Kirmes noch heute üblich.

Auf einem Markt werden Güter gehandelt.
Güter sind Sachgüter und Dienstleistungen.

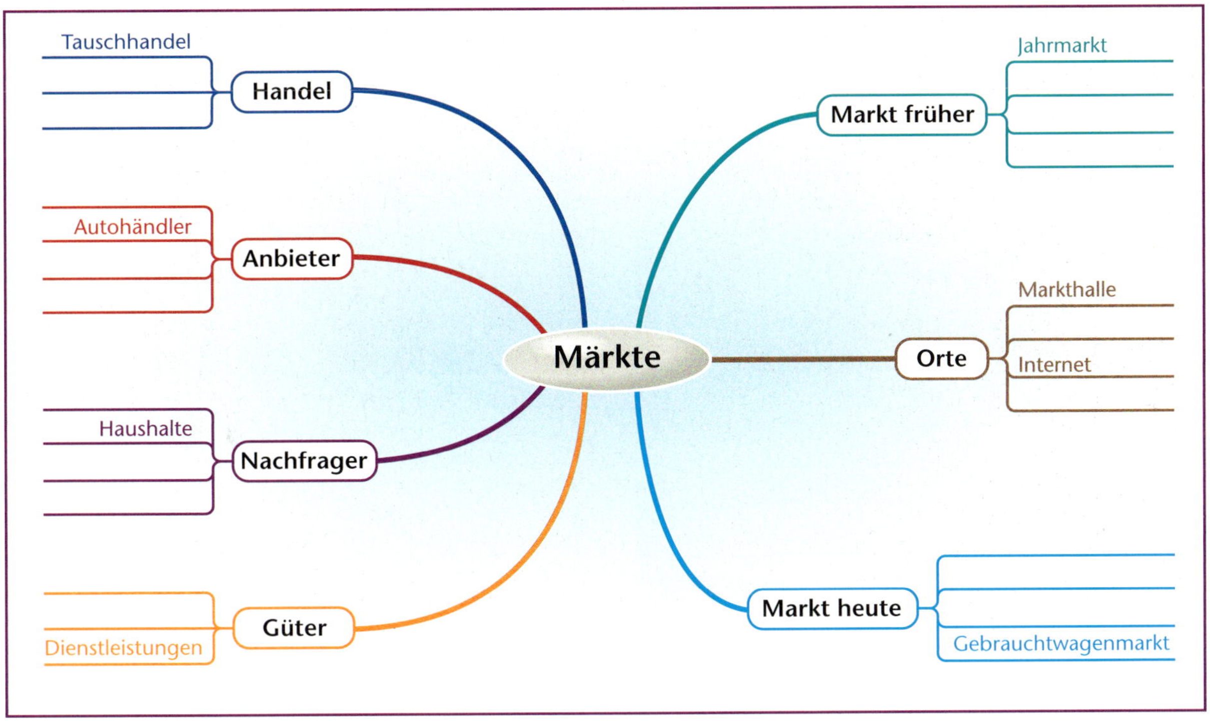

Mindmap Märkte

Um den Handel besser zu organisieren, die Produkte verkaufsfördernd zu zeigen und unabhängig von der Witterung zu sein, wurden Geschäfte eingerichtet. Im letzten Jahrhundert entstanden Supermärkte und Kaufhäuser. Der klassische Marktplatz im Ortszentrum, in der Nähe der Kirche verschwindet. An die Stelle des Marktplatzes sind heute die modernen Einkaufspassagen getreten.
Im Gegensatz zu den Märkten früherer Zeiten weisen die modernen Märkte noch zwei weitere Unterschiede auf:

- Die modernen Märkte finden nicht mehr regelmäßig zu festen Zeitpunkten im Kalenderjahr statt, da die Geschäfte, in denen sich heute Ein- und Verkäufe abspielen, täglich geöffnet sind. Ein verbessertes Transport- und Kommunikationsnetz schafft Waren und Kunden ständig heran.
- Außerdem geht es im modernen Marktgeschehen nicht mehr allein darum, die Menschen mit den notwendigen alltäglichen Gütern zu versorgen, sondern es geht auch um die Erzielung von Gewinn.

Das Prinzip des Marktes

Alle Märkte haben folgende Gemeinsamkeiten:

- Es treten Personen auf, die Sachgüter oder Dienstleistungen zum Kauf anbieten.
- Es treten Personen auf, die Sachgüter oder Dienstleistungen kaufen wollen.
- Für diese Sachgüter oder Dienstleistungen muss in der Regel Geld bezahlt oder zumindest etwas anderes zum Tausch angeboten werden.

Der Marktteilnehmer, der eine Ware auf den Markt bringt, wird als Anbieter bezeichnet, während derjenige Marktteilnehmer, der mit Geld bezahlt, Nachfrager genannt wird.

1 Warum lassen sich Menschen auf dem Markt auf Tauschvorgänge ein?

2 Erkundige dich, womit auf dem mittelalterlichen Markt gehandelt wurde.

3 Welches Ziel verfolgen die verschiedenen Marktpartner auf einem Markt?

Messe Leipzig

Markthalle Stuttgart

Börse Frankfurt

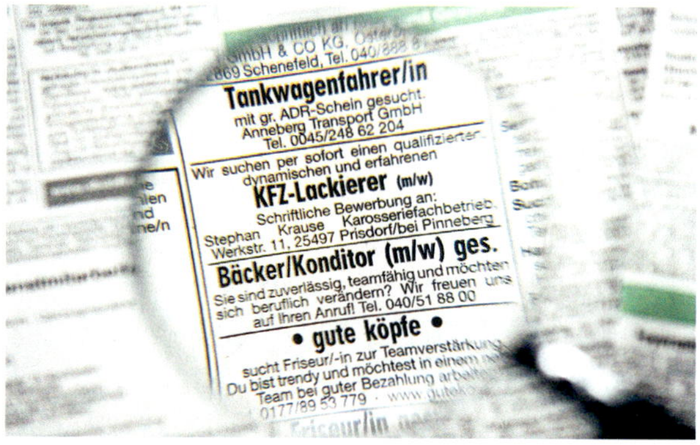

Zeitungsannoncen

Marktarten und Marktformen

Verschiedene Arten von Märkten

Mit der Zeit spezialisierten sich die Menschen bei der Produktion von Sachgütern und Dienstleistungen. In der Folge entstanden spezielle Märkte wie der Baumarkt, der Buchmarkt, der Lebensmittelmarkt. Auch der Arbeitsmarkt oder der Wohnungsmarkt, selbst die Börse und die Banken sind besondere Märkte, auf denen Jobs, Wohnungen, Firmenanteile oder Wertpapiere gehandelt werden.

Marktarten können nach dem Zeitpunkt, dem Standort und nach der Art der gehandelten Ware unterschieden werden.

Aber es gibt noch weitere Merkmale zur Unterteilung von Märkten. Ein offener Markt ist für jeden Menschen zugänglich (z. B. der Flohmarkt). Ein geschlossener Markt steht nur einer bestimmten Personengruppe offen (z. B. der Großhandel).
Nicht zuletzt können Märkte auch nach ihrer räumlichen Ausdehnung unterschieden werden. Es gibt den Inlandsmarkt und den Weltmarkt, der sich seinerseits in den afrikanischen, amerikanischen, asiatischen, osteuropäischen Markt und den Markt der Europäischen Union (EU) unterteilen lässt.

Marktformen

Je nachdem, ob viele oder wenige Anbieter und Nachfrager am Markt teilnehmen, unterscheidet man drei verschiedene Marktformen: das Polypol, das Oligopol und das Monopol.
Die ideale Marktform ist das Polypol. Viele Anbieter einer Ware oder Dienstleistung treffen auf viele Nachfrager. Es herrscht vollständige Konkurrenz auf beiden Seiten. Keiner der Marktteilnehmer kann den Marktpreis beeinflussen.

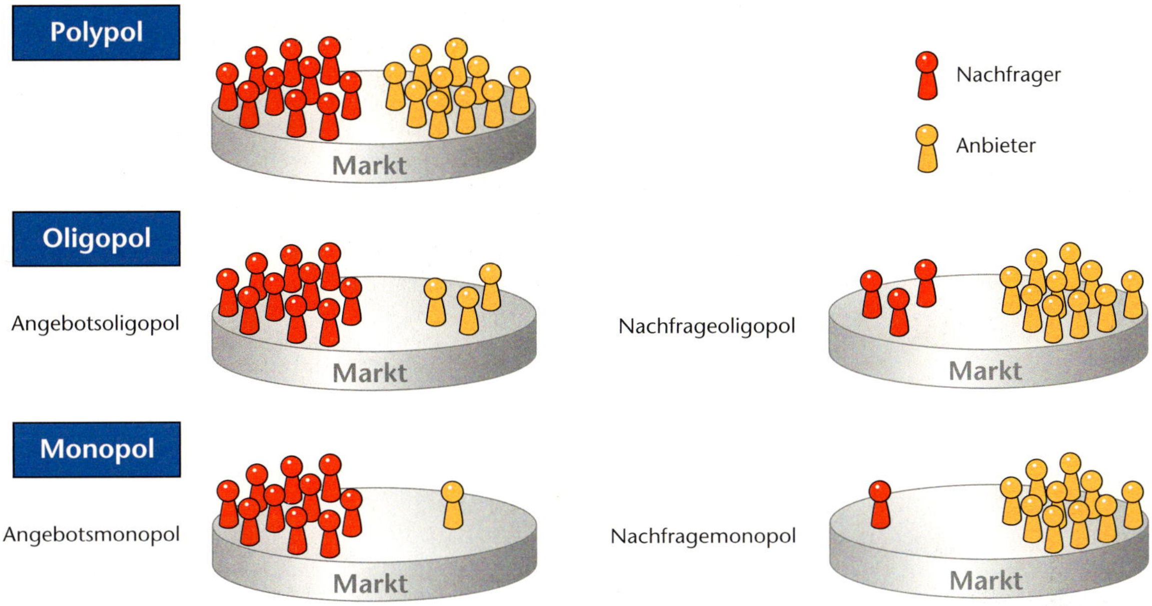

Marktformen

Treffen auf dem Markt wenige Anbieter auf viele Nachfrager (z. B. Benzinmarkt, Fluggesellschaften), so sprechen wir von einem Angebotsoligopol. Wenn umgekehrt wenige Nachfrager auf viele Anbieter treffen, so liegt ein Nachfrageoligopol vor. Da es z. B. nur wenige Molkereien gibt, die den Landwirten ihre Milch abkaufen, können sie sich absprechen und die Preise drücken.

Bei der Marktform Angebotsmonopol gibt es nur einen Anbieter, der die Preise diktieren kann, weil die Konkurrenz fehlt. Dies kommt vor, wenn ein Anbieter ein völlig neues Produkt auf den Markt bringt und viele Nachfrager es haben wollen. Ein Angebotsmonopol haben aber auch die Bundesbahn oder die Wasserbetriebe. Beim Nachfragemonopol hingegen gibt es nur einen einzigen Nachfrager. So ist z. B. die Bundeswehr der einzige Nachfrager für militärische Ausrüstung, für Spezialfahrzeuge oder Panzer, die von verschiedenen Firmen hergestellt werden.

Marktformen werden nach der Anzahl der Teilnehmer, die auf dem Markt aufeinandertreffen, unterschieden. Marktformen sind das Polypol, das Oligopol und das Monopol.

Wettbewerb ist wichtig

Wettbewerb entsteht, wenn mehrere Anbieter um Kunden konkurrieren. Die Anbieter müssen dann versuchen, die Qualität ihrer Waren zu verbessern oder ihre Preise zu senken. Die Kunden sind in der günstigen Lage, zwischen verschiedenen und laufend verbesserten Angeboten auswählen zu können. Da Wettbewerb anstrengend ist, versuchen die Anbieter, ihn zu umgehen, indem sie ihre Preise absprechen. Dies zu verhindern und die Verbraucher zu schützen, ist eine wichtige Aufgabe des Staates, des Bundeskartellamtes und der EU-Kommission.

1 Sammelt aus Zeitungen, Zeitschriften, Prospekten o. Ä. Bilder von Märkten und erstellt daraus eine Collage.

2 Findet heraus, um welche Märkte es sich bei den Kleinanzeigen handelt.

3 Schneidet Kleinanzeigen aus und ordnet sie nach Angebot und Nachfrage.

E **4** Beobachtet Geschäftsschließungen in eurer Umgebung und berichtet darüber. Überlegt mögliche Gründe dafür.

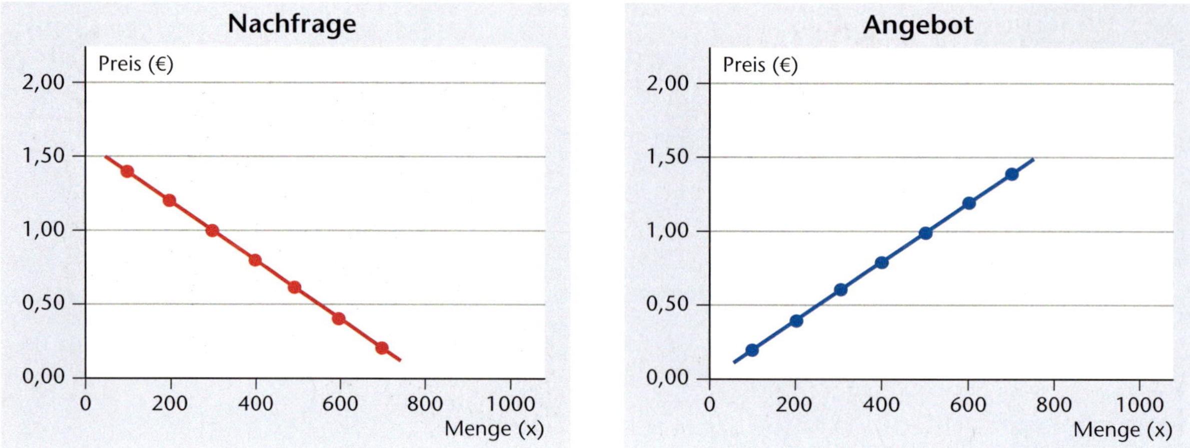

Nachfragekurve und Angebotskurve

Nachfrage und Angebot

Die Nachfrage

Am Abend des Konzertes der Band „Traven" will die Schule Getränke anbieten, da der Durst von Konzertbesuchern erfahrungsgemäß groß ist. Ihr zur Verfügung stehendes Geld können die Schülerinnen und Schüler nach Vorliebe für die verschiedensten Dinge ausgeben. Damit die Schülervertretung den Getränkeverkauf besser planen kann, führt sie im Voraus eine Umfrage, eine sogenannte Markterhebung, durch und bittet um die Beantwortung der folgenden Frage: „Wie viel Becher (0,2 l) Cola, Fanta, Sprite, Mineralwasser und/oder Saft würdest du am Abend des Konzertes für welchen Preis kaufen?"
Da der eigentliche Markt für den Getränkeverkauf der Konzertabend ist und die Besucherzahl vielleicht 800 beträgt, müssen die Ergebnisse der Klasse auf die Anzahl der Konzertbesucher hochgerechnet werden.
Diese Ergebnisse können in ein Koordinatensystem (Preis-Mengen-Modell) übertragen werden, wobei die Preise auf der y-Achse eingetragen werden und die dazugehörige Menge der nachgefragten Getränkebecher auf der x-Achse. Verbindet man die Punkte, entsteht die Nachfragekurve (siehe Grafik oben).

Das Angebot

Die Klasse 8a will den Getränkeverkauf am Konzertabend übernehmen und es stellt sich die Frage, wie hoch der Preis pro Becher Getränk veranschlagt werden soll. Die Festlegung des Preises hängt zunächst von den entstehenden Kosten ab – das sind z. B. die Kosten für Limonade, Cola, Saft, Mineralwasser und die Becher. Diese Kosten – z. B. 0,30 € pro Becher – müssen mindestens gedeckt sein, sonst macht man ein Verlustgeschäft.
Außerdem sollte der Limonadenverkauf auch noch Gewinn abwerfen. Die Hälfte des Gewinns soll an die Verkäufer verteilt werden. Je höher die Preise und je höher der Gewinn, umso mehr Verkäufer werden sich finden.
Da an dem Konzertabend nur während der Pause Getränke verkauft werden dürfen, wird der Andrang während der Verkaufszeit groß sein und je mehr Verkäufer hinter der Theke stehen, desto mehr kann in der verfügbaren Zeit verkauft werden. Gehen wir vereinfacht davon aus, dass jeder Schüler während der Pause bis zu 50 Becher verkaufen kann.
Die Ergebnisse werden in ein Koordinatensystem eingetragen, die Preise auf der y-Achse und die von den Verkäufern angebotene Menge an Bechern auf der x-Achse; die Angebotskurve entsteht (siehe Grafik oben).

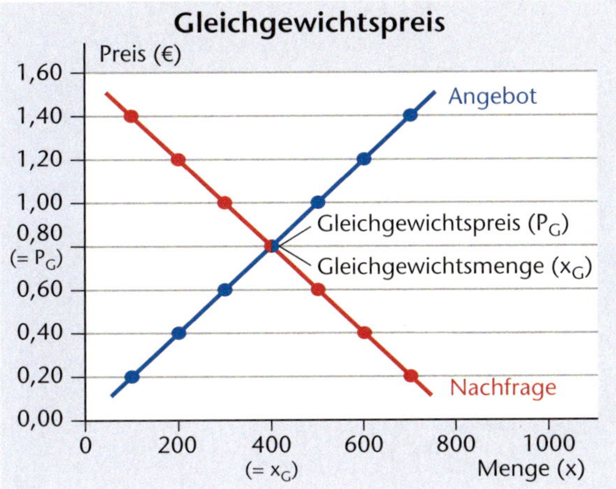

Getränkeverkauf: Angebot und Nachfrage bestimmen den Preis der Getränke

Zusammentreffen von Angebot und Nachfrage

Halten wir fest: Die Nachfrager wünschen sich Getränke zu „kleinen“ Preisen. Je geringer der Preis, desto höher die Nachfrage und umgekehrt, je höher der Preis, desto geringer die Nachfrage. Anders bei den Anbietern: Das zentrale Ziel ist ein möglichst hoher Gesamtgewinn. Je höher der Preis und je mehr Getränke verkauft werden, desto höher ist der Gewinn.
Wie bringt man nun diese gegensätzlichen Interessen zusammen? In der Marktwirtschaft übernimmt das, wie wir schon wissen, der Markt. Dort, wo Angebot und Nachfrage sich treffen, sind die Interessen von Anbietern und Nachfragern ausgeglichen – der Handel findet statt. Man sagt auch, der Markt befindet sich im Gleichgewicht. Vereinfacht dargestellt zeigt dies unser Modell in der Abbildung oben. Hier kann man die Gleichgewichtsmenge und den Gleichgewichtspreis ablesen.

> Der Preis ist der Tauschwert einer Ware. In einer Marktwirtschaft richtet sich der Preis nach Angebot und Nachfrage.

Im Beispielfall würden über den Markt also insgesamt 400 Becher (0,2 l) für je 0,80 € verkauft. Die Anbieter, die mit 1,40 € und mehr pro Becher einen höheren Preis als den Marktpreis verlangen, kommen nicht zum Zuge, da die Nachfrager, die bereit wären, diese Preise zu bezahlen, den Becher auch schon für 0,80 € bekommen können. Auch gehen all diejenigen Nachfrager, die nur 0,50 € oder weniger pro Becher bezahlen wollen, leer aus, da die Anbieter, die den Becher auch für 0,50 € anbieten würden, von anderen Marktteilnehmern 0,80 € dafür bekommen.
Es tauschen auf dem Markt also diejenigen die Becher, die sie am günstigsten anbieten, mit denen, die bereit sind, am meisten dafür zu zahlen. Dabei ist vorausgesetzt, dass alle Nachfrager ausreichend Geld zur Verfügung haben, um sich die Becher leisten zu können. Die höhere Zahlungsbereitschaft ergibt sich also aus dem Wollen und nicht allein aus dem Können wie aus der Höhe des Einkommens.

> Beim Gleichgewichtspreis sind die angebotene und die nachgefragte Menge einer Ware gleich groß.

1 Deine Klasse will zum Schulfest Kuchen verkaufen. Was müsst ihr bei der Festlegung des Preises beachten?

2 Erläutere den Begriff „Gleichgewichtspreis“.

E **3** Kläre mithilfe des Internets den Begriff „Preisdumping“. Berichte in der Klasse.

Informationsstrategie:
Der Verkäufer ist ein Gesprächspartner, der Produkt- und Serviceinformationen bis zum Kaufabschluss übermittelt.

Überzeugungsstrategie:
Der Verkäufer versteht die unmittelbaren Bedürfnisse des Kunden und versucht, durch Argumente den Kunden vom Produkt zu überzeugen.

Verhandlungsstrategie:
Der Kunde wird zum Partner, dessen Bedürfnisse der Verkäufer erkennt, festlegt und befriedigt.

Strategien des Verkaufens

Preise und Preisstrategien

Aus den Erfahrungen der Klasse 8a mit dem Getränkeverkauf lassen sich unterschiedliche Schlussfolgerungen ableiten.

Folgende Faktoren bestimmen die Nachfrage:

1. Der Preis eines Produktes
Je niedriger der Preis für ein Produkt ist, desto eher wird der Nachfrager bereit sein, dieses Produkt zu kaufen.

2. Das mir zur Verfügung stehende Geld
Jeder Nachfrager hat nur einen begrenzten Teil seines Einkommens, der ihm für Konsum zur Verfügung steht. Steigt das Einkommen, kann der Nachfrager sich „mehr leisten“; sinkt das Einkommen hingegen, muss er auf Produkte verzichten.

3. Die Preise der anderen Produkte
Preisveränderungen bei einigen Produkten wirken sich unmittelbar auf die zur Verfügung stehende Summe für andere Produkte aus. Steigen z. B. die Preise für Mieten und Grundnahrungsmittel, bleiben dem Haushalt weniger Mittel, um Produkte des gehobenen Bedarfs zu erwerben.

Folgende Faktoren bestimmen das Angebot:

1. Der Preis eines angebotenen Produktes
Je höher der Preis für ein Produkt ist, desto größer wird die Bereitschaft des Anbieters sein, das Produkt zu verkaufen.

2. Die Preise der Produktionsfaktoren
Die unterste Preisgrenze, die ein Anbieter akzeptieren kann, sind die Produktionskosten für die Herstellung eines Produktes. Kann der Preis die Kosten nicht decken, wird der Anbieter nicht mehr bereit sein, das Produkt anzubieten.

Personenbezogene Preisbildung

Stand auf dem Künstlermarkt:

Preise verhandelbar

Einheitliche Preisbildung

Stand auf dem Gemüsemarkt:

Erdbeeren aus der Region:
500 g 2,50 €
1 kg 4,– €

Erdbeermarmelade: 1 Glas: 2 €

Gestaffelte Preisbildung

Kasse des Schwimmbads:

Eintritt	**normal**	**ermäßigt**
Einzelkarte	4,00 €	2,50 €
10er-Karte	36,00 €	22,50 €
Familienkarte	7,00 €	
Früh-/Spätschwimmen	2,50 €	2,50 €

Arten der Preisvereinbarung

3. Die Preise der übrigen Produkte
Gemeint sind hier Produkte, die zu dem angebotenen Produkt eine Beziehung haben. Steigen z. B. die Preise für Teppichböden stark an, wird ein Anbieter von Parkettfußböden sein Angebot ausdehnen, weil er damit rechnet, dass die Konsumenten auf Parkettfußböden ausweichen.

4. Der Stand des technischen Wissens
Je höher der Technologievorsprung eines Anbieters ist, desto größer wird sein Angebot sein, weil er seine Produkte insgesamt kostengünstiger herstellen kann.

5. Die Gewinnerwartung
Bestehen bei einem Produkt hohe Gewinnchancen, wird ein Anbieter in diesen Markt investieren. Die Folge ist ein erhöhtes Angebot.

Marktgerechte Preise

Dem Urlauber fehlte bei seinen Kaufverhandlungen in dem einsamen Gebirgsdorf die Marktübersicht. Er konnte nicht – wie unten in der Hauptstadt – von Stand zu Stand, von Geschäft zu Geschäft gehen, um Preise und Qualitäten zu vergleichen. In diesem Dorf hatte der Händler als einziger Anbieter von Kletterstiefeln und Wanderschuhen ein Monopol. Er war daher nicht gezwungen, sein Angebot an den Preisen der Konkurrenz auszurichten. Dem Urlauber war er nur scheinbar entgegengekommen. Gemessen an den üblichen Marktpreisen hat er daher dem Urlauber die Kletterstiefel viel zu teuer verkauft.
Auch bei Ebay-Versteigerungen werden überteuerte Preise gezahlt, wenn die um das Schnäppchen konkurrierenden Kaufinteressenten während der „heißen" Schlussphase im Eifer des Gefechts die Marktübersicht verlieren.

1 Erläutere anhand eines Beispiels, in welchen Fällen der Preis eines Produktes bei dir keine Rolle spielt.

2 Du hast nicht viel Geld zur Verfügung – auf welche Güter oder Dienstleistungen könntest du am ehesten verzichten?

3 Erkläre den Begriff „marktgerechter Preis".

4 Erprobt Verkaufsstrategien im Rollenspiel. Legt dazu ein Produkt fest, das verschiedene Verkäufer verkaufen wollen. Bewertet die vorgestellten Strategien.

E **5** Erkundige dich, welche Formen von Rabatten es am Markt gibt.

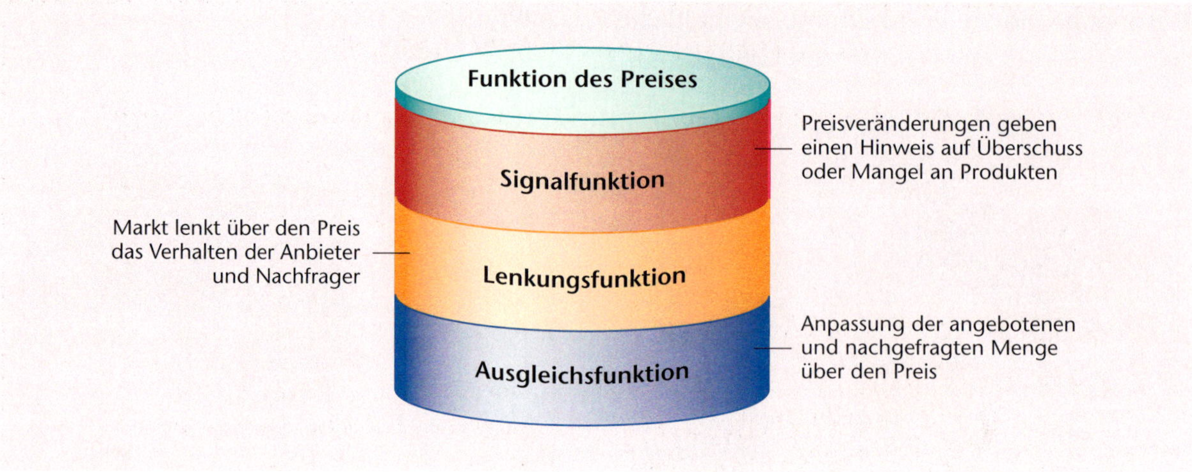

Preise haben wichtige Funktionen

Der vollkommene Markt – ein Modell

Die Funktion der Preise

Die Schülerinnen und Schüler der Klasse 8a erforschen die Preise für verschiedene Produkte und Dienstleistungen auf dem Markt schon seit längerem. Dabei stellen die Jugendlichen nicht nur unterschiedliche Preise für gleiche Produkte und Dienstleistungen fest, sondern sie beobachten auch, dass sich die Preise mit der Zeit ändern.

Aus den Preisen lässt sich vieles herauslesen. So haben sie zunächst eine Signalfunktion. Das heißt, die Preise auf den Märkten zeigen an, welche Güter und Dienstleistungen dringend nachgefragt werden und welche keine Rolle mehr spielen.

Preise haben auch eine Lenkungsfunktion, das heißt, die Preise auf den Märkten lenken die Arbeitskräfte, Rohstoffe, Maschinen oder auch das Geld dorthin, wo sie benötigt werden.

Die Preise auf den Märkten sorgen auch dafür, dass sich die angebotenen und nachgefragten Gütermengen angleichen. Das nennen wir dann die Ausgleichsfunktion.

Die Preise und der Wettbewerb sorgen dafür, dass die Menschen genau die Güter und Dienstleistungen erhalten, die von ihnen nachgefragt werden.

Modell und Wirklichkeit

Treffen unsere Feststellungen über den Markt auch so in der Wirklichkeit zu oder ist doch nur alles Theorie? Die Schülerinnen und Schüler haben schon gemerkt, dass es einen vollkommenen Markt nicht gibt. Wer hat schon die vollständige Marktübersicht? Wer ist schon umfassend über die Vielfalt der Produkte, über Preise oder Produkteigenschaften informiert? Auch konnte die Klasse erleben, dass Menschen nicht nach dem Preis, sondern nach Gefühl einkaufen und sich leicht beeinflussen lassen.

Der vollkommene Markt ist ein Modell, das die Wirklichkeit vereinfacht.

Folgende Vereinfachungen gelten im Modell des vollkommenen Marktes:

- Beim vollkommenen Markt gibt es keine Unterschiede zwischen den angebotenen Produkten, sie werden von den Nachfragern als gleichwertig angesehen – Milch oder Wurst sind stets von gleicher Qualität, egal wo man sie kauft; allein der Preis entscheidet.
- Beim vollkommenen Markt bestehen zwischen Verkäufer und Käufer keine persönlichen Beziehungen oder Bevorzugungen, wie z. B. „Wir kaufen den Schinken nur in der Metzgerei Müller, weil die Frau Müller immer so freundlich ist“; allein der Preis entscheidet.

Wir erklären die Wirklichkeit durch Modelle

1. Welches Original wollen wir erklären?

2. Wie können wir das Original im Modell vereinfachen?

Modell: Der vollkommene Markt

Merkmale:
- Viele Anbieter, viele Nachfrager, d.h. es herrscht vollkommene Konkurrenz.
- Der Markt ist überschaubar.
- Gleiche Waren werden angeboten.
- Kaufentscheidungen erfolgen nur nach dem Preis.

3. Welche Schlussfolgerungen können wir ableiten, um das Original zu erklären?

Auf dem vollkommenen Markt bestimmen Angebot und Nachfrage den Preis.

Das Modell des vollkommenen Marktes

- Beim vollkommenen Markt gibt es für die Anbieter und Nachfrager keine räumlichen Unterschiede. Der Kopfsalat kostet im großen Einkaufscenter der Stadt genauso viel wie im Dorfladen.

Märkten, denen eine oder mehrere dieser Voraussetzungen fehlen, nennt man unvollkommene Märkte. In der Realität sind alle Märkte unvollkommen. Trotzdem können wir mit diesem Modell das Geschehen am Markt besser erklären. Modelle helfen uns, die Wirklichkeit leichter zu verstehen, denn sie vereinfachen bestimmte Dinge oder Gegebenheiten.

Die Erklärung, dass Angebot und Nachfrage den Preis bestimmen, gilt nur bei einem vollkommenen Markt.

Die Schülerinnen und Schüler vergleichen die Ergebnisse ihrer Marktbeobachtung mit den Merkmalen des vollkommenen Marktes.

1 Stell dir vor: Die Nachfrage nach Rindfleisch steigt zu Lasten der Nachfrage nach Schweinefleisch.
a) Wie entwickeln sich die Preise für Rind- und Schweinefleisch?
b) Wie werden die Fleisch produzierenden Landwirte reagieren? Begründe.

2 Das äußere Merkmal des unvollkommenen Marktes ist, dass es für ein Produkt unterschiedliche Preise gibt. Finde Preisunterschiede für gleiche Produkte in deiner Umgebung. Was schließt du daraus?

E **3** Du bist der Erfinder einer Weltneuheit und der einzige Anbieter auf dem Markt. Welche Preisstrategie bevorzugst du?
a) Einstieg mit sehr hohen Preisen und allmählichen Preissenkungen oder
b) Einstieg mit erschwinglichen Preisen und allmählichen Preissteigerungen?
Begründe deine Vorgehensweise und nenne Vor- und Nachteile.

Tim (5 Jahre) möchte sich von seinem Geburtstagsgeld einen Roller kaufen.

Polina (13 Jahre) möchte mit ihrem Taschengeld einen Handy-Vertrag abschließen.

Mark (16 Jahre) möchte im Fitnessstudio trainieren. Er verdient Geld als Zeitungsausträger.

Anja (14 Jahre) möchte sich von ihrem Taschengeld eine Hose kaufen.

Der Taschengeldparagraf BGB § 110
„Ein von dem Minderjährigen ohne Zustimmung des gesetzlichen Vertreters geschlossener Vertrag gilt als von Anfang an wirksam, wenn der Minderjährige die vertragsmäßige Leistung mit Mitteln bewirkt, die ihm zu diesem Zwecke oder zu freier Verfügung von dem Vertreter oder mit dessen Zustimmung von einem Dritten überlassen worden sind.“

Dürfen Minderjährige Rechtsgeschäfte abschließen?

Rechtsfähigkeit im Alltag

Rechtsfähigkeit – Geschäftsfähigkeit

Jördis, Noémi und Roy flachsen in der Pause über das Juristendeutsch. Jeder kann mit jedem Geschäfte machen, oder etwa nicht?
Im Unterricht wird die Diskussion grundsätzlich. Eine unabdingbare Voraussetzung für ein gültiges Rechtsgeschäft ist die Rechts- und Geschäftsfähigkeit der Beteiligten. Im Bürgerlichen Gesetzbuch (BGB) gibt es dazu genaue Aussagen. Rechtsfähigkeit besitzen alle Menschen. Sie beginnt mit der Geburt und endet mit dem Tod.

Rechtsfähigkeit bedeutet, Träger von Rechten und Pflichten zu sein, zum Beispiel Schulrecht und -pflicht.

Dagegen richtet sich die Geschäftsfähigkeit nach dem Lebensalter eines Menschen. Denn der Gesetzgeber hat zum Schutz von Jugendlichen die Geschäftsfähigkeit eingeschränkt. Er unterscheidet zwischen Geschäftsunfähigkeit, beschränkter Geschäftsfähigkeit und voller Geschäftsfähigkeit.

Geschäftsfähigkeit bedeutet, gültige Rechtsgeschäfte abschließen zu können, zum Beispiel einen Kauf- oder Mietvertrag.

Jugendliche sind nach Vollendung des 7. Lebensjahres und vor Vollendung des 18. Lebensjahres beschränkt geschäftsfähig. So können 13- oder 14-Jährige durchaus ohne Zustimmung eines gesetzlichen Vertreters im Rahmen ihres Taschengeldes Rechtsgeschäfte abschließen. Der Taschengeldparagraf im BGB legt dies fest.
Wie ist es aber in folgendem Fall? Roy will mit seinem Taschengeld einen MP3-Player für 125 € kaufen und in vier Monatsraten abzahlen. Ist dieser Kaufvertrag gültig? Nein! Beschränkt Geschäftsfähige dürfen mit ihrem Taschengeld nur Bargeschäfte vornehmen. Für Abzahlungsgeschäfte benötigen sie die Zustimmung ihres gesetzlichen Vertreters. Hat Roy dennoch einen Kaufvertrag für einen MP3-Player abgeschlossen, so gibt es grundsätzlich zwei Möglichkeiten:
(1) Die Eltern genehmigen den Kaufvertrag nachträglich, dann ist er gültig. (2) Die Eltern lehnen den Kaufvertrag ab, dann ist er unwirksam.

Jugendliche zwischen 7 und 18 Jahren sind beschränkt geschäftsfähig.

Einseitige Rechtsgeschäfte		Zwei- und mehrseitige Rechtsgeschäfte	
Nur eine Person gibt eine Willenserklärung ab.		Mindestens zwei Personen geben voll übereinstimmende Willenserklärungen ab (> Verträge).	
Empfangsbedürftig: Die Willenserklärung wird wirksam, wenn der Empfänger sie erhält.	**Nicht empfangsbedürftig:** Die Willenserklärung ist mit der Niederschrift gültig.	**Einseitig verpflichtend:** Der Vertrag verpflichtet nur die eine Seite.	**Mehrseitig verpflichtend:** Der Vertrag verpflichtet beide/alle Seiten.
Beispiele: Kündigung des Arbeitsverhältnisses, Mietvertrages, Zeitungsabos müssen den Empfänger erreichen (Einschreiben!).	**Beispiel:** Testament Es ist gültig, auch wenn es erst nach dem Tod des Verfassers den Erben bekannt wird.	**Beispiel:** Bürgschaft Eltern bürgen gegenüber dem Vermieter für die Mietzahlungen ihrer minderjährigen Tochter.	**Beispiel:** Kauf Der Verkäufer verpflichtet sich zur Lieferung der Ware, der Käufer zur Annahme und Bezahlung.

Verschiedene Arten von Rechtsgeschäften

Handschlag genügt?

Viele meinen, ein Vertrag müsse immer schriftlich abgeschlossen werden. Robert ist überzeugt, dass ein Handschlag genügt. Beides ist richtig. Rechtsgeschäfte kommen durch Willenserklärungen zustande. Willenserklärungen sind Äußerungen bzw. Handlungen einer oder mehrerer Personen, die mit der Absicht vorgenommen werden, eine rechtliche Wirkung herbeizuführen. Es gibt drei Arten, Willenserklärungen zu äußern:

1. Der Wille wird mündlich oder schriftlich geäußert, z. B. „Ich möchte das Buch kaufen".
2. Der Wille wird durch eine Handlung oder Geste zum Ausdruck gebracht, z. B. Heranwinken eines Taxis, Mausklick.
3. Ein Rechtsgeschäft kommt durch Schweigen zustande: Das 14-Tage-Probeabo wird verlängert, wenn der Kunde es nicht abbestellt.

Rechtsgeschäfte kommen durch Willenserklärungen zustande.

Nach dem Bürgerlichen Gesetzbuch (BGB) kann jeder frei entscheiden, in welcher Form er seine Rechtsgeschäfte abschließen will. Die Vertragsfreiheit schließt ein:

- Abschlussfreiheit: Jeder kann mit jedem nach Belieben Verträge abschließen.
- Formfreiheit: Verträge können in schriftlicher oder mündlicher Form oder durch Stillschweigen abgeschlossen werden.
- Gestaltungsfreiheit: Der Inhalt eines Vertrages kann von beiden Seiten frei bestimmt werden.

Es ist üblich, dass Kaufleute ihre Rechtsgeschäfte aus Beweisgründen schriftlich abwickeln. Darüber hinaus hat der Gesetzgeber bei nicht wenigen Rechtsgeschäften bestimmte Formen vorgeschrieben, die eingehalten werden müssen (z. B. Schriftlichkeit beim Ausbildungsvertrag).

1 Warum bezeichnet man Eltern auch als gesetzliche Vertreter?

2 Welche Willenserklärungen hast du in den letzten drei Tagen abgegeben? Welche davon hatten rechtliche Wirkung?

3 Nenne Beispiele

a) für Käufe, die du mit deinem Taschengeld tätigen darfst,

b) für Käufe, bei denen du die Genehmigung deiner Eltern benötigst.

4 Stell dir vor, jedes Rechtsgeschäft müsste schriftlich abgeschlossen werden. Nenne die sich daraus ergebenden Folgen.

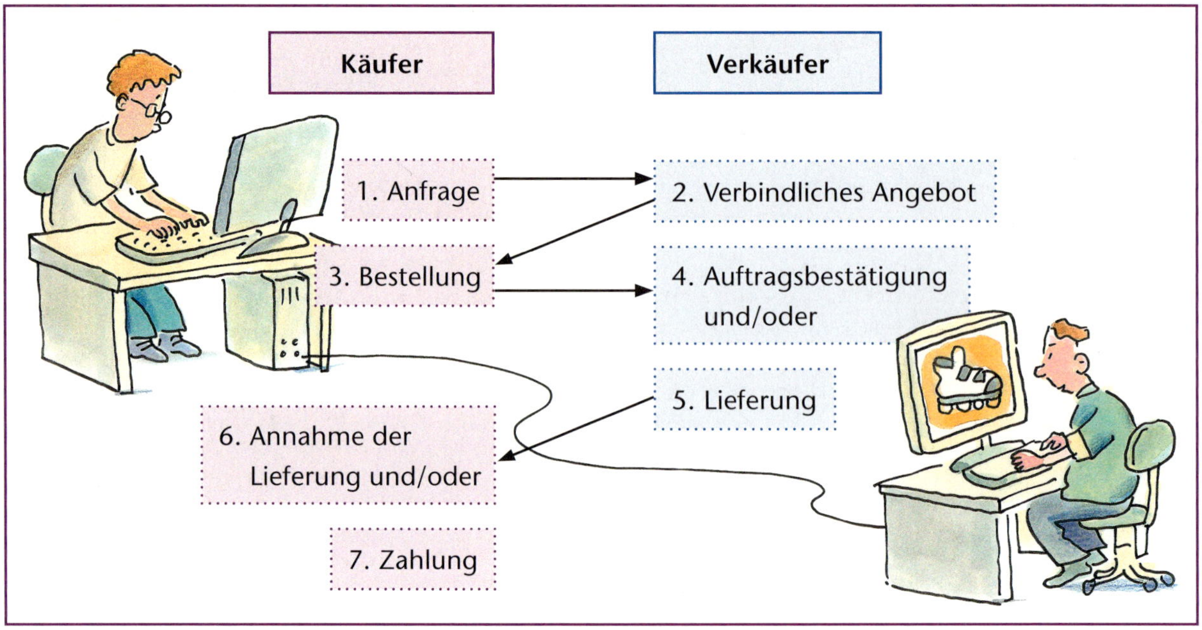

Handlungen des Käufers und Verkäufers

Inhalte des Kaufvertrags	Beispiel
Wie wird die Ware bezeichnet?	Mountainbike
Wie groß ist die Menge (Stück oder Gewicht)?	1
Wie hoch ist der Preis?	530 Euro
Wie wird bezahlt (Zahlungsbedingungen)?	Anzahlung in bar, weiter auf Raten
Wo wurde der Kaufvertrag geschlossen?	Magdeburg
Welche Preisnachlässe werden gewährt?	keine
Wann wird geliefert (Lieferbedingungen)?	gleich (Mitnahme)

Was steht im Kaufvertrag?

Der Kaufvertrag

Rechtliche Grundlagen

Damit es nicht zu Problemen zwischen Käufer und Verkäufer kommt, gibt es gesetzliche Bestimmungen, die den Vorgang des Kaufens genau regeln. Immer, wenn wir etwas kaufen, wird auch ein Kaufvertrag abgeschlossen.

Ein Kaufvertrag kommt zustande, wenn der Wille des Verkäufers, eine Sache zu verkaufen, mit dem Willen des Käufers, diese Sache zu kaufen, übereinstimmt.

Der Kaufvertrag kommt als typisches zweiseitiges Rechtsgeschäft im privaten Bereich am häufigsten vor. Verkäufer und Käufer müssen sich einig sein über den Kaufgegenstand und den Kaufpreis. Dennoch muss man in diesem Zusammenhang genau Bescheid wissen und zum Beispiel unterscheiden zwischen Angebot, Annahme und Bestellung.

Der Abschluss des Kaufvertrages bewirkt zunächst, dass sich der Verkäufer verpflichtet, die verkaufte Sache ordnungsgemäß zu liefern und zu übereignen, und dass sich der Käufer verpflichtet, die gekaufte Sache abzunehmen und zu bezahlen.

Der Abschluss des Kaufvertrages ist ein Verpflichtungsgeschäft, dem ein Erfüllungsgeschäft folgen muss.

Kauf auf Probe §495 BGB	Kauf mit Rückgaberecht *Bsp.: Der Käufer lässt sich zwei Lautsprecher liefern, um sie zu Hause eine Woche auszuprobieren. Gefallen ihm die Lautsprecher, kommt es zum eigentlichen Kaufvertrag.*	Kauf nach Besichtigung	Der Käufer schaut vor dem Kauf nach Mängeln, die dann noch vom Verkäufer behoben werden müssen oder den vereinbarten Preis verringern. Kaufgegenstand: gebrauchte Gegenstände
Kauf zur Probe §494 BGB	Der Käufer kauft eine kleine Menge, um die Ware zu testen. *Bsp.: Der Käufer kauft ein kleines Stück Vorhangstoff zur Probe. Er möchte sicher sein, dass die Farbe des Stoffes zur Wandfarbe passt. Stimmt alles, kauft er mehr Stoff.*	Terminkauf	Innerhalb einer vereinbarten Frist oder bis zu einem fest vereinbarten Termin soll die Lieferung der bestellten Ware erfolgen.
		Stückkauf	Die Sache (Kaufgegenstand) ist einmalig. Sie ist weder herstellbar noch auf dem Markt beschaffbar. *Bsp.: gebrauchtes Motorrad*
Kauf nach Probe	Der Käufer kauft aufgrund früher bezogener Muster. *Bsp.: Der Käufer legt zu seiner Bestellung ein vorher bezogenes Muster bei (ein Stück Tapete oder Stoff).*	Gattungskauf	Die Sache (Kaufgegenstand) ist mehrfach vorhanden (in gleicher Ausführung und Qualität). Sie wird vom Verkäufer produziert oder auf dem Markt beschafft. *Bsp.: Servietten, Playstation*

Arten des Kaufs

Allgemeine Geschäftsbedingungen

Verträge müssen eingehalten werden. Ein Bestandteil des Vertrages sind in der Regel die Allgemeinen Geschäftsbedingungen (AGB), das sind allgemeine Zusatzbestimmungen zum Vertragsinhalt, das „Kleingedruckte".
Der Gesetzgeber hat festgelegt, dass der Kunde durch solche Bestimmungen nicht benachteiligt werden darf. Er muss ausdrücklich auf die AGB hingewiesen werden und sie ohne Zeitnot zur Kenntnis nehmen können. Sie müssen gut lesbar und verständlich abgefasst sein.

Allgemeine Geschäftsbedingungen (AGB) sind vorformulierte zusätzliche Vertragsbedingungen. Sie sind nur gültig, wenn der Kunde darauf hingewiesen wurde.

Rabatt und Treuebonus

Die Jugendlichen haben unterschiedliche Erfahrungen mit dem Herunterhandeln von Preisen gemacht. Nur wenige wissen, dass es genaue gesetzliche Regelungen zu Preisnachlässen gibt.

Ein Rabatt ist ein sofort wirksamer Preisnachlass, den der Verkäufer vom Rechnungsbetrag abzieht. Er wird z. B. bei Abnahme größerer Mengen gewährt (Mengenrabatt). Der Preisnachlass bei Barzahlung heißt Skonto oder Barzahlungsrabatt. Um Käufern einen Anreiz zu bieten, immer wieder im gleichen Geschäft zu kaufen, wurde der Bonus eingeführt. Das ist ein nachträglich gewährter Rabatt, der nach dem (Jahres-)Umsatz des Kunden berechnet und zu einem bestimmten Zeitpunkt gutgeschrieben wird.

Rabatt, Skonto und Bonus sind Formen des Preisnachlasses.

1 Suche Beispiele aus dem Alltag für drei Rabattarten.

2 Finde weitere Beispiele für Kaufarten. Nutze dazu die Abbildung.

E **3** Für einen Ausbildungsvertrag ist die Schriftform zwingend vorgeschrieben. Nenne mögliche Gründe dafür.

Fall 1:	Fall 2:	Fall 3:	Fall 4:
Laut Hersteller soll das Sofa 10 Jahre halten. Nach 5 Jahren hat die Sitzfläche Druckstellen.	Der neue Computer besitzt statt eines DVD-Brenners nur einen DVD-Player.	Die vom Versandhandel gelieferte Bluse ist zu eng.	Der neue Laserdrucker liefert ein unscharfes Schriftbild.

Reklamation, Umtausch, Gewährleistung oder Garantie? Ordne richtig zu.

Reklamation	Umtausch	Gewährleistung	Garantie
Beschwerde – sie ist gerechtfertigt, wenn das Produkt oder die Dienstleistung, die reklamiert wird, fehlerhaft ist.	Rückgabe einer Kaufsache; ein Anspruch besteht nur, wenn ein Mangel der Ware vorliegt. Viele Händler bieten aus Kulanz eine Umtauschfrist an.	Gesetzliche Haftung des Verkäufers für die Erfüllung des Kaufvertrages (z. B. für Art, Güte und Menge der gelieferten Ware)	Freiwillige Zusicherung von Eigenschaften eines Produktes bzw. einer Dienstleistung seitens des Herstellers oder Händlers gegenüber dem Kunden

Reklamationen werden nicht anerkannt?

Was passiert, wenn Pflichten nicht erfüllt werden? Die Klasse erkundigt sich bei dem Experten einer Verbraucherzentrale. Hier folgt ein Auszug aus dem Gespräch:

Schülerin: Wann kann ein Kunde eine Ware reklamieren?
Experte: Ein Kunde kann eine Ware reklamieren, wenn er nach dem Kauf feststellt, dass sie mangelhaft ist.
Schülerin: Sind denn Umtausch und Reklamation dasselbe?
Experte: Nein, bei einem Umtausch kann die Ware frei von Mängeln sein, nur der Kunde ist mit seinem Kauf nicht mehr zufrieden. Ist die Ware mangelhaft, handelt es sich um eine Reklamation.
Schüler: Der Kunde hat bei einer berechtigten Reklamation das Recht auf Nacherfüllung. Was bedeutet Nacherfüllung?
Experte: Bei der Nacherfüllung werden die Nachbesserung (z. B. Reparatur eines Handys) und die Ersatzleistung (z. B. alte gegen neue Stereoanlage) unterschieden.
Schüler: Worauf hat der Kunde Anspruch, wenn eine Nacherfüllung nicht zustande kommt, da es sich bei der mangelhaften Ware z. B. um ein Einzelstück handelt?
Experte: Der Kunde hat Anspruch auf Rücktritt vom Kaufvertrag („Kaufpreis zurück") oder Minderung des Kaufpreises. Ergänzend kann er unter Umständen Schadensersatz geltend machen.
Schülerin: Was ist der Unterschied zwischen Gewährleistung und Garantie?
Experte: Gewährleistung ist eine gesetzliche Pflicht des Händlers. Garantie ist eine freiwillige Leistungszusage des Herstellers oder Händlers.
Schüler: Angenommen, ein Verkäufer teilt dir beim Neukauf eines MP3-Players mit, dass du das Gerät bei einem Mangel 24 Monate lang reklamieren kannst. Dieser Mangel muss allerdings bereits zum Zeitpunkt des Kaufes vorliegen. Handelt es sich bei der Zusage des Verkäufers um eine freiwillige Garantie oder um den gesetzlichen Gewährleistungsanspruch?
Experte: Es handelt sich um den gesetzlichen Gewährleistungsanspruch, also nicht um einen besonderen Service dieses Geschäftes.
Schülerin: Was verstehen Sie unter Kulanz?
Experte: Unter dem Begriff Kulanz versteht man die freiwillige Rücknahme einer Ware, z. B. wegen Nichtgefallens.

1 Ordne die Fachbegriffe den Fällen 1–4 oben zu und begründe deine Entscheidung.

2 Führt in der Klasse ein Rollenspiel zum Thema Reklamation/Umtausch durch.

Rollenkarte Käufer

Du hast vor drei Tagen ein Paar Inlineskates für deinen Bruder und dich gekauft. Leider kannst du die Schuhgröße nicht verstellen. So kann nur einer die Inlineskates zum Trainieren nutzen. Außerdem quietschen die Rollen und auch die Farbe gefällt dir nicht mehr. Du verlangst die Rücknahme der Inlineskates und willst dein Geld wiederhaben.

Rollenkarte Verkäufer

Du bist froh, dass du diese Inlineskates, die du lange im Angebot hattest, endlich verkaufen konntest. Und du weißt, dass du nur verpflichtet bist, Waren umzutauschen oder zurückzunehmen, wenn sie einen Mangel haben. Aber du möchtest natürlich verhindern, dass der Kunde aus Unzufriedenheit zur Konkurrenz geht.

Jury/Beobachter

Wie verhalten sich Käufer und Verkäufer?
Wie sprechen sie miteinander?
Kommen sie gleichermaßen zu Wort?
Sind ihre Aussagen/Argumente sachgerecht?
Gibt es persönliche Abwertungen?
Welche Gefühle äußern sie?
Welche Gefühle lösen sie bei den Beobachtern aus?
Finden sie eine gemeinsame Lösung?

M Rollenspiel

Das Rollenspiel ist eine Methode, eigene Bedürfnisse, Vorstellungen und Meinungen wahrzunehmen und angemessen zu äußern.
Ein Käufer ist mit seinem Kauf nicht zufrieden. Simuliert diese Situation im Rollenspiel.

So geht ihr vor:

Vorbereitung
- Einen Konflikt benennen
- Rollenkarten erstellen und Beobachtungsaufträge festlegen (siehe Beispiel)
- Auswählen der Rollenspieler (zunächst freiwillige Schülerinnen und Schüler)
- Austeilen der Rollenkarten, fünf bis zehn Minuten Vorbereitungszeit
- Auswählen der Jury/Beobachter zur Bewertung

Durchführung
Die Rollenspieler suchen sich die notwendigen Requisiten zum Spiel. Sie spielen an einem Ort, wo alle sie gut beobachten können. Die Beobachter machen sich Notizen.

Auswertung
Die Spieler berichten, wie sie sich in ihrer Rolle gefühlt haben und wie sie das Gespräch einschätzen. Dann tragen die Beobachter ihre Eindrücke vor. Die Klasse spricht über die Beobachtungen und bewertet das Gespräch. M

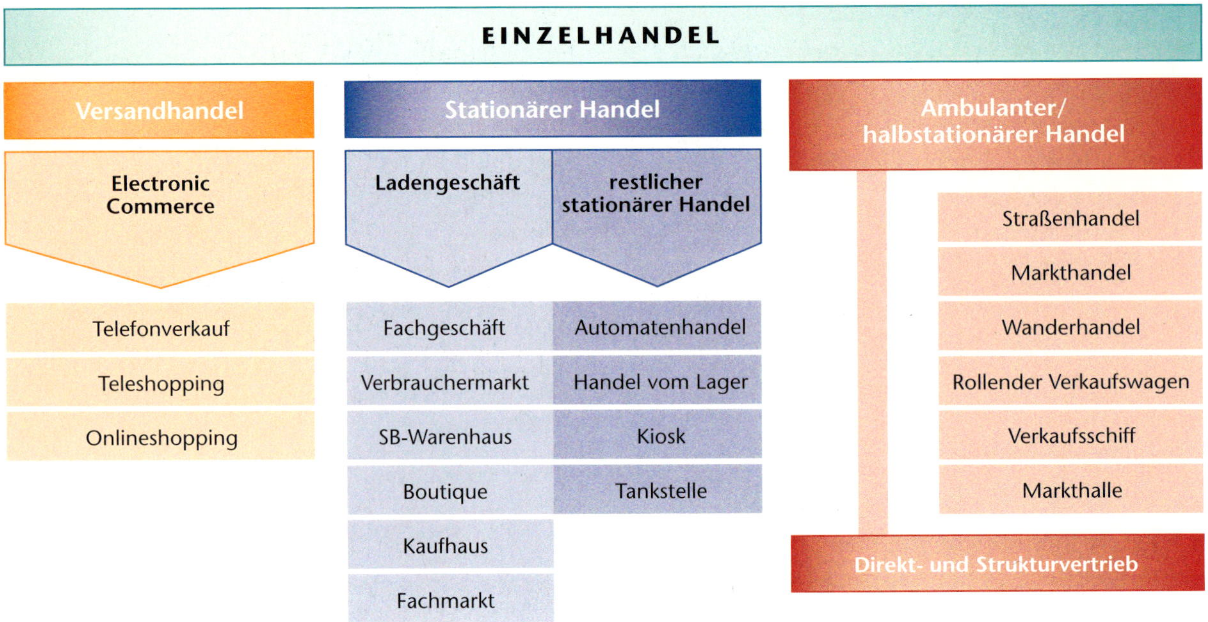

Formen des Handels

Formen des Handels

Es gibt Klatsch und Tratsch

Er ist klein – aber er bietet alles, was der Kunde braucht: der Tante-Emma-Laden. Gibt es den noch?
Während die großen Märkte noch wuchsen, gingen die kleinen Geschäfte pleite, gegen die Schnäppchen-Angebote der Discounter hatten sie keine Chance. Mehr als 20 000 Lebensmittelläden haben in den vergangenen zehn Jahren in Deutschland deshalb dicht gemacht. Aus Orten mit weniger als 5000 Einwohnern haben sich die Handelsketten fast völlig verabschiedet. Denn neue Filialen zu eröffnen, lohnt sich erst ab 8000 potenziellen Kunden im Umkreis, sagt man.
In einigen Regionen unseres Landes setzen sich etwas modernere Tante-Emma-Läden wieder häufiger durch. Zwei Vorteile besitzt der Tante-Emma-Laden gegenüber den Discountern auf der grünen Wiese: Erstens erfährt man hier zuerst, was im Dorf los ist. Auch der moderne Tante-Emma-Laden hat die Funktion als Nachrichtenbörse übernommen. Schließlich kennt der Ladeninhaber fast alle Kunden. Zweitens muss der Kunde nicht mehrere Kilometer bis zum nächsten Discounter oder Markt mit dem Linienbus fahren oder für ein paar vergessene Kleinigkeiten ins Auto steigen.

Auf Marktplätzen findet neben dem Austausch von Waren, Dienstleistungen und Geld auch ein Austausch von Wissen und Informationen statt.

Ob sich eine neue Tante-Emma-Laden-Tradition als moderner Dorfladen durchsetzt, bleibt abzuwarten.

Fachkundige Beratung inklusive

„Doch auf Fachgeschäfte können wir auf keinen Fall verzichten“, so die Klasse 8a. Fachgeschäfte haben ihr Warenangebot auf bestimmte Warengruppen ausgerichtet, beispielsweise auf Hard- und Software, Geräte der Unterhaltungselektronik, Textilien, Bücher oder Möbel. Dort wird man gut und fachkundig beraten. Ein breites Angebot haben diese Geschäfte auch.

Fachgeschäfte führen nur wenige Warengruppen. Diese Waren werden in vielfältigen Ausführungen fachkundig angeboten.

Die Entwicklung des Handels

Breites Angebot und günstige Preise

Viele Menschen schwören auf Supermärkte und Discounthäuser. Hier gibt es fast alles zu kaufen. Der erste Supermarkt in Deutschland wurde 1949 in Osnabrück eröffnet, das Selbstbedienungsprinzip konnte sich damals aber noch nicht durchsetzen und der Laden ging wieder ein. Erst um 1954 führte beispielsweise der Edeka-Verbund die Selbstbedienung ein, ab 1959 wurden dort auch Non-Food-Produkte neben den Lebensmitteln angeboten. Mit dem Selbstbedienungsprinzip hielten auch fertig abgepackte Waren sowie vermehrt Markennamen Einzug in den Betrieb.

Supermärkte bieten in Selbstbedienung Lebensmittel sowie Haushaltswaren und Kosmetikprodukte an.

Bei Supermärkten unterscheidet man nicht nur zwischen verschiedenen Geschäftsgrößen, sondern auch zwischen verschiedenen Sortimentsgrößen. Während große Supermärkte – auch Vollsortimenter genannt – bis zu 40 000 Produkte im Sortiment haben können, führen Discounter üblicherweise nur um die 1000 Produkte. Dazwischen gibt es je nach Größe des Ladens und Händlers alle möglichen Abstufungen.
Weitere Selbstbedienungsgeschäfte sind die SB-Warenhäuser (5000 m^2) sowie die Verbrauchermärkte (800 bis 4999 m^2). Discounter haben üblicherweise eine Größe von 600 bis 800 m^2.

Discounthäuser sind Geschäfte ohne besondere Ausstattung sowie ohne Bedienung, Beratung oder Kundendienst. Sie bieten eine begrenzte Auswahl gebräuchlicher Waren zu dauerhaft niedrigen Preisen an.

Übrigens: die wachsende Zahl von Supermärkten wurde für das Verschwinden der kleinen Einzelhändler und für die verstärkte Abhängigkeit der Kunden vom Auto verantwortlich gemacht. Der zunehmende Trend, mit dem Auto zum Supermarkt oder Einkaufszentrum zu fahren, erhöht den allgemeinen Energieverbrauch mehr als die Anlieferwege von Produkten aus aller Welt.

1 In welcher Art Geschäft kaufst du am liebsten ein? Begründe.

2 Stelle in einer Tabelle Fachgeschäfte, Warenhäuser und Discountgeschäfte aus deiner Region gegenüber. Vergleiche den Service und den Preis für zwei Produkte.

3 In den letzten Jahren wurden viele Einkaufspassagen (Shoppingcenter) gebaut. Besuche eine Einkaufspassage und ermittle, welche Geschäftsformen hier unter einem Dach sind.

E **4** Nenne Vor- und Nachteile von Einkaufspassagen für Händler und Kunden.

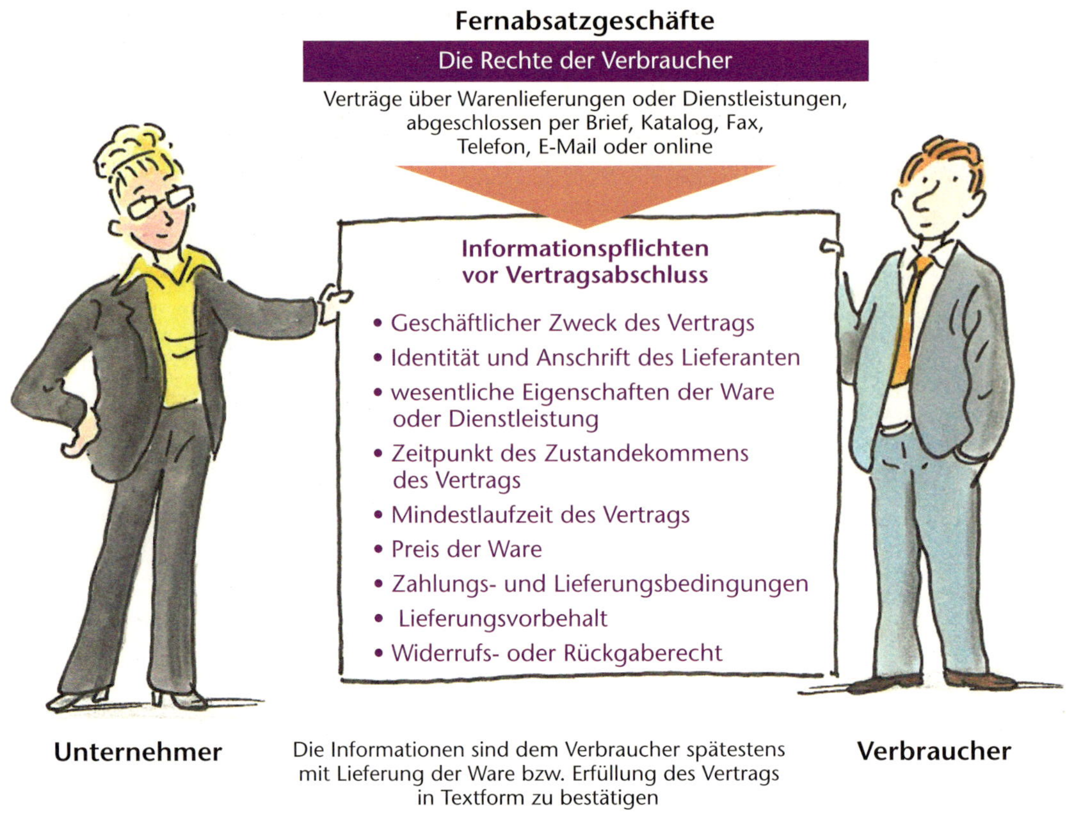

Kaufverträge bei Katalog- und Online-Bestellungen

Kaufen in der virtuellen Welt

Bei Internetbestellungen wird der Kaufvertrag per Mausklick abgeschlossen.

Einkaufs-Netz

Wir alle hetzen im Alltag zwischen Schule, Arbeit, dem Zuhause und den Freizeitaktivitäten hin und her. Was liegt also näher, als Einkäufe bequem von Zuhause aus zu erledigen? Immerhin kann man im Internet alles bestellen, was das Herz begehrt. Egal, ob es sich nun um alltägliche Dinge wie Lebensmittel oder Luxusgüter wie etwa eine teure Uhr handelt. Wer im Internet einkauft, der muss keine Ladenöffnungszeiten berücksichtigen. Der braucht sich nicht durch überfüllte Läden zu kämpfen. Das Onlineshopping schenkt uns ein Stück Unabhängigkeit, weil wir einkaufen können, wenn wir Zeit dazu haben. Im Internet können wir leichter Preise vergleichen und müssen dazu nicht fünf verschiedene Geschäfte aufsuchen. Und alle bestellten Waren werden uns nach Hause geliefert. Deshalb werden auch in Zukunft die Online-Einkäufe weiter zunehmen.

Auch hier gibt es klare Rechte und Pflichten von Käufer und Verkäufer. Der Käufer verpflichtet sich im Kaufvertrag, die Ware abzunehmen und zu bezahlen. Sobald du sämtliche Felder für die Bestellung ausgefüllt hast und „bestellen“ oder „senden“ anklickst, schließt du den Kaufvertrag ab und verpflichtest dich, die Ware zu den angegebenen Bedingungen zu kaufen.
Auch bei der Internetbestellung ist die sicherste Möglichkeit der Bezahlung diejenige mit Rechnung nach Erhalt der Ware. Eine Einzugsermächtigung ist ebenfalls ziemlich sicher. Dafür nennst du dem Verkäufer deine Bankverbindung und unterschreibst, dass er den Zahlungsbetrag von deinem Konto einziehen darf. Wenn er dies unrechtmäßig tut, kannst du dein Geld innerhalb von sechs Wochen bei deiner Bank zurückfordern. Bezahlung per Nachnahme? Nicht unbe-

Ein im Internet bestelltes Produkt …

… sieht in Wirklichkeit oft anders aus.

dingt empfehlenswert. Meistens muss man eine extra Gebühr bezahlen und hat keine Gewähr, dass im Paket auch das Richtige ist. Bezahlung per Vorkasse? Sollte man auch nicht tun. Der Käufer ist immer in der schwächeren Position, weil er seinem Geld nachlaufen muss, wenn der Verkäufer die Ware nicht oder fehlerhaft schickt.

Tipps für Internetkäufe

Das Internet kann, muss aber nicht der günstigste Weg zu dem gewünschten Produkt sein. Beachte daher weitere Tipps bei Internetbestellungen:

- Prüfe, ob der Händler Name und Adresse angibt, damit du dich bei Beschwerden an ihn wenden kannst.
- Drucke die Bestellung aus, damit du beweisen kannst, was genau du bestellt hast.
- Wenn das Paket beschädigt ist – gib es gleich wieder dem Postboten mit. Du hast das Recht, die Annahme zu verweigern.
- Packe das Paket in Anwesenheit eines Zeugen aus – falls etwas kaputt ist, kannst du das dem Händler beweisen.
- Ist der Paketinhalt beschädigt oder falsch geliefert: möglichst gleich den Händler anrufen und die Lieferung reklamieren.
- Auch wenn die Ware in Ordnung ist, kannst du sie innerhalb von 14 Tagen nach Erhalt ohne Angabe von Gründen zurückschicken. Dies sollte per Einschreiben geschehen.

Ein Widerruf des Kaufvertrags gilt allerdings nicht für verderbliche Ware, versiegelte Ware, die geöffnet wurde (z. B. CDs), speziell angefertigte Ware (z. B. Hochzeitskleid) sowie Medikamente.

1 Welche Rechte hat der Kunde? Beurteile folgende Fallbeispiele und begründe deine Meinung.

a) Dominik (14 J.) hat sich bei Ebay mit falschem Geburtsdatum angemeldet und ein Handy im Wert von 150 € ersteigert. Lies in den AGB von Ebay nach, ob dieser Kaufvertrag gültig ist.

b) Gülcan (19 J.) hat sich die neusten CDs ihrer Lieblingsband bestellt. Nachdem sie die versiegelten CDs geöffnet und reingehört hat, findet sie die Scheiben nicht mehr gut. Sie schickt die CDs im Wert vom 60 € wieder zurück.

c) Herr Albrecht (42 J.) hat sich über einen Internetversandhandel neu eingekleidet sowie einen Staubsauger schicken lassen. Kurz danach überlegt er es sich anders und möchte die Bestellung rückgängig machen.

E **2** Die Informationspflichten des Anbieters (Grafik S. 104) schützen den Verbraucher. Erläutere dies bei einigen Pflichten.

Berufsbezeichnung:
Gestalter/-in für visuelles Marketing

Berufstyp: anerkannter Ausbildungsberuf

Ausbildungsdauer: 3 Jahre

Lernorte: Betrieb und Berufsschule

Übliche Ausbildungsvergütungen pro Monat:
1. Ausbildungsjahr: € 547 bis € 620
2. Ausbildungsjahr: € 612 bis € 694
3. Ausbildungsjahr: € 705 bis € 797

(Stand: 2010)

Steckbrief Gestalter/-in für visuelles Marketing

Geschirr wird auf Sondertischen arrangiert

Ein Entwurf wird am PC geprüft

In der Werkstatt wird Dekoration angefertigt

Ein Schaufenster wird dekoriert

Ausbildungsberufe im Handel

Gestalter/-in für visuelles Marketing

Berufliche Tätigkeiten: In diesem Beruf geht es um Verkaufsförderung. Ziel ist es, Umsatz und Gewinn des Unternehmens zu steigern. Dazu müssen die Kunden immer wieder zum Kaufen angeregt werden. Du befasst dich mit der Präsentation von Produkten und Dienstleistungen sowie Werbung, Öffentlichkeitsarbeit und Promotion. Auch das Dekorieren von Schaufenstern, das Gestalten von Erlebnisräumen, Veranstaltungen und Verkaufsaktionen gehört dazu.
Gestalter/-innen für visuelles Marketing berücksichtigen aktuelle Trends und arbeiten mit Licht, Farben, Düften, Musik und anderen Gestaltungselementen. Zudem beschaffen sie Werkstoffe oder Präsentationsmittel. Mit Bildbearbeitungsprogrammen erstellen sie Konzeptentwürfe und Präsentationsmittel. Auch für Angebotskalkulationen sowie Erfolgskontrollen sind sie zuständig.

Arbeitsort: Gestalter/-innen für visuelles Marketing arbeiten meist in Einzelhandelsgeschäften, z. B. in Kaufhäusern oder Bekleidungsgeschäften. Im Büro erstellen sie am Computer u. a. Entwürfe. In der Werkstatt bereiten sie Werbeträger vor, die sie in Verkaufsräumen präsentieren.

Anforderungen: Gestalter/-innen für visuelles Marketing müssen kommunikativ sein, z. B. um Kunden zu beraten und zu überzeugen und um Konzepte erklären zu können. Sie arbeiten meist im Team zusammen mit dem Verkaufspersonal. Das Gestalten von Verkaufs-, Präsentations- oder Ausstellungsräumen erfordert Kreativität. Aber auch technische Kenntnisse, handwerkliches Geschick und ein Gespür für Kunst sind gefragt, wenn es um das Anfertigen von Konzeptentwürfen oder den Umgang mit Farben, Formen und Materialien geht. Um die Kosten für geplante Projekte zu kalkulieren, benötigen Gestalter/-innen für visuelles Marketing Kenntnisse in Mathematik.

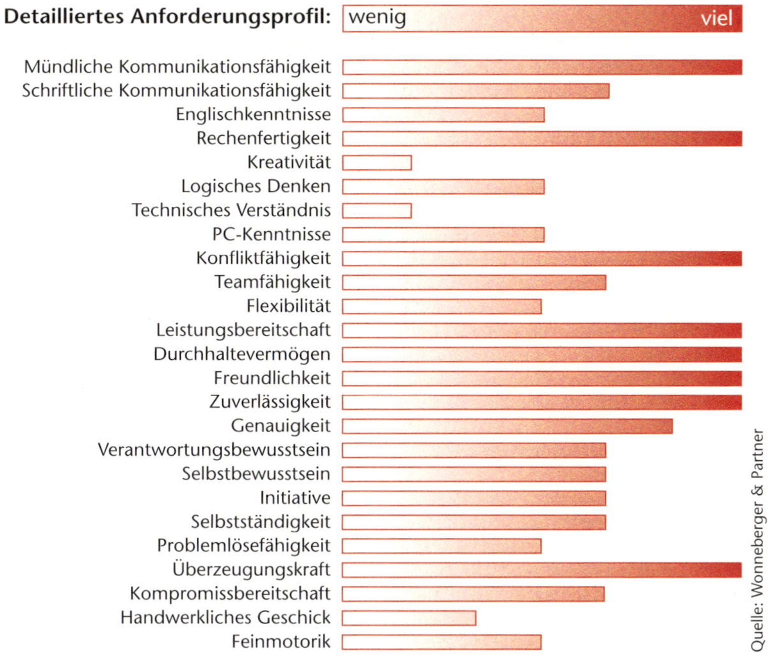

Kaufmann/-frau im Einzelhandel

Ware auszeichnen

Kunden beraten

Kaufmann/-frau im Einzelhandel

Berufliche Tätigkeiten: Kaufleute im Einzelhandel sind vorwiegend im Verkauf tätig. Sie verkaufen Konsumgüter unterschiedlichster Art, wie z.B. Bekleidung, Lebensmittel, Schreibwaren, Elektronikartikel und Wohnungseinrichtungen, beraten Kunden und nehmen Reklamationen entgegen.
Ihr Aufgabengebiet bezieht sich jedoch nicht nur auf den Verkauf. Sie sind auch zuständig für das Auffüllen der Regale und Auszeichnen der Waren, zählen die Sicherstellungen des Warenangebots, beobachten den Markt und planen den gesamten Einkauf. In ihrer Branche sind der Einzelhandelskaufmann bzw. die Einzelhandelskauffrau die Fachleute für die Verkaufswaren. Im Personal- und Rechnungswesen sorgen sie für einen fehlerfreien Ablauf.
Zunehmend wichtiger wird die Arbeit mit Computern und anderen informationstechnischen Geräten und Systemen. Dazu zählen mobile Datenerfassungsgeräte für die Bestandskontrolle und Inventur oder Scannerkassen, an denen die Verkaufsdaten der Artikel durch Laserstrahl automatisch abgelesen und an die Computer im Rechnungswesen weitergeleitet werden.

Arbeitsort: Kaufleute im Einzelhandel arbeiten in Fachgeschäften, Fachmärkten oder Filialen des Einzelhandels. Die Arbeitszeiten sind nicht immer familienfreundlich. Teilzeitarbeit ist in dieser Branche weitverbreitet, was der beruflichen Tätigkeit von Müttern entgegenkommt.

Ausbildung und Aufstieg: Schwerpunkte der Ausbildung sind: Bürowirtschaft, Computer- und DVD-Produkte, Diätprodukte, Reformwaren und Lebensmittel, Elektrogeräte, Foto/Video, Kosmetik und Körperpflege, Küchenhandel, Lederwaren, Schuhe, Spielwaren, Sportartikel.
Auch bei diesem Beruf gibt es verschiedene Aufstiegsmöglichkeiten. So kann man sich beispielsweise zur Handelsfachwirtin qualifizieren und leitende Positionen im Unternehmen einnehmen.

1 Vergleiche deine persönlichen Interessen, Kenntnisse und Eigenschaften mit den Anforderungsprofilen der beiden vorgestellten Berufe.

2 Informiere dich im Internet über das spätere Gehalt in beiden Berufen.

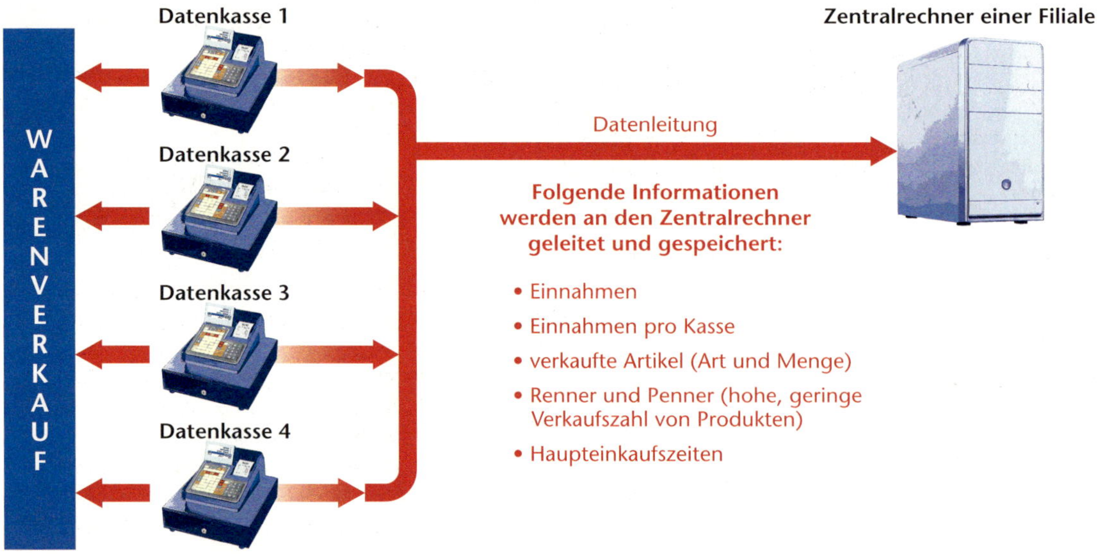

Schemazeichnung eines Warenwirtschaftssystems

Ein Blick hinter die Kulissen – Warenwirtschaftssysteme verändern die Arbeit

Die Schülerinnen und Schüler der Klasse 8a haben sich durch die Beschäftigung mit den Berufen und Tätigkeiten im Handel entschlossen, etwas genauer hinter die Kulissen des Groß- und Einzelhandels zu schauen. Die Tätigkeiten der Verkäuferinnen und Verkäufer von früher sind mit denen von heute kaum noch zu vergleichen. Viele Berufe haben sich verändert.
Die Eltern von Claudia und Dominik betreiben schon in der zweiten Generation eine Drogerie. In der Vergangenheit wurde hier die Bestellung von Waren auf einem Bestellblock notiert und per Telefon oder Brief an den Großhandel oder Hersteller weitergeleitet. Die Lagerhaltung wurde mit einem Karteikartensystem überwacht. Mit der raschen Zunahme der Artikelanzahl schlichen sich aber sehr schnell Fehler in die Lagerhaltung ein wie z. B. übergroße Lagerbestände. Insbesondere in größeren Drogerien mit vielen Mitarbeiterinnen und Mitarbeitern und einem sehr breiten Warenangebot führte die alte Bestellpraxis schnell zu einer unbefriedigenden und sehr zeitaufwendigen Lagerhaltung.

Datenkassen können mehr als rechnen

Längst hat die alte Registrierkasse ausgedient. Heute, so berichten zwei Schülerinnen der Klasse, gibt es Datenkassen. Beim Kassiervorgang an einer Datenkasse wird nicht nur automatisch abgerechnet. Auch die eingenommenen Summen sowie die Art und Menge der verkauften Artikel werden erfasst und an einen Computer weitergeleitet. Mit einem Scanner liest die Verkäuferin die maschinenlesbare Kennzeichnung (Strich-Code) auf den Waren in die Kasse ein. Die Datenkasse besitzt einen eingebauten Datenträger (z. B. CD oder Speicherkarte) und kann mit einer EDV-Anlage verbunden werden. Dies ermöglicht eine vollständige Erfassung des Warenausgangs (Verkaufs). Nahezu zeitgleich mit dem Verkauf sind bereits Menge, Art und Preis der verkauften Artikel und die Menge des in der Kasse befindlichen Bargeldes im Computer gespeichert und abrufbar.

Warenwirtschaftssysteme

Diese elektronische Erfassung der Warenbewegungen ist der Grundbaustein eines computerunterstützten Warenwirtschaftssystems, kurz WWS. In einem WWS melden die Kassen einer Filiale die Daten an den Filialcomputer weiter,

Kreislauf im Warenwirtschaftssystem (WWS)

Aufbau: nach einer Ziffer folgen zwei Sechsergruppen
Einteilung: senkrechte schwarze Striche verschiedener Stärke, 13 (in Ausnahmefällen 8) Ziffern

ISBN 978-3-637-00952-3
9 783637 009523
❶ ❷ ❸ ❹

❶ Die beiden ersten Ziffern zeigen an, in welchem Land die Nummer vergeben wurde, z. B. 40: Deutschland; Bücher haben international die Nummer 978

❷ Aus den nächsten 5 Ziffern lassen sich Hersteller und Lieferant erkennen.

❸ Diese 5 Ziffern enthalten Angaben über die Ware (Größe, Art).

❹ Die Prüfziffer überprüft das Einlesen.

EAN-Strichcode

der sie speichert. Mit diesen Daten kann die Geschäftsleitung arbeiten, z. B. Waren nachbestellen. Einmal oder mehrmals am Tag werden die gespeicherten Daten aus allen Filialcomputern per Datenübertragung (DFÜ) an eine Zentrale weitergeleitet. Dort werden auch die vorbereitenden Arbeiten durchgeführt, denn bevor die Datenkassen arbeiten können, müssen die notwendigen Artikeldaten in den zentralen Rechner eingespeist werden.
Ein Warenwirtschaftssystem stellt alle Informationen bereit, die für Entscheidungen zur Bestellung einer Ware, zum Lagerbestand und zur eisernen Reserve, zum Bestellzeitpunkt und zur Lieferung der Ware notwendig sind.

Ein gut funktionierendes Warenwirtschaftssystem (WWS) erfasst jede Artikelbewegung vom Wareneingang bis zum Warenausgang durch den Verkauf an der Kasse.

Nutzen und Risiken

Warenwirtschaftssysteme (WWS) erleichtern auch, den Bedarf an Waren zu ermitteln. Oft werden mithilfe des Computers Marktinformationen wie zum Beispiel die Hitliste für einzelne Warengruppen, Preise unterschiedlicher Anbieter, Kaufmengen und Verkaufszeitpunkte aus Marktforschungsinstituten abgerufen. Auch die Abwicklung von Zahlungsvorgängen mit der Bank erfolgt über Datenleitungen. Insgesamt ist der Nutzen eines Warenwirtschaftssystems für den Betrieb groß, Zeitersparnis und Kostenreduzierung sind offensichtlich.
Bei allen Vorteilen durch das WWS darf man den Datenschutz nicht vernachlässigen. Täglich werden viele betriebswirtschaftliche Daten versendet. Auch werden beispielsweise durch Payback-Systeme persönliche Kundendaten und Informationen zu Kaufverhalten und Umsätzen gespeichert.

1 Erkläre den Unterschied zwischen einer Registrierkasse und einer Datenkasse.

2 Muss im Zeitalter von WWS eine Verkäuferin oder ein Verkäufer noch rechnen können? Begründe deine Meinung.

3 Schreibe eine Geschichte zum Einkauf im Supermarkt im Jahre 2025.

E **4** Du hast sicherlich schon im Handel mobile Datenerfassungsgeräte für die Lagerbestandshaltung gesehen. Erkundige dich bei einem Experten, wie diese funktionieren und berichte der Klasse.

1. An welche **Zielgruppe** richtet sich die Werbung?
2. Wie werden die **Aufmerksamkeit und das Interesse** des Betrachters geweckt?
3. Wie wird der Blick auf die **zentrale Werbebotschaft** gelenkt?
4. Wie wird die **Wirksamkeit der Werbung** gesichert?
   - Logo? • Farbe? • Slogan?
5. Wie werden **Gefühle** ausgelöst, um die Werbebotschaft zu verstärken?
   - Menschen? • Musik?
   - Natur? • Witz?

Wie Werbung gemacht ist

Werbung: informieren oder beeinflussen?

Geworben wird, seitdem die Menschen mit Waren oder Dienstleistungen handeln. Werbung soll vorrangig Kontakte zwischen Anbietern und Nachfragern herstellen. Dabei soll sie dem Verbraucher

- Informationen über das Sortiment des Betriebes, die Preise der Dienstleistungen und Produkte sowie über aktuelle verkaufsfördernde Maßnahmen wie Aktionen, Sonderangebote oder Sonderveranstaltungen geben;
- Bedürfnisse bewusst machen und steigern;
- Vorzüge von Produkten oder Dienstleistungen aufzeigen, damit du dich beim nächsten Einkauf daran erinnerst.

Werbung ist ein Instrument der Anbieter, um die Kaufentscheidung von Verbrauchern zu beeinflussen.

Die Zauberformel der Werbung lautet AIDA:
A = ATTENTION, d. h. Aufmerksamkeit wecken;
I = INTEREST, d. h. Interesse hervorrufen;
D = DESIRE, d. h. Kaufwunsch erzeugen;
A = ACTION, d. h. Kunden zum Handeln veranlassen.

Methoden der Werbung

Die Werbenden nutzen vielfältige Methoden, um auf Meinungen und Einstellungen der Umworbenen Einfluss zu nehmen:

- Menschen sollen bestimmte Verhaltensweisen annehmen.
  Beispiel: Ein Lebensmittelhersteller will den kleinen Pausensnack an den Verbraucher bringen. Er knüpft an die Erkenntnis an, dass mehrere kleine Mahlzeiten gesünder sind als wenige große.
- Menschen wünschen sich Zugehörigkeit zu bestimmten Gruppen.
  Beispiel: Eine Softwarefirma wirbt damit, dass ihr Programm für professionell Arbeitende besonders geeignet ist. Jugendliche Computerfreaks kaufen es, um zu zeigen, dass sie professionell sind.
- Viele Menschen lassen sich durch bekannte Persönlichkeiten beeinflussen.
  Beispiel: Ein Popstar wirbt für ein Erfrischungsgetränk mit der Aussage, dass es ihm Power gebe.

Werbemittel appellieren an Gefühl, Verstand und Moral des Verbrauchers. Sie versuchen möglichst viele Sinne anzusprechen und Gefühle anzuregen, um Erfolg zu haben.

Beispiele für Werbung

M Analyse von Werbung

In der Abbildung siehst du drei Plakate mit unterschiedlichen Inhalten. Um erklären zu können, was der Werbende bei dem Betrachter erreichen will, solltest die folgenden Fragen beantworten:

Leitfragen zur Analyse der äußeren Gestaltung

1. Wodurch wird die Aufmerksamkeit des Betrachters gewonnen?
2. Welche Gedanken rufen die Bildelemente bei dir hervor?
3. Welche Eigenschaften lassen sich den Bildelementen zuordnen (Glaubwürdigkeit, Fröhlichkeit, Aggression …)?
4. Welche Farben werden verwendet, mit welcher Wirkung?
5. Woran erkennt der Betrachter, für welche Sache/Gegenstand/Ereignis geworben wird (Logo, Persönlichkeiten …)?
6. Kann das Plakat auf einen Blick erfasst werden oder setzt es längeres Betrachten voraus?

Leitfragen zur Analyse des Textes

1. Welche Beziehung wird zum Betrachter hergestellt? Wird er direkt angesprochen?
2. Welche Gefühle werden geweckt?
3. Wie hoch ist der Informationsgehalt?
4. Sind Wörter/Sätze einprägsam und verständlich? Slogan?
5. Verbindest du mit den Wörtern positive oder negative Wirkungen?
6. Werden Sätze bzw. Appelle formuliert oder muss die Aussage aus Einzelwörtern erschlossen werden?

Leitfragen zur Analyse des Inhalts

1. Was ist das Thema des Plakats?
2. Wird ein Problem angesprochen?
3. Wie lautet die zentrale Botschaft?
4. Steht eine Person oder eine Sache im Mittelpunkt?

M

Was ist Redaktion und was ist Werbung?

Werbung im Internet

Werbung im Internet hat die gleiche Zielsetzung, wie die Werbung in herkömmlichen Medien. Sie wird als Mittel eingesetzt, um den Bekanntheitsgrad von Firmen oder Produkten zu steigern. Der wohl größte und wichtigste Unterschied zu Werbung im Print-, Fernseh- und Hörfunkbereich ist der, dass die Werbung im Netz interaktiv ist.
Der Besucher einer Seite kann ganz gezielt mit dem Anbieter interagieren, er kann Werbung anklicken oder wegklicken und sollte ihm die Seite aus irgendeinem Grund nicht gefallen, so braucht er sie nie wieder aufzusuchen.
Der Anbieter wiederum kann die Reaktionen der Besucher auf seine Internetwerbung messen. Er hat eine Kontrolle darüber, wie oft seine Werbung angeklickt und wie lange sie betrachtet wird. Dies ermöglicht ihm, die Werbung zu optimieren und die Kosten zu senken.

Die Werbung kommt im Internet nicht zum Konsumenten, sondern der Konsument kommt zur Werbung.

Werbeformen im Internet

Geht es dir manchmal auch so, kaum hast du eine Seite im Internet geöffnet, blitzt und blinkt es überall? Manchmal legt sich etwas wie ein Schleier über die Seite und du suchst verzweifelt das „X" zum Schließen. Aber welche unterschiedlichen Werbeformen gibt es überhaupt? Werbeformen im Internet haben viele Namen, z. B.
Banner: Banner sind auf fast auf jeder Internetseite oben oder am Rand zu finden.
Newsletter: Ein Newsletter ist so etwas wie eine kleine Zeitung, die Firmen, Organisationen oder auch die Anbieter von Kinderseiten verschicken. In einem Newsletter stehen Neuigkeiten, die für den Abonnenten interessant sein könnten.
Layer: Huch, was huscht denn da über den Bildschirm? Ist das tatsächlich Werbung? Und wo ist das Kreuzchen zum Schließen?
Pop-up: Du öffnest eine Internetseite und plötzlich erscheint etwas anderes. Es fällt sofort auf, damit derjenige, der die Werbung macht, für einen Moment deine volle Aufmerksamkeit hat. Und das reicht schon, damit du die Werbebotschaft aufnimmst.

Internetwerbung: das „intelligente Fenster"

Internetwerbung: Pop-under

Pop-under: Das Pop-under funktioniert genauso wie ein Pop-up, allerdings legt es sich nicht auf deine geöffnete Seite, sondern darunter. Du siehst es erst, wenn du deine Seite schließt.

Werbung in Texten: Du liest einen Text über deinen Lieblingsferienort und auf einmal ist der Text durch die Anzeige eines Reiseveranstalters unterbrochen.

Das „intelligente Fenster" (IntelliTXT): Du sucht im Internet nach Informationen über die Installation eines Druckers. In einem Text zu diesem Thema ist das Wort „PC" doppelt unterstrichen. Wenn du es mit dem Curser berührst, öffnet sich ein Fenster, in dem eine Computerfirma für ihre PCs wirbt.

Nervig oder notwendig?

Eine Umfrage des Emnid Instituts ergab, dass sich inzwischen 40 % der Internetnutzer durch Internetwerbung gestört fühlen. So wurden in den letzten Jahren Programme entwickelt, mit deren Hilfe Internetwerbung ausgeblendet werden kann – eine feine Sache, oder?

Ohne Bezahlung keine Inhalte. Durch Werbung werden Internetseiten finanziert. Kein Redakteur und kein Webdesigner ist bereit, ohne Bezahlung aufwendige Webseiten zu produzieren. Eine Alternative wäre, dass die Nutzer für jede Seite, die sie anklicken, ein paar Cent bezahlen. Eine Internetrecherche kann dann allerdings sehr schnell ziemlich teuer werden.

1 Untersuche eine Werbung (z. B. Anzeige, Fernsehspot). Ordne die Werbeaussagen den Elementen der AIDA-Formel zu.

2 Zeige Beispiele auf, wo Werbung durch Düfte gemacht wird.

3 Worin liegen die Vorteile und Nachteile von Online-Werbung?

E **4** Entwirf am PC eine Werbung für ein Produkt oder eine Dienstleistung. Denke dir ein eigenes Logo dabei aus und wirb mit einem kurzen knackigen Text.

Beispiel für Kennzeichnungen auf Produkten

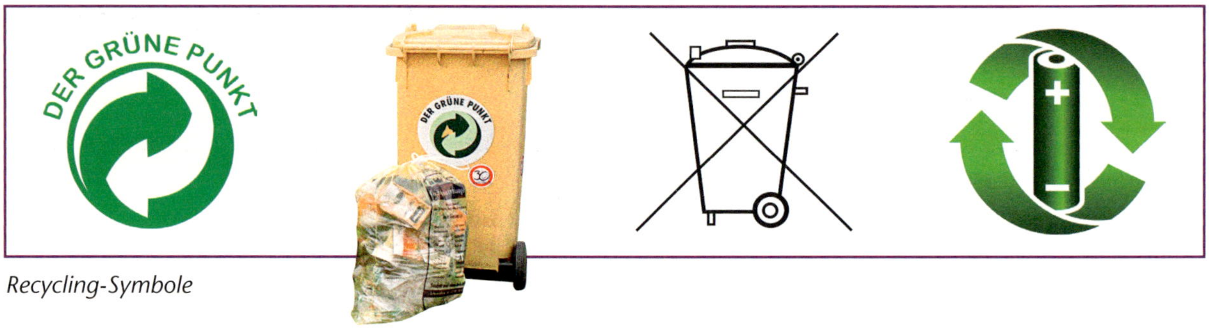

Recycling-Symbole

Produktinformationen

Kennzeichnungen auf Produkten

Eine Verpackung, die nur den Titel oder die Aufschrift „Reinigungsmittel" oder „Tierfutter" enthält, könnte wohl kaum verkauft werden, weil jeder Verbraucher oder Kunde zu dieser Warenbezeichnung viele Fragen hätte.

Kennzeichnungen auf Produkten geben dem Verkäufer und Verbraucher Hinweise auf Eigenschaften und Gebrauch des Produktes oder der Verpackung.

Diese Kennzeichnung kann, wie in der Abbildung zu erkennen ist, in Form von Symbolen, Piktogrammen, Logos oder mit Kurztexten erfolgen. Gefahrensymbole informieren schon optisch über mögliche Gefahren, die beim Gebrauch eines Produktes auftreten können. Verpackte Lebensmittel müssen fünf Kennzeichnungselemente tragen: das Mindesthaltbarkeitsdatum, die Zutatenliste, die Mengenangabe, die Verkehrsbezeichnung (das ist die übliche Bezeichnung des Produktes) und den Namen des Herstellers oder Verpackers. Damit will man den Verbraucher informieren und vor gesundheitlichen Schäden schützen. Hier sind strenge Gesetze und Verordnungen einzuhalten.
Güte- und Handelsklassen bei Lebensmitteln sind Qualitätsangaben, die dem Verbraucher Entscheidungshilfen geben sollen.
Es gibt viele Kennzeichnungen, die auf die Art des Recyclings hinweisen. Mit dem Grünen Punkt wurde in Deutschland 1990 ein einheitliches Symbol für recycelbare Verpackungen eingeführt.

Das Prüfsiegel oder Gütezeichen

Wer heute einen Kühlschrank, eine Waschmaschine oder einen Geschirrspüler kauft, schaut auf das Energielabel, schließlich hat das auch etwas mit laufenden Kosten zu tun. Das europäische Energiekennzeichen ist für alle elektrischen

Prüf- und Gütezeichen

Großgeräte im Haushalt Vorschrift. Es informiert über den durchschnittlichen Energiebedarf des jeweiligen Geräts und macht durch die Energieklasseneinteilung einen schnellen Vergleich möglich.
Eines der bekanntesten Prüfsiegel ist das Zeichen „GS“ für „geprüfte Sicherheit“.
Behördlich vorgeschriebene Prüfzeichen (wie die Kraftfahrzeug-Prüfplakette) an den einschlägigen Produkten sollen bestätigen, dass die von den Behörden vorgegebenen Bestimmungen zum Zeitpunkt der Erteilung eingehalten wurden. Manche Prüfzeichen werden dauerhaft erteilt und angebracht wie z. B. an Elektrogeräten oder aber nur für einen bestimmten Zeitraum wie die Kraftfahrzeug-Prüfplakette.
Gehört nun der Preis auch zur Kennzeichnung eines Produktes dazu? Der Einzelhandel muss aufgrund der Preisauszeichnungsverordnung den Preis entweder auf dem Produkt oder gut sichtbar am Regal anbringen.
Der Preis für abgepackte Ware bei Lebensmitteln zum Beispiel muss pro kg oder pro 100 g angegeben werden, damit der Kunde gleiche Produkte unterschiedlicher Marken und Hersteller vergleichen kann.

Damit nicht jeder Betrieb mit irgendwelchen Umweltzeichen wirbt und dabei vielleicht Umweltschutzmaßnahmen verspricht, die er nicht einhält, gibt es seit Jahren die Möglichkeit, dass europäische Betriebe ihr Umwelthandeln überprüfen lassen. Der Betrieb nimmt selbst einen Soll-Ist-Vergleich seiner Umweltsituation vor. Hierbei untersucht er, wo er umweltverträglicher arbeiten könnte. Eine Kommission überprüft dann die Verpflichtungen des Betriebs. Entsprechen die Ergebnisse den Anforderungen, kann der Betrieb in Broschüren und Briefköpfen mit dem EU-Öko-Audit werben. Das Wort „Audit“ kommt aus dem Englischen und bedeutet in diesem Zusammenhang „Rechnungsprüfung“.

1 Was bedeutet das Logo einer durchkreuzten Mülltonne (s. Abb. S. 114)?

2 Überprüfe, ob euer Kühlschrank energiesparend ist.

3 Welche Produktkennzeichnungen in Abb. S. 114 sind gesetzlich vorgeschrieben?

4 Was besagt das GS-Zeichen?

Die Fallstudie

1. Der Fall
Was ist passiert?

Für eine Geburtstagsfeier wurde ein Kuchen in Auftrag gegeben. Der Kuchen war zu lange im Backofen und konnte nicht an den Kunden ausgeliefert werden.
Muss die Schülerfirma dem Kunden Schadensersatz leisten, beispielsweise die Mehrkosten für eine schnelle Ersatzbeschaffung bezahlen?

2. Nötige Informationen
Wo und wie bekommen wir sie?

- Internetrecherche
- Nachschlagen im Bürgerlichen Gesetzbuch
- Besuch der Verbraucherzentrale
- …

3. Denkbare Entscheidungen
Welche Lösungen sind denkbar?

- hoffen auf Verständnis bei den Käufern;
- einen neuen Kuchen backen;
- Schadensersatz leisten;
- gar nicht reagieren …

4. Treffen der Entscheidung
Wie begründen wir unsere Entscheidung?

z. B.: Wir müssen Schadensersatz leisten.
Begründung: Einen zweiten Versuch gibt es nicht, der Kuchen wird nicht mehr benötigt, die Geburtstagsfeier ist vorbei.

5. Pro und Kontra
Was spricht dafür und was dagegen?
Welche Folgen ergeben sich?

Schadensersatz? Oder doch auf Kulanz hoffen?

6. Der Vergleich – die endgültige Entscheidung
Wie haben wir entschieden?

Wenn die Schülerfirma ihre vertraglichen Pflichten, hier das Liefern des Kuchens, nicht erfüllt, ist sie grundsätzlich schadensersatzpflichtig (siehe § 433 BGB und auch § 823 ff. BGB).
Wir müssen zahlen.

5 Einen regionalen Wirtschaftsraum untersuchen

Siedlung

Infrastruktur

Bevölkerung

Naturraum

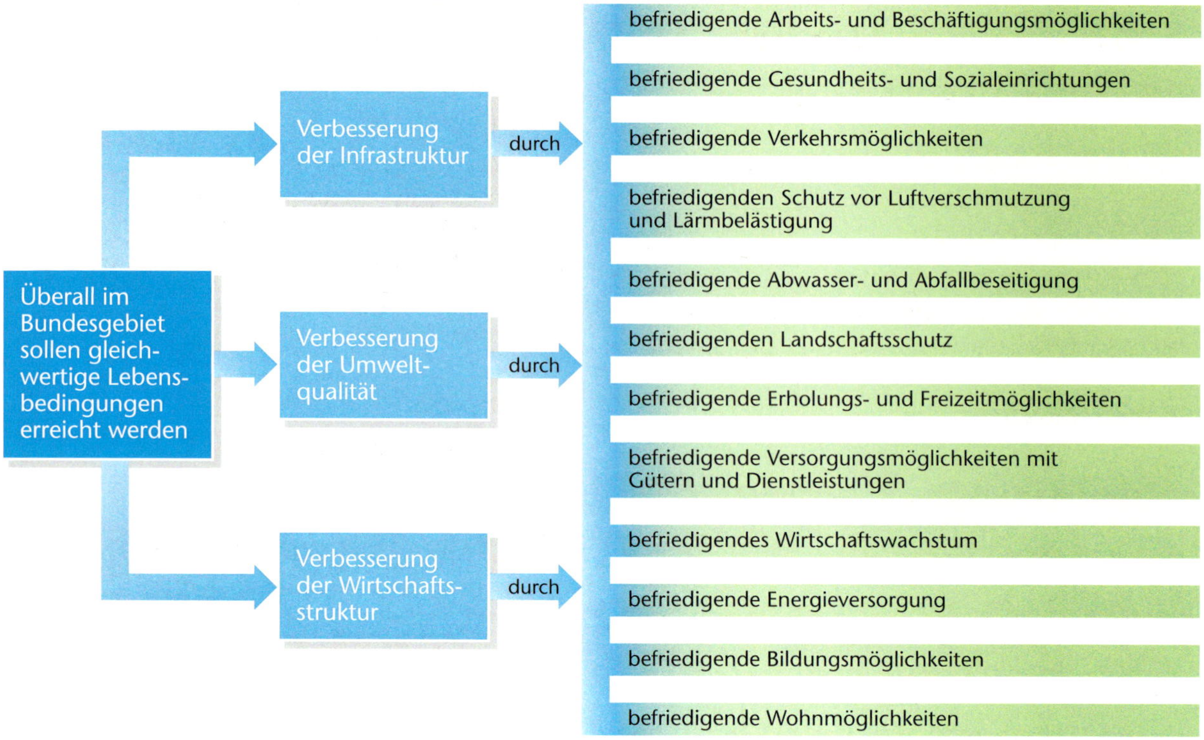

Ziele der regionalen Wirtschaftspolitik

Was ist ein regionaler Wirtschaftsraum?

Die Akteure der Regionalwirtschaft

Es ist nun mal so: Verschiedene Regionen – unterschiedliche Lebensbedingungen. Jeder von uns kennt Beispiele, wo Menschen in Großstädten oder Ballungsgebieten unter Luft- und Wasserverschmutzung, Lärmbelästigung und Zersiedlung leiden und auch um Arbeitsplätze bangen. Auf der anderen Seite gibt es Räume – sehr häufig in ländlichen Regionen – in denen der Einzelne ebenfalls keine günstigen Arbeits- und Lebensbedingungen vorfindet: Er hat eine weite Anfahrt zu seinem Arbeitsplatz, in seinem Ort gibt es keine Schulen, kein Krankenhaus, keine Ärzte, schlechte Einkaufmöglichkeiten. Jugendliche finden in ländlichen Regionen nur schwer einen Ausbildungsplatz.

Die regionale Wirtschaftspolitik hat sich zum Ziel gesetzt, ungleiche Arbeits- und Lebensbedingungen in den verschiedenen Regionen abzubauen.

Somit geht es um alle Menschen einer Region, egal ob sie Unternehmer, Arbeitnehmer, Auszubildende oder Schüler sind.
Eine Region kann in diesem Zusammenhang ein Dorf, eine Gemeinde, ein Stadtteil, eine ganze Stadt oder gar ein Bundesland sein. Jeder Mensch bestimmt selbst, was er als seine Region betrachten will. Die Menschen einer Region leben in Familien, als Nachbarn und als Interessengemeinschaften zusammen.

Die Gemeinschaften sind die Lebensgrundlagen eines jeden Menschen. Sie gehören zu einem regionalen Wirtschaftsraum.

M Wir untersuchen die Wirtschaftsstruktur in einer Region

Bevölkerung
1. Bevölkerungsdichte
2. Bevölkerungsabnahme oder -zunahme

Beschäftigungsstruktur
3. Beschäftigte im produzierenden Gewerbe
4. Beschäftigte in Handel und Verkehr
5. Beschäftigte in sonstigen Dienstleistungen

Arbeitsstätten
6. Arbeitsstätten im produzierenden Gewerbe
7. Arbeitsstätten in Handel und Verkehr
8. Arbeitsstätten in sonstigen Dienstleistungen

Einkommen
9. Lohn- und Gehaltssummen im produzierenden Gewerbe
10. Lohn- uund Gehaltssummen in Handel und Verkehr
11. Lohn- und Gehaltssummen in sonstigen Dienstleistungen
12. Steuerkraft/Steuereinnahmen

Infrastruktur
13. Ver- und Entsorgungsleitungen
14. Verkehrswege
15. Schulen und Bibliotheken
16. Behörden, Gerichte, Polizei

Erkundungsschwerpunkte

Sie bieten Zugehörigkeit, Geborgenheit und ermöglichen, dass jeder Mensch sich seinen Bedürfnissen entsprechend entwickeln kann. Die Menschen einer Region tauschen Dienstleistungen und Sachgüter miteinander. Durch ihre Arbeit stärken sie ihre Gemeinschaften.

Viele verschiedene Interessen

In einer Gemeinde (Kommune) leben Menschen unterschiedlichen Alters, Geschlechts und Berufs. Sie haben unterschiedliche Wohn- und Freizeitbedürfnisse. Ihre politischen Neigungen sind verschieden. Die einen treiben in ihrer Freizeit gern Sport, andere arbeiten in einem Naturschutzverein, wieder andere möchten ein eigenes Unternehmen aufbauen. Aus solchen unterschiedlichen Interessen können Konflikte entstehen, denn alle wollen ihre Bedürfnisse verwirklichen.
Hier ein Fallbeispiel: Am Stadtrand gibt es eine brachliegende Fläche. Ein Unternehmer will dort eine Autowerkstatt errichten. Viele Einwohner wünschen sich ein Einkaufszentrum. Schüler und Eltern schlagen den Bau einer Skaterbahn vor. Der Gemeinderat muss entscheiden, wie die Fläche genutzt werden soll. Aber auch die Kommunalpolitiker und die Verwaltung verfolgen wirtschaftliche Interessen, denn die Gemeinde besitzt Grünflächen, Gebäude und Wirtschaftsbetriebe. Und sie haben einen Auftrag, nämlich für den Ausbau der Infrastrukturen zu sorgen.

Infrastrukturen

Gute Infrastrukturen sind die Voraussetzung dafür, dass Menschen in einer Region gerne leben und erfolgreich wirtschaften. Die Kommunalpolitiker verhandeln daher z. B. mit Versorgungsunternehmen über Wasser, Gas, Strom, kümmern sich um das Verkehrsnetz, werben um die Ansiedlung von Betrieben. Sie kümmern sich um soziale und kulturelle Einrichtungen wie Schulen, Büchereien, Krankenhäuser, Sportstätten oder Jugendclubs.

Wichtige Einrichtungen für das Leben und Wirtschaften der Menschen bezeichnen wir als Infrastrukturen.

1 Erkundet in Gruppen die Wirtschaftsstruktur eurer Gemeinde bzw. Region. Nutzt dazu die Checkliste. Stellt eure Ergebnisse an einer Infowand dar.

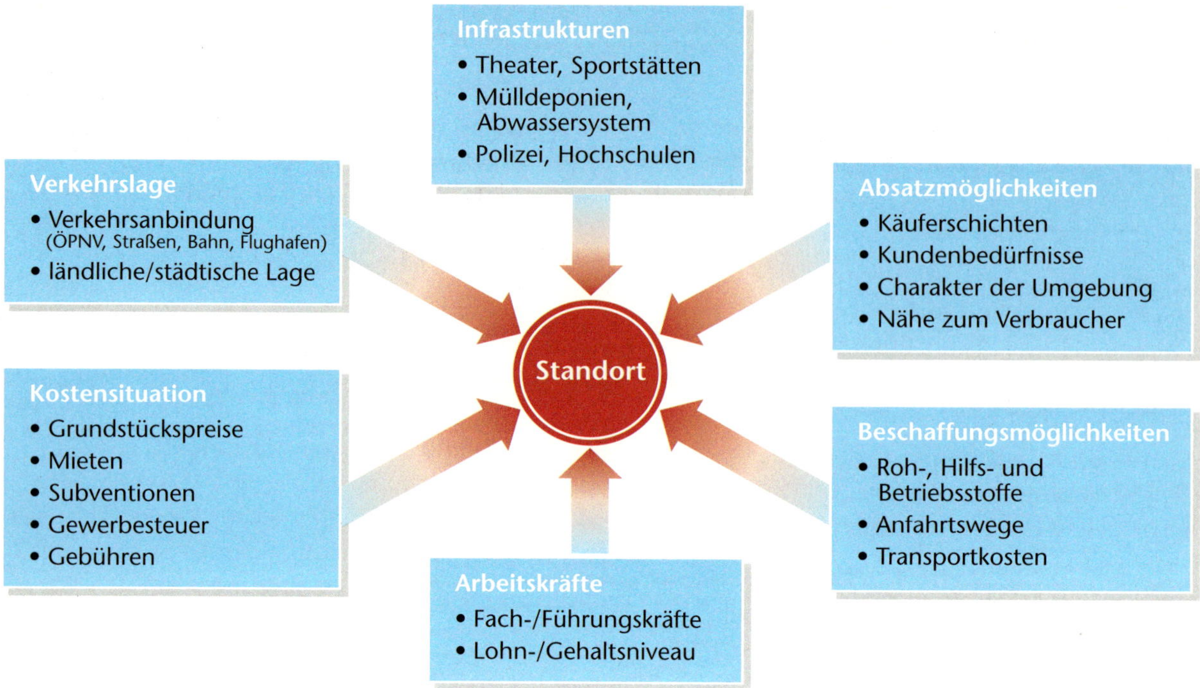

Wichtige Standortfaktoren

Standortfaktoren – Standortentscheidungen

Passt jede Fabrik an jeden Ort?

So wie eine Schule dort stehen sollte, wo sie für den größeren Teil ihrer Schülerinnen und Schüler gut zu erreichen ist, und der Bäckerladen nur dort einen Sinn hat, wo es genügend Kundschaft gibt, so wird ein Unternehmer seinen Industriebetrieb nur dort bauen, wo er wirtschaftlich vorteilhaft produzieren kann. Er muss die Vor- und Nachteile des Standortes genau prüfen.

Die Qualität des Standortes ist entscheidend für den wirtschaftlichen Erfolg eines Betriebes.

An der richtigen Standortwahl sind aber auch die Gemeinden (Kommunen), die Arbeitnehmer und die Wohnbevölkerung interessiert, in deren Nähe sich ein Unternehmen niederlassen möchte.
Die Kommunen werben um die Neuansiedlung von Betrieben, um die regionale Wirtschaft zu stärken. Der Verkauf von Gewerbegelände bringt ihnen Einnahmen. Durch die Ansiedlung eines neuen Betriebes entstehen Arbeitsplätze und die Kommune erhält mehr Gewerbesteuer. Die Attraktivität des Wirtschaftsstandortes erhöht sich, sodass weitere Unternehmen angelockt werden.
Die Wohnbevölkerung erwartet vor allem ein breites Angebot an Arbeitsplätzen. Allerdings stellt sie auch wachsende Anforderungen an die Umweltverträglichkeit: Negative Umweltfolgen, z. B. eine Verschlechterung der Luftqualität oder die Erhöhung des Lärmpegels in den Wohnvierteln, sollen möglichst gering sein.
Bei der Standortwahl müssen also viele Interessen sorgfältig aufeinander abgestimmt werden.

Die Gründe für die Standortwahl von Unternehmen bezeichnet man als Standortfaktoren.

Wichtige Standortfaktoren für die Ansiedlung von Unternehmen sind: geeignetes Gelände, finanzielle Hilfen und Vergünstigungen der Gemeinde, Arbeitskräfteangebot, Verkehrsverbindungen, Absatzmöglichkeiten, Konkurrenzunternehmen, Umweltauflagen, Wohn- und Freizeitangebot.

Ⓜ Wir prüfen Standorte für ein Unternehmen

1. Wir notieren Standortfaktoren, die wir bei der Standortwahl für unser Unternehmen prüfen möchten.
2. Da nicht alle Standortfaktoren gleich wichtig für unser geplantes Unternehmen sind, bewerten wir die Standortfaktoren nach ihrer Wichtigkeit mit den Punkten 1 (= unwichtig) bis 10 (= sehr wichtig).
3. Wir bewerten die Standorte A und B anhand der Faktoren mit Punkten von 5 (= sehr gut) bis 1 (= sehr schlecht).
4. Wir multiplizieren die Punkte mit ihrer Gewichtung. Die Gesamtsumme ergibt die Attraktivität eines Standortes. Je höher das Punkteergebnis, umso besser ist der Standort.

Nr.	Standortfaktor	Gewichtung	Standort A	Standort B	Standort A gewichtet	Standort B gewichtet
1	Kundennähe	10	5	5	50	50
2	Konkurrenznähe	4	2	3	8	12
3	Mietpreise	6	5	4	30	24
4	Ausbaumöglichkeiten	4	2	3	8	12
5	Verkehrslage	8	3	5	24	40
6	Steuern	6	4	5	24	30
7	Anziehungskraft des Standorts	7	4	2	28	14
Summen					**172**	**182**

Nutzwertanalyse

Ein weiterer Standortfaktor ist das Klima. Es spielt nicht für alle Unternehmen die gleiche Rolle. Für Agrarunternehmen jedoch oder für Unternehmen, die an landwirtschaftliche Produktionen angeschlossen sind, ist es standortentscheidend. Wie man mithilfe einer sogenannten Nutzwertanalyse Standortentscheidungen sicher treffen kann, findest du im Methodenkasten oben erklärt.

Das Unternehmen in der Region

Unternehmen sind für eine Region wichtig. Sie schaffen Arbeitsplätze und bringen Einnahmen für die privaten Haushalte und die Kommunen. Alle Betriebe profitieren vom Wirtschaftswachstum einer Region. Wenn viele Menschen in einer Region ihr Geld verdienen, geben sie es dort auch für Sachgüter und Dienstleistungen wieder aus. Ob ein Unternehmen in einer Region auf lange Sicht erfolgreich ist, hängt auch davon ab, wie es in der Region wahrgenommen wird. Es spricht sich sehr schnell herum, was ein Unternehmen für seine Region tut: ob es Jugendliche ausbildet, wie gut die Bezahlung der Mitarbeiter ist oder ob es als Sponsor Vereine unterstützt. Und es spielt auch eine Rolle, von welcher Qualität seine Produkte oder Dienstleistungen sind, ob einheimische Rohstoffe verarbeitet werden und Zulieferbetriebe aus der Region Aufträge bekommen.

1 Erkläre den Satz: Die Standortwahl ist entscheidend für den Erfolg einer Firma.

2 Du willst ein Freizeitzentrum mit Kino bauen. a) Welche Standortfaktoren sind zu beachten? b) Du hast mehrere Standorte in deiner Region zur Auswahl. Führe deshalb eine Nutzwertanalyse durch.

3 Fragt in eurem Erkundungsbetrieb, welche Leistungen er für die Region erbringt.

4 Nenne Unternehmen, die in deinem Heimatort neu gegründet wurden. Wie viele Arbeitsplätze haben sie geschaffen?

Ⓔ **5** Welchen Einfluss hat das Klima auf folgende Betriebe: Weinanbau, Lungensanatorium, Schafszucht?

Der lange Weg eines Fruchtquarks

Ohne Verkehrsadern keine leistungsstarke Wirtschaft

Die meisten von euch essen bestimmt gern Fruchtquark. Doch wer denkt dabei schon über wirtschaftliche Zusammenhänge nach?
Der leckere Quark könnte nicht produziert werden, wenn nicht Tanklastzüge die Milch von den Bauernhöfen der Umgebung zum Milchwerk transportieren würden. Die nötigen Verpackungsmaterialien bringt ein Lkw in die Fabrik. Spezielle Kühlwagen holen die fertigen Waren ab und transportieren sie zum Großlager und von dort zu den Supermärkten. Die Lkws fahren zum Tanken an die nächstgelegene Tankstelle. Und auch hier sorgt ein Tanklastzug für Nachschub.
Das alles wäre undenkbar, wenn der Betrieb im Zentrum einer Kleinstadt mit engen Straßen und holprigen, winkligen Gassen liegen würde.
Ein gut ausgebautes Straßennetz ist für viele Betriebe eine Grundvoraussetzung für einen reibungslosen Produktionsablauf. Betriebe siedeln sich nur dort an, wo sie eine gute Verkehrsanbindung vorfinden. Ohne neue Industrieansiedlungen gibt es keine neuen Arbeitsplätze in einer Region. Und ohne Arbeitsplätze kein Einkommen für die Familien … und seltener Fruchtquark auf dem Tisch. So folgt eins aus dem anderen.

Der Ausbau des Verkehrsnetzes verbessert die Standortbedingungen in einer Region.

Transportmittel und Transportwege

Das Beispiel zeigt, dass viele Güter mit Lastkraftwagen transportiert werden. Es sind aber auch andere Verkehrsmittel nötig, bevor der Fruchtquark auf dem Tisch steht. Die Bakterienkulturen werden per Flugzeug aus Australien angeliefert. Die Pappe für die Tetrapaks kommt mit dem Schiff aus Schweden. Das Holz als Rohstoff für die Paletten bringt ein Güterzug aus Polen.
Aber nicht nur Güter, auch Personen müssen transportiert werden. Der Firmenchef hält sich fit und nimmt das Fahrrad. Seine Sekretärin kommt mit der Regionalbahn. Der Außendienstmitarbeiter fährt mit dem Pkw vor und die Laborantin hat den Bus genommen. Der Wachschutzmitarbeiter ist begeisterter Motorradfahrer.
Güter und Personen werden auf Straßen, Schienen, Wasser oder auf dem Luftweg transportiert. Oft werden dabei auch mehrere Transportmittel kombiniert. Es entstehen Transportketten.

Das zum Transport von Gütern und Personen nötige Verkehrsnetz nennen wir Verkehrsinfrastruktur.

Straßenverkehr – bequem, aber teuer?

Viele Menschen nutzen das Auto täglich für den Weg zur Arbeit und zum Einkaufen, ebenso für Wochenendausflüge und Urlaubsreisen. Das Auto ist bequem und flexibel.

Güterverkehr in Deutschland
(in Mrd. Tonnenkilometer)

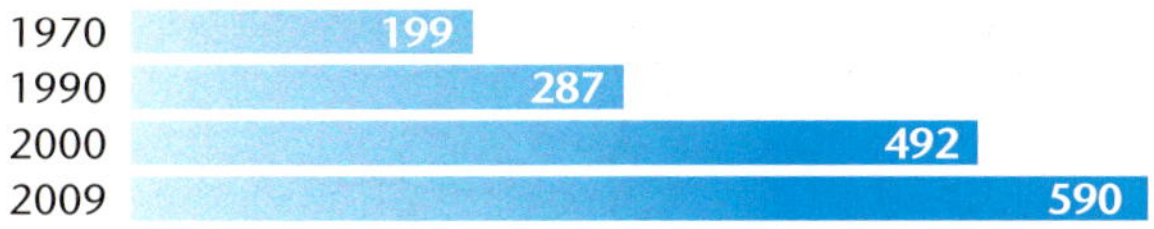

Verteilung auf Verkehrsmittel

	1970	2009
Lkw	40 %	72 %
Eisenbahn	36 %	16 %
Binnenschiff	24 %	9 %
Pipeline	keine Angaben	3 %

Die Verkehrslawine

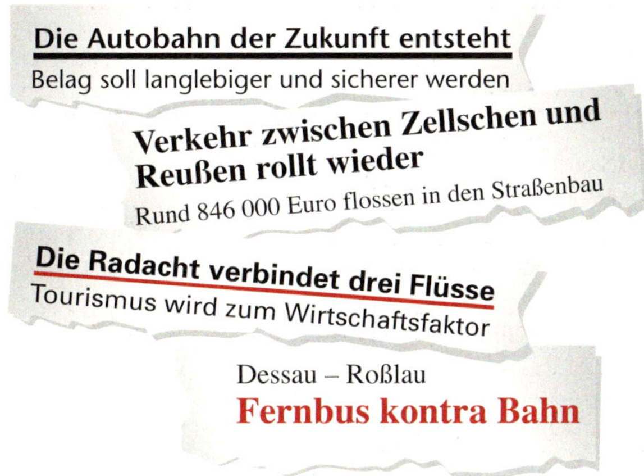

Der Verkehr in den Schlagzeilen

Auf der anderen Seite belastet der seit Jahren zunehmende Straßenverkehr in erheblichem Maße unsere Umwelt. Um die Schadstoffbelastung der Luft in Grenzen zu halten, führen immer mehr Städte Umweltplaketten ein. Durch den Bau von Umgehungsstraßen wird versucht, den Verkehr an den Stadtzentren vorbeizuführen. Wohnhäuser in der Nähe solcher Straßen werden durch Lärmschutzwände geschützt. Die Umgehungsstraßen zerstören die Grünflächen und Naherholungsgebiete am Rande der Stadt. Der Bau und Unterhalt von Straßen kostet eine Menge Geld.
Trotz intensiver Forschung zur Nutzung alternativer Energien, wie Elektroenergie, Gas, Bio-Diesel oder Sonnenenergie, fahren die meisten Pkws mit den herkömmlichen Kraftstoffen Benzin und Diesel. Diese werden größtenteils aus Erdöl hergestellt, dessen Vorräte begrenzt sind.

Die Bahn – kostengünstige Alternative?

Die Bahn ist nicht so flexibel wie das Auto, denn sie ist an das Schienennetz und an den Fahrplan gebunden. Güter und Personen müssen für den Weg zum Bahnhof und vom Bahnhof zum Bestimmungsort andere Verkehrsmittel nutzen; das ist zeitaufwendig. Die Bahn kann jedoch sehr große Mengen an Personen und Gütern transportieren. Für den Bau von Schienen wird weit weniger Fläche verbraucht als für den Straßenbau. Schienenverkehr ist kostengünstig und umweltfreundlich. In vielen ländlichen Regionen wurden allerdings in den letzten Jahren Bahnstrecken stillgelegt.

Luftverkehr – Motor der Wirtschaft?

Der Transport von Gütern und Personen mit dem Flugzeug spart Zeit. Flüge sind in den letzten Jahren immer billiger geworden. Immer mehr Menschen nutzen das Flugzeug auch für Inlandsreisen. Empfindliche und verderbliche Güter wie Obst aus Übersee werden mit Flugzeugen transportiert. Große Flughäfen bieten vielen Menschen in einer Region Arbeitsplätze. Allerdings ist die Transportkapazität auch eines großen Flugzeugs im Vergleich mit Bahn oder Schiff gering, die Umweltbelastung durch Abgase und Lärm, gerade für die Anwohner um den Flughafen, hingegen hoch.

1 Gibt es in deiner Region ein Projekt zum Ausbau von Verkehrswegen? Beschreibe positive und negative Auswirkungen.

2 Welche Folgen hat die Stilllegung der Bahnstrecke für eine Region?

3 Diskutiert über die Statistiken in der Abb. links oben.

E 4 Unterbreite Vorschläge für den Ausbau des Radwegnetzes in deiner Region.

Was sich die Bürger wünschen

Interessenkonflikte im regionalen Wirtschaftsraum

„Soll die Erweiterung des Schlacht- und Zerlegebetriebs genehmigt werden?", lautet die Frage auf der Versammlung des Stadtrates. Der Bürgermeister erläutert die Bedeutung des Unternehmens für die Region.

Wirtschaftliche Vorteile für die Region

Am „Tag der Auszubildenden" ist wieder deutlich geworden, wie viele junge Leute eine fundierte Berufsausbildung in diesem Betrieb erhalten haben. 39 Azubis sind erfolgreich zu Fleischern, Lebensmitteltechnikerinnen, Groß- und Außenhandelskauffrauen oder Mechatronikern ausgebildet worden. Sie alle werden in ein festes Beschäftigungsverhältnis übernommen. Der Schulleiter der nahe gelegenen Berufsschule würdigte die gute Zusammenarbeit mit dem Unternehmen. Die Berufsschule hat sich seit Langem auf die Anforderungen der Lebensmittel produzierenden Betriebe der Region spezialisiert und genießt landesweit einen guten Ruf. Die Auszubildenden haben kurze Wege zu ihrer Berufsschule.

Um auch in den kommenden Jahren den Berufsnachwuchs zu sichern, bietet der Schlacht- und Zerlegebetrieb den allgemeinbildenden Schulen der Region regelmäßig Tage der offenen Tür sowie Betriebspraktika an und informiert über Ausbildungsmöglichkeiten.
Wer bei Schichtwechsel an den Werkstoren vorbeikommt, kann sehen, wie viele Arbeitskräfte im Unternehmen tätig sind. Zum großen Teil kommen sie aus der Region. Nicht wenige haben sich wegen des sicheren Arbeitsplatzes in der Region niedergelassen. Etwa ein Fünftel der Belegschaft besteht aus ausländischen Arbeitnehmern. Manchmal wird kritisiert, dass diese den Einheimischen die Arbeitsplätze wegnähmen, doch nicht jeder, der so redet, ist auch bereit, die körperlich anstrengende Arbeit zu übernehmen. Der Bürgermeister führt weiter aus, dass das ortsansässige Werk des Schlacht- und Zerlegebetriebs zu den modernsten in Europa gehört. Seine qualitativ hochwertigen Fleischprodukte sind weltweit gefragt. Erst vor einigen Wochen ist die Genehmigung für Exportlieferungen nach Russland und China erteilt wurden. Die Region hat teil an diesem Erfolg durch steigende Steuereinnahmen.

Wir führen eine Pro-und-Kontra-Diskussion

Thema: Soll der Betrieb erweitert werden?

Pro
- die Produkte sind echte Exportschlager, von der Umsatzsteigerung profitiert auch die Region
- …

Kontra
- niemand möchte mehr hier wohnen
- …

Regeln:
Beide Gruppen sammeln Material. Die Redezeit wird festgelegt. Wir lassen einander aussprechen. Eine Jury bestimmt den Gesprächsleiter und bewertet am Ende die Diskussion.

Einen Interessenkonflikt ausdiskutieren

Doch nicht nur im Ausland sind die Waren gefragt. Im Inland wünschen sich die Verbraucher mehr Convenience-Produkte. Das sind vorbereitete Lebensmittel wie beispielsweise Spare Ribs, die ohne großen weiteren Aufwand zubereitet werden können. Um diese und ähnliche Trendprodukte herstellen zu können, soll der Betrieb erweitert werden.

Belastungen für Anwohner und Umwelt

Eine neu gegründete Bürgerinitiative will diese Pläne unbedingt verhindern. Eine Betriebserweiterung würde für die Anwohner in unmittelbarer Nähe bedeuten, dass der Wert ihrer Grundstücke und Häuser drastisch sinkt. Schon jetzt sind die Außenbereiche bei ungünstigen Wetterlagen wegen der Geruchsbelästigung kaum nutzbar. Auch der Lärm, der durch die Betriebsanlagen, besonders aber durch den starken Lkw-Verkehr verursacht wird, würde zunehmen.
Eine Betriebserweiterung hätte außerdem zur Folge, dass das im Saaletal gelegene Klärwerk erweitert werden müsste. Dort aber befinden sich Kleingartenanlagen und Radwanderwege. Touristen und Erholungssuchende hätten das Nachsehen.
Die Bürgerinitiative gibt außerdem zu bedenken, dass für ein neues Klärwerk Steuergelder aufgewendet werden müssten, die an anderer Stelle fehlen würden, z. B. für den Bau des Freibades.
Außerdem seien sich die Experten unsicher, ob ein neues Klärwerk die großen Mengen des anfallenden Abwassers wirklich aufnehmen könne. Einige Bürger befürchteten, dass Schadstoffe in den Fluss und das Grundwasser gelangen könnten.
Der Stadtrat wird sich noch intensiv mit der Problematik beschäftigen und alle Argumente prüfen müssen, bevor er eine Entscheidung trifft.

Jede wirtschaftspolitische Entscheidung kann zu Interessenkonflikten führen, die mit allen Beteiligten gelöst werden müssen.

1 Führt eine Pro-und-Kontra-Diskussion zu der Frage durch: „Soll der Schlacht- und Zerlegebetrieb erweitert werden?"

1936
Bau des Daimler-Benz Flugmotorenwerkes: Auf 375 ha wird das modernste Flugmotorenwerk Deutschlands errichtet.

1952
Gründung VEB Industriewerk Ludwigsfelde

1954
Beginn der Motorrollerproduktion

17. Juli 1965
Der erste Lkw W50 verlässt das Montageband, das Werk erhält den Namen VEB Automobilwerke Ludwigsfelde.

8. Feb. 1991
Der erste in Ludwigsfelde produzierte Mercedes-Benz-Lkw rollt vom Band.

2000
Im Industriepark der Stadt haben viele Unternehmen, z. B. Daimler-Chrysler, MTU Aero Engines, ThyssenKrupp Umformtechnik, ihren Sitz genommen. Ca. 3500 Mitarbeiter

29. Apr. 2004
VW entscheidet sich für Ludwigsfelde als Standort für das Logistikzentrum Ostdeutschland.

3. Quartal 2004
Etwa 10 000 Arbeitsplätze sind durch ca. 900 Unternehmen vor Ort entstanden.

2006
Produktionsstart des Mercedes Sprinter

Juni 2008
Entscheidung zur Erweiterung der Mercedes Sprinter-Produktion

Hier einige wirtschaftliche Daten:

- 720 ha für gewerbliche Ansiedlung
- drei Industrie- und Gewerbeparks, Gesamtfläche 586 ha
- 600 Unternehmen, u. a. Fahrzeugbau, Verkehrstechnologie, Luft- und Raumfahrttechnik, Spedition und Logistik
- die drei größten Arbeitgeber: DaimlerChrysler (2500 Arbeitsplätze inkl. Auszubildende); MTU Aero Engines (500); ThyssenKrupp Umformtechnik (450)
- ca. 11 000 Arbeitsplätze

Die Entwicklung der Region Ludwigsfelde 1936–2008

Strukturstarke und strukturschwache Regionen

Im Speckgürtel von Berlin

Ludwigsfelde, die Autostadt vor den Toren Berlins, nur etwa 25 km südlich des Berliner Zentrums im Landkreis Teltow-Fläming gelegen, ist eine Stadt des positiven Wandels.
Angetrieben durch die Schlüsselindustrie Verkehrstechnologie hat sich die Stadt von der „grauen Maus“ zu einem der „Wachstumskerne Deutschlands“ entwickelt. Arbeit und Lebensqualität, moderne Industrie und intakte Natur finden hier zusammen.
Die Menschen in Ludwigsfelde, die hoch qualifiziert und motiviert die Stadtentwicklung prägen und vorantreiben, sind zu Recht stolz auf ihre Stadt. Die wirtschaftlichen Daten in der Abbildung oben belegen das.

Was zeichnet eine strukturstarke Region aus?

Ludwigsfelde und der Landkreis Teltow-Fläming arbeiten Hand in Hand, um das bestmögliche Umfeld für Unternehmen zu schaffen. Weltkonzerne wie die Daimler AG (Mercedes Benz), MTU Aero Engines, ThyssenKrupp Umformtechnik, Coca-Cola, Kühne & Nagel haben sich für Ludwigsfelde entschieden, ebenso wie mittelständische Unternehmen der Logistik- und Fahrzeugbranche. Ausschlaggebend für diese Unternehmen sind die attraktiven Standortfaktoren: modernste Infrastruktur, investitionsfördernde Verwaltung, gut ausgebildete Fachkräfte und eine attraktive Wohn- und Arbeitsatmosphäre – ein Umfeld, in dem unter Spitzenbedingungen Spitzenleistungen erbracht werden.
Aus industriellen Traditionen immer wieder Ideen für innovative Produkte zu entwickeln, das hat Tradition in Ludwigsfelde.

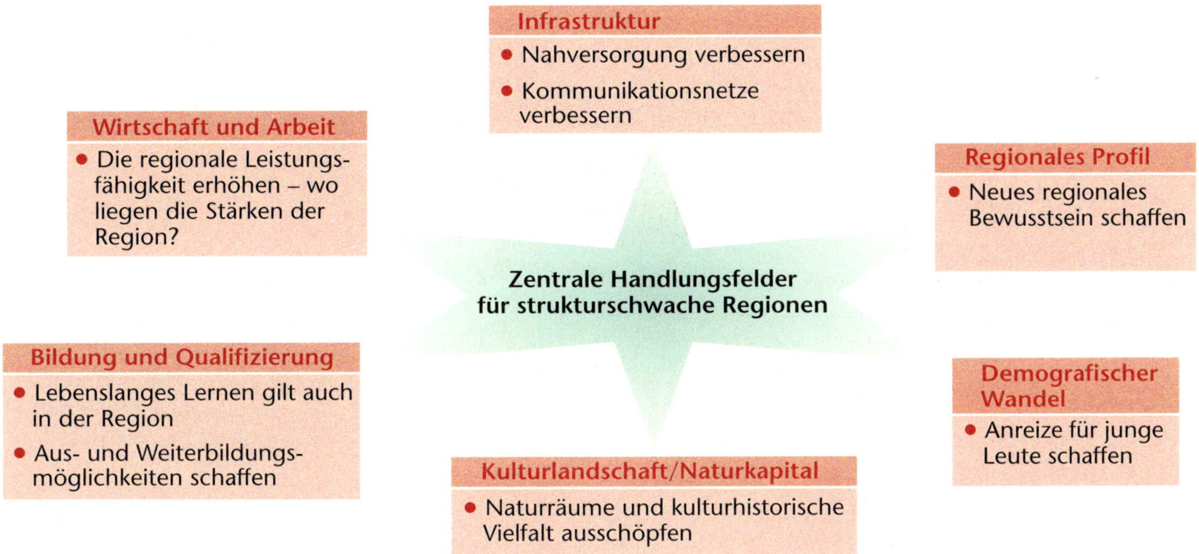

Wie eine strukturschwache Region ihre Situation verbessern kann

Beispiel Auto: Wo in der DDR Lkws gebaut wurden, entstehen heute modernste Mercedes-Kleintransporter.
Beispiel Flugzeugmotoren: Heute profitieren Firmen wie MTU Aero Engines oder Rolls-Royce von der fachlichen Qualifikation der ortsansässigen Facharbeiter sowie von der Nähe zur Technischen Universität Cottbus und zur Technischen Fachhochschule Wildau.

Strukturstarke Regionen bieten attraktive Standortfaktoren für Unternehmen, Arbeitskräfte und Familien.

Strukturschwache Regionen

Strukturschwache Regionen findet man vor allem in ländlichen Räumen. Dort ist die wirtschaftliche Leistungsfähigkeit nicht so hoch. Nur wenige Unternehmen siedeln sich dort an. Viele Regionen im Land Brandenburg, wie z. B. die Uckermark, Prignitz oder der Spreewald, konzentrieren sich daher auf den Tourismus und die Land- und Ernährungswirtschaft. In strukturschwachen Regionen herrscht meist eine hohe Arbeitslosigkeit, die Einkommen sind gering und damit auch die Kaufkraft und der Wohlstand. Hinzu kommt häufig eine unzureichende Infrastruktur.

Da alle Kommunen knapp „bei Kasse" sind, entstehen Abhängigkeiten vom Staat. Förderprogramme von Bund, Land und EU sollen Abhilfe schaffen. Wie die Abbildung oben zeigt, gibt es in strukturschwachen Regionen Handlungsfelder, die es gilt, in den Griff zu bekommen.
Diese Handlungsfelder sind mögliche Untersuchungsschwerpunkte, um strukturstarke und strukturschwache Regionen zu unterscheiden und regionale Interessenkonflikte zu benennen.

1 a) Trage in eine Tabelle deine Entfernungen für folgende Wege ein: Einkaufen, Arzt, Schwimmbad, Kino, Sportplatz und Schule.
b) Bewerte danach die Infrastruktur deiner Region.

2 Zeichne den Plan einer kleinen Fantasiestadt. Gestalte die Einrichtungen mit Farbe und erstelle eine Legende dazu.

3 Finde Stellenangebote, die für deine Heimatregion typisch sind. Welche Unternehmen sind die Hauptarbeitgeber?

E **4** Entwickle einen Plan zur Förderung deiner Region, indem du Maßnahmen zu den Handlungsfeldern oben vorschlägst.

Durch Flutung der Tagebaugruben entstehen künstliche Seen

Tagebauwanderung

◄ Der Teufel fährt Fahrrad – Radweg durch das Bergbaugebiet Niederlausitz

Eine Region lebt auf

Tourismus und Erholung im Land Brandenburg

Immer mehr Menschen wollen Natur mit allen Sinnen und aktiv erleben. Sie sind fasziniert von der vielfältigen Tier- und Pflanzenwelt Brandenburgs. Insbesondere die Sammelstellen von Störchen, Gänsen und Kranichen sind touristische Highlights. An vielen aussichtsreichen Punkten stehen Beobachtungstürme, die faszinierende Ausblicke bieten.

In Zusammenarbeit mit Kommunen und Einrichtungen haben die Mitarbeiter der Nationalen Naturlandschaften die touristische Infrastruktur in den Naturparks, Biosphärenreservaten und im Nationalpark weiter ausgebaut. Hunderte Kilometer Rad-, Fuß-, Wasserwander- und Reitwege wurden ausgeschildert und Naturlehrpfade eingerichtet. Der Naturtourismus wird zu einem wichtigen wirtschaftlichen Standbein in den Regionen und stellt einen wesentlichen Wachstumsfaktor dar. Viele bäuerliche Betriebe haben inzwischen Teile ihres Hofes mit Ferienwohnungen für den „Urlaub auf dem Lande“ hergerichtet. In zahlreichen Hofläden werden frische Produkte aus der Region angeboten. Als Gegenpol zum Massentourismus enthält der „sanfte Tourismus“ eine Reihe von Vorteilen, zumal der Urlauber hier auch einen wirtschaftlich wichtigen Beitrag für die Region leistet.

Beispiel: Lausitz – Tourismusaussichten

In den nächsten 20 Jahren soll in der Region das Lausitzer Seenland, Europas größte „künstliche Wasserlandschaft“ und Deutschlands viertgrößtes Seengebiet, entstehen.

Zusätzlich zu dem bereits vor vielen Jahren aus dem Tagebau entstandenen und bei Urlaubern beliebten Senftenberger-, Knappen- und Silbersee werden durch die Flutung ehemaliger Tagebauflächen schrittweise weitere 15 Seen auf sächsischem und brandenburgischem Gebiet hinzukommen. Allein im Kernbereich des Lausitzer Seenlands entsteht eine mit schiffbaren Kanälen zu einer Seenkette verbundene Wasserfläche, die mehr als doppelt so groß ist wie die der Müritz, Deutschlands größtem See. Damit sieht auch die berufliche Perspektive von Jugendlichen in dieser Region nicht schlecht aus.

Der Fläming-Skate – Europas längste Rad- und Skaterstrecke mit einer Länge von 210 km

Der Fläming-Skate bei Luckenwalde

Ist das Projekt erfolgreich, dann entstehen hier viele neue Arbeitsplätze und vielleicht auch neue Dienstleistungsberufe?

Potenziale des Naturraumes, wie Wasser, Boden, Vegetation, werden für die Erholung der Menschen ausgebaut und genutzt.

Berufsperspektiven für Jugendliche

Besonders interessieren sich die Schülerinnen und Schüler der 8a für die sogenannten grünen Berufe. „Grüne Berufe“ sind interessant, vielseitig, naturverbunden – sind voller Leben. Eine Ausbildung beispielsweise in der Agrarwirtschaft hat Perspektive. Wer persönliche Neigungen wie Naturverbundenheit, Tierliebe, technisches Verständnis sowie Freude an der selbstständigen Arbeit in der freien Natur hat, sollte Landwirt/-in, Forst- oder Fischwirt/-in, Gärtner/-in oder Revierjäger/-in werden.
Agrarberufe haben ihren besonderen Reiz und können sich mit den modernen Dienstleistungsberufen messen. Die Palette der Tätigkeiten im Stall, im Wald, auf dem Feld oder im Labor ist breit. Wer Nahrungsmittel für eine gesunde Ernährung sowie wertvolle Rohstoffe produziert, trägt große Verantwortung. Aktiver Umwelt- und Verbraucherschutz sowie der Erhalt der Natur sind dabei wichtig.

Sicherlich spielen neben den „grünen Berufen“ Berufe im Tourismus eine gleichbedeutende Rolle. Gerade im Freizeitbereich, bei der Naherholung, im Reiseverkehr oder in der Gastronomie werden die Dienstleistungen immer vielfältiger.

1 Nenne Beispiele, wo in letzter Zeit Freizeitparks und andere Erholungsmöglichkeiten in deiner Region geschaffen wurden.

2 Zeige auf, wie eine Region durch den Bau folgender Projekte profitieren kann: a) ein Radweg; b) eine Skater-Strecke; c) ein künstlicher See. (Wähle aus!)

3 Was verstehst du unter „sanftem“ Tourismus?

4 Erkundige dich nach den Anforderungen folgender Berufe: a) Revierjäger/-in; b) Fischwirt/-in. Berichte darüber.

5 Informiere dich, was man unter Systemgastronomie versteht, und notiere wichtige Kennzeichen. Informationen findest du unter www.systemgastronomie-online.de.

E 6 Was ist ein Biotop und was ist ein Nationalpark? Erkläre mithilfe von Beispielen.

Schuhmacher mit Ehefrau und Geselle in seiner Werkstatt, um 1550; Illustration von 1930

Orthopädieschuhmacher heute

Ein altes Handwerk im Wandel

Ein Orthopädieschuhmacher sucht Nachwuchs

Die Nachfrage nach maßgefertigten Schuhen für kranke Füße steigt. Ein Grund dafür ist die immer älter werdende Bevölkerung. Damit nehmen auch Krankheiten wie Rheuma oder Diabetes zu. Neben angeborenen Handicaps führen sportliche und berufliche Belastungen bei einigen Menschen zu Fehlstellungen der Füße. Für diese Personengruppen müssen spezielle Schuhe angefertigt oder vorhandene umgearbeitet werden. Deshalb finden Orthopädieschuhmacher in Kliniken und Sanitätshäusern ein weites Aufgabenfeld.
Doch die Anforderungen an eine Ausbildung sind hoch. Die Zusammenarbeit mit Ärzten erfordert Kenntnisse in lateinischer Sprache und Anatomie, also der Lehre vom Körper. Freude an der Arbeit mit dem natürlichen Rohstoff Leder und geschickte Hände sind weitere Voraussetzungen. Seit 2003 ist die kleine Orthopädieschuhwerkstatt der einzige noch existierende Betrieb des Schuhmacherhandwerks in der Region, dessen Anfänge bis ins Mittelalter zurückreichen.

Die lange Tradition des Schusterhandwerks in Weißenfels

In Weißenfels, einer Stadt im südlichen Sachsen-Anhalt, wurde 1444 erstmalig ein Schuhmacher erwähnt. 1590 hatte die damals knapp zweitausend Einwohner zählende Stadt siebzehn Schuhmacher und 1840 waren es über zweihundert. Dreißig Jahre später wurden erste Maschinen zum Nähen eingesetzt und nach weiteren zehn Jahren sorgte eine Dampfmaschine für den Antrieb von Nähmaschinen.
Der Schaft der Schuhe wurde zur damaligen Zeit noch an die Ledersohlen angenagelt. Deshalb siedelte sich 1889 eine Nagelfabrik an, die die kleinen Nägel, auch Täkse genannt, herstellte.
In den Jahren des Zweiten Weltkrieges wurden besonders viele Soldatenstiefel gebraucht. Rund 4400 Beschäftigte arbeiteten 1947 in der Weißenfelser Schuhindustrie.
Mit dem Entstehen der DDR wurden wichtige Teile der Schuhindustrie in Staatseigentum überführt. Um Fachkräfte vor Ort ausbilden zu können, entstand gleichzeitig eine Fachschule der Schuhindustrie. 1964 wurden in Weißenfels über sieben Millionen Paar Schuhe produziert.

Schuhdesignerin heute

Niedergang nach dem Mauerfall

Nach dem Mauerfall und der deutschen Einheit gab es keinen Bedarf mehr für die im südlichen Sachsen-Anhalt hergestellten Schuhe. Alle Schuhbetriebe wurden stillgelegt. Auf dem ehemaligen Firmengelände entstand ein Supermarkt, in das Verwaltungsgebäude zogen ein Fitness-Studio und ein Restaurant ein. Viele der überwiegend weiblichen Beschäftigten wurden arbeitslos.

Gründe für wirtschaftlichen Veränderungen in einer Region sind:
- technischer Fortschritt,
- veränderte Nachfrage und veränderte Verbrauchergewohnheiten,
- Standortfaktoren,
- internationale Verflechtungen.

Die meisten Schuhe, die wir heute in den Schuhgeschäften kaufen, werden im Ausland, beispielsweise in China oder Russland, produziert. Die deutsche Schuhindustrie hat den Wettlauf mit den ausländischen Billigproduzenten verloren.

Schuhdesign – eine neue Geschäftsidee

Zu den Arbeitslosen in Weißenfels gehörte auch die heute 41-jährige ehemalige Ingenieurin für Lederverarbeitungstechnik Kathrin.
Sie erkannte eine Marktlücke und machte sich mit ihrer Idee selbstständig. Heute fertigt sie in ihrer Werkstatt spitze Schuhe, Sandalen und Schnürstiefel nach historischem Vorbild. Zu ihrer Kundschaft gehören all jene, die zu historischen Umzügen und Mittelaltermärkten passendes Schuhwerk tragen wollen, oder Kundinnen, die das nicht Alltägliche bevorzugen.

1 Beschreibe an einem Beispiel die Entwicklung des regionalen Wirtschaftsraumes, in dem du lebst. Erläutere Ursachen und Wirkungen.

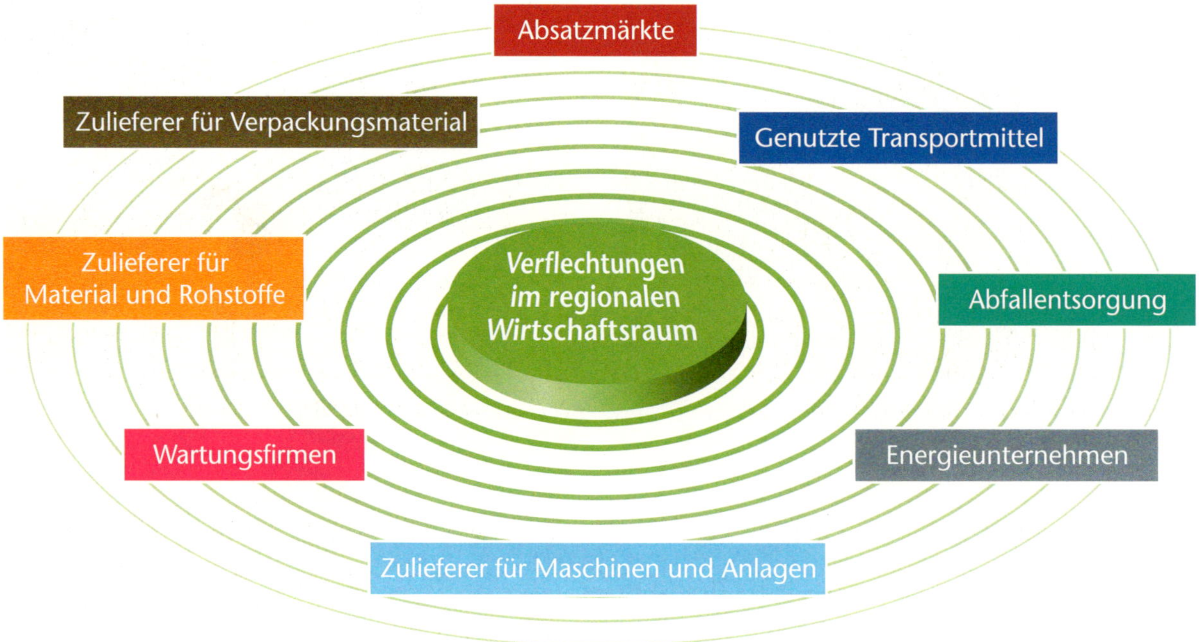

Jedes Unternehmen hat Beziehungen zu anderen Wirtschaftsunternehmen

Unternehmen sind miteinander verflochten

Sie brauchen Absatzmärkte

Johns Klasse sitzt im Fachraum und liest die Rezepte durch. Bevor die Schüler mit der Zubereitung der Speisen beginnen, waschen sie sich gründlich die Hände.
Die Seifenspender über den Waschbecken sind bis zum Rand mit einer gut riechenden rosafarbenen Flüssigseife aufgefüllt. Die Arbeitsflächen, Spülbecken und Herdoberflächen der Küchenzeilen finden die Schüler gereinigt vor. Jedes Wochenende werden die Flächen mit einer speziellen Desinfektionslösung behandelt. Die Arbeit kann beginnen. Enden wird sie mit dem Spülen des Geschirrs. Das Spülmittel dafür steht schon bereit. Hygiene ist in der Schulküche wichtig.
Sowohl die Flüssigseife als auch Spülmittel und Desinfektionsreiniger wurden von der seit 150 Jahren bestehenden Waschmittelfirma am Stadtrand geliefert. Außer Schulen und Kindergärten gehören Altenpflegeheime, Krankenhäuser, Hotels, Fitness-Studios, Wäschereien, und Großküchen zu ihren wichtigsten Kunden.
Alle diese Unternehmen brauchen Reinigungs- und Waschmittel. Zum Sortiment der Firma gehören über 70 Reinigungsmittel aller Art.

… benötigen fremde Dienstleistungen

In den letzten Jahren hat der Bedarf an Reinigungsmitteln enorm zugenommen. Weil die vorhandenen Produktionshallen eine Erweiterung der Produktion nicht zulassen, hat die Firmenleitung beschlossen, eine neue Fabrikhalle zu bauen.
Nachdem die Baugenehmigung erteilt wurde, begann eine Baufirma aus dem Nachbarort sofort damit, das Fundament zu legen, auf dem sie anschließend die Mauern errichtet. Auch der Dachdecker ist schon beauftragt. Wenn das Dach gedeckt ist, kümmern sich Trockenbauer und Maler um den Innenausbau.
Die Regionalzeitung hat von den Fortschritten auf der Baustelle und dem neuen Produktionszweig, dem Abfüllen von WC-Reinigern, berichtet. Diese werden dann in den Supermärkten der Region, aber auch darüber hinaus zu kaufen sein.
Doch bis dahin hat der Juniorchef des Unternehmens noch einige Geschäftstermine vor sich.

Die Geschäftsführer treffen Absprachen

Eine Schulklasse bei der Betriebserkundung

... müssen Rohstoffe einkaufen

Das Unternehmen wird zukünftig mehr Rohstoffe brauchen. Dazu gehören insbesondere Tenside. Das sind Substanzen, die dafür sorgen, dass der Schmutz gelöst wird und sich nicht wieder absetzt. Außerdem sind viele Reinigungsmittel farbig und duften. Zu diesem Zweck werden Farbpulver und Parfüme beigemischt. Und natürlich muss auch an das Verpackungsmaterial gedacht werden. Kunststoffflaschen und -kanister, vorgestanzte Kartonagen, Etiketten sowie Stretchfolie zum Verpacken auf Paletten müssen rechtzeitig bei den Zulieferern bestellt werden.

... benötigen Transportkapazitäten

Während die Kleinabnehmer in einem Umkreis von 150 Kilometern mit einem firmeneigenen Transporter beliefert werden, beauftragt die Reinigungsmittelfirma für die Materialanlieferung eine Speditionsfirma aus dem Landkreis. Diese übernimmt auch die Belieferung von Großkunden.

... müssen neue Maschinen anschaffen

Ein 5000 Liter fassendes Rührwerk zum Anrühren der flüssigen Reinigungsmittel und eine moderne Abfüllmaschine wurden in einer Maschinenbaufirma im benachbarten Thüringen in Auftrag gegeben. Für einen effektiven innerbetrieblichen Transport wird ein neuer Gabelstapler sorgen. Wenn alles fertig ist, können jährlich bis zu 250 000 Flaschen die Firma verlassen. Dabei ist es den Unternehmern wichtig, dass die neue Anlage auf andere Produkte umgerüstet werden kann. Flexibilität ist unverzichtbar, wenn ein Unternehmen konkurrenzfähig bleiben möchte.

... brauchen Kapital und Arbeitskräfte

Für die Erweiterung der Firma wurden insgesamt 600.000 Euro investiert. Einen Teil davon hat die ortsansässige Sparkasse als Kredit zur Verfügung gestellt. Zukünftig werden 19 Arbeitskräfte in dem Werk tätig sein, das sind drei mehr als bisher. Das Unternehmen öffnet seine Tore gern für Schulklassen und leistet damit einen Beitrag zur Berufsorientierung und Fachkräftegewinnung.

Ohne Verflechtungen mit dem regionalen Wirtschaftsraum kann kein Unternehmen existieren.

1 Fertige für ein Unternehmen in deiner Region eine Mindmap an. Nutze dazu die Abbildung links oben.

E **2** Suche in der Tagespresse nach Artikeln zu Unternehmen aus deiner Region. Unterstreiche wichtige Inhalte des Textes, gliedere den Text in sinnvolle Abschnitte und ergänze Überschriften. Notiere in 3–5 Sätzen die Zentralaussage des Textes.

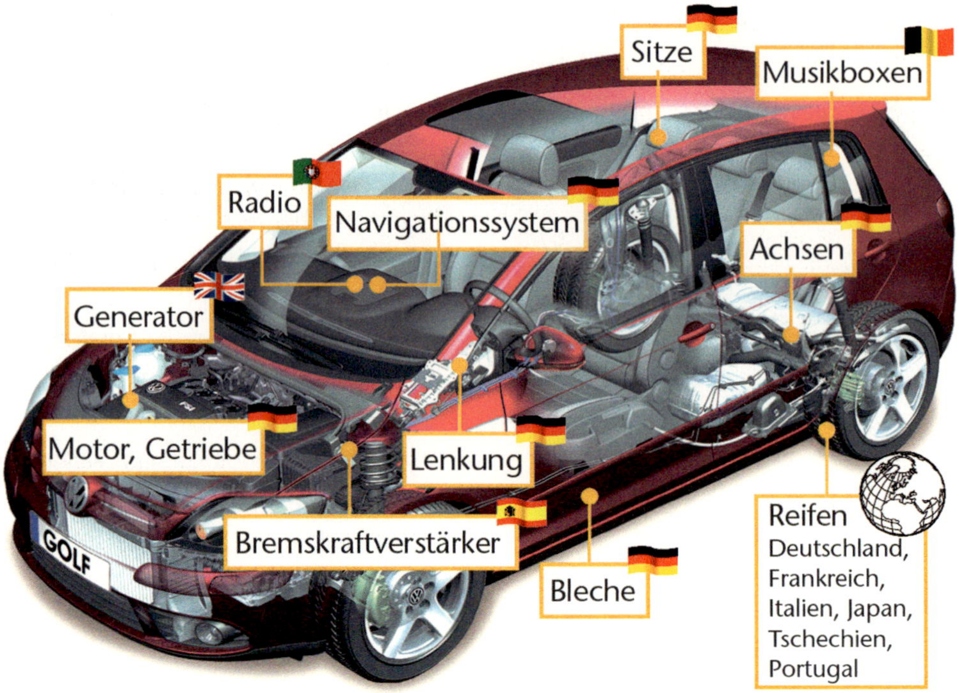

DER SPIEGEL

Internationale Wirtschaftsverflechtung

Beziehungen zu anderen Wirtschaftsräumen

Wie wir wissen, ist der regionale Wirtschaftsraum mit anderen Wirtschaftsräumen verflochten: Milch aus Bayern wird in Hamburg getrunken, in Berlin hergestellte Motorräder werden in Halle gefahren, vor Rostock gefangener Fisch landet in Potsdam auf dem Teller. Aber diese wirtschaftlichen Verflechtungen gibt es nicht nur innerhalb Deutschlands, sondern auch mit dem Ausland.
Nicht alles, was wir in Deutschland verbrauchen wollen, wächst hier: Südfrüchte, Kaffee, Reis, Baumwolle und viele andere landwirtschaftliche Produkte werden im Ausland eingekauft. Insgesamt ist Deutschland ein rohstoffarmes Land: Auch Erdöl, Erdgas, Metalle und andere Rohstoffe müssen aus dem Ausland eingeführt werden.
Außerdem gibt es Produkte, die zwar bei uns erzeugt werden könnten, in anderen Ländern jedoch besser herzustellen sind, weil die Hersteller mehr Erfahrung haben oder billiger produzieren können.
Und schließlich gibt es Produkte, die im Inland und Ausland gleichermaßen produziert werden, aber jeweils andere Kundenwünsche erfüllen. So werden in Deutschland viele verschiedene Autos gebaut, dennoch gibt es eine große Zahl von Menschen, die ein japanisches, französisches, italienisches oder tschechisches Fahrzeug bevorzugen. Preis, Aussehen, Ausstattung, Zuverlässigkeit spielen dabei eine Rolle. Umgekehrt werden im Ausland auch viele deutsche Autos gekauft.

Um die Verbraucherwünsche erfüllen zu können, benötigen wir den Austausch mit anderen Wirtschaftsräumen.

Globalisierung – ein Segen?	Globalisierung – ein Fluch?
• Das Wissen über die Welt wird immer größer. • Auch entlegene Orte der Welt sind mithilfe moderner Kommunikationsmittel erreichbar. • In ärmeren Ländern entstehen neue Arbeitsplätze. • Abbau von Vorurteilen, Ausdehnung internationaler Kontakte, Vertiefung internationaler Beziehungen • Neue Arbeitsplätze in der Kommunikations- und Informationsbranche • Verbesserung der weltweiten Versorgung mit Sachgütern und Dienstleistungen • Gemeinsamer Kampf gegen Armut und Naturkatastrophen möglich	• Die Konkurrenz auf dem Weltmarkt ist groß. • Die Schere zwischen Arm und Reich wird immer größer. • Unternehmen verlegen ihre Produktion ins Ausland, Menschen werden arbeitslos. • Niedriglohnländer, Niedrigsteuerländer machen Deutschland Konkurrenz. • Die Verbreitung von Seuchen und Krankheiten wird beschleunigt. • Die Umweltzerstörung nimmt zu. • Ohne entsprechende Kommunikationsmittel und Technik verliert man den Anschluss. • Das Warenangebot gleicht sich weltweit an.

Chancen und Risiken der Globalisierung

Importe und Exporte

Import bedeutet, dass wir Güter aus dem Ausland einkaufen. Die Menschen profitieren von der wirtschaftlichen Verflechtung, indem sie eine größere Auswahl haben oder weniger Geld bezahlen als bei heimischer Produktion.
Export bedeutet, dass wir Güter in das Ausland verkaufen. Die deutsche Wirtschaft produziert sehr viel mehr, als die eigene Bevölkerung verbrauchen kann. Daher ist sie auf Absatzmärkte im Ausland angewiesen. In Deutschland hängt jeder vierte Arbeitsplatz vom Export ab.

Export bedeutet Ausfuhr einheimischer Güter ins Ausland. Import bedeutet Einfuhr ausländischer Güter ins Inland.

Globalisierung

Die Wirtschaften der Länder sind heute eng miteinander verflochten. Der technische Fortschritt ermöglicht eine internationale Arbeitsteilung. Die einzelnen Teile des VW Golf (s. Abb. S. 134) werden dort produziert, wo das nötige Know-how vorhanden ist und die Produktionsbedingungen günstig sind. Die fertigen Einzelteile werden dann nach Wolfsburg transportiert und dort zusammengesetzt. Geeignete Transportmittel und moderne Kommunikationstechnik (Telefon, Handy, Internet, Satelliten) sind die Voraussetzungen dafür.
Ein Nachrichtenmagazin hat den Produktionsweg einer elektrischen Zahnbürste nachgezeichnet. Wenn die fertige Zahnbürste schließlich verpackt ist, haben die Teile jedes einzelnen Geräts zusammen 27 880 km zurückgelegt und mehrere Erdteile durchquert: neun Länder in Asien, Europa und Amerika stehen auf der Reiseliste.

Als Globalisierung bezeichnet man die weltweite Verflechtung der Wirtschaft der Länder.

1 Was wird über Exporte und Importe der deutschen Wirtschaft aktuell in den Tageszeitungen berichtet? Recherchiere.

2 Suche nach Beispielen a) für Geschäftskontakte von Firmen deiner Region ins Ausland; b) für ausländische Betriebe in deiner Region.

3 Führt eine Pro-und-Kontra-Diskussion zu Chancen und Risiken der Globalisierung. Bezieht die Argumente oben mit ein.

Mein Landkreis
Name: Burgenlandkreis
Fläche: 1414 Quadratkilometer
Einwohner: 197 900
Kreisstadt: Naumburg
Gemeinden: 52, davon 13 mit Stadtrecht
Öffentlicher Personennahverkehr: Burgenlandbahn, DB Regio AG, PVG Burgenlandkreis mbH, RVG mbH Weißenfels
Autobahnen: A9, A4, A38
Bundesstraßen: B2, B87, B88, B91, B176, B180
Wirtschaft: Lebensmittelindustrie, Bergbau, Metallverarbeitung, Landwirtschaft
Burgen und Schlösser, die dem Kreis seinen Namen geben: Burgscheidungen, Camburg, Haynsburg, Schloss Droyßig, Schloss Lützen, Schloss Neu-Augustusburg, Schönburg

Steckbrief „Mein Landkreis" – ein Beispiel

M Internetrecherche

- Suchbegriff gut überlegen, eventuell zwei oder mehr Suchbegriffe kombinieren
- Quelle beurteilen:
  - Komme ich schnell zu den gewünschten Informationen?
  - Sind die Seiten übersichtlich gestaltet?
  - Handelt es sich um eine seriöse Quelle?
  - Entstehen für die Informationsbeschaffung keine Kosten? ...)
- Wichtige Informationen kopieren und in einem Textdokument zusammenfassen
- Nicht vergessen: zu jeder Information die Adresszeile der Website kopieren (Strg + c)
- Weitere Quelle nutzen, Informationen vergleichen bzw. ergänzen
- Textdokument formatieren und drucken

M

Schrittfolge für eine erfolgreiche Internetrecherche

M Wir stellen unsere Region vor

Die Klasse 8a hat im Unterricht viel über regionale Wirtschaftsräume erfahren und dabei Informationen über ihre Region gesammelt. Nun wollen die Schülerinnen und Schüler ihre Region unter bestimmten Aspekten vorstellen.

Wir wählen ein Thema aus

In Gruppen könnten folgende Themen bearbeitet werden:

- Steckbrief unseres Landkreises
- Unser Ort früher und heute
- Attraktive Standortfaktoren unserer Region
- Ein Betrieb in unserer Region und seine Beziehungen zu anderen Wirtschaftsräumen
- Sehenswürdigkeiten und Ausflugtipps machen unsere Region für Touristen interessant
- Das öffentliche Verkehrswegenetz – eine Alternative zum Auto?
- Interessenkonflikte – die Regionalzeitung berichtet
- Meckerecke – das fehlt in unserer Region?

Auch viele andere Themen sind denkbar.

Wir sammeln Informationen

Jede Gruppe wählt ein Thema aus. Nun machen sich die Schülerinnen und Schüler auf die Suche nach Material. Wie können sie dabei vorgehen?

a) Internetrecherche
Um einen Steckbrief zu erstellen, suchen Mehmet und Anja im Internet nach Daten und Fakten zu ihrer Region. Sie stellen fest, dass fast jede Stadt und jede Gemeinde sich auf einer Hompage präsentiert; man braucht nur den Namen des Ortes in die Suchmaschine einzugeben. Auch Betriebe unterhalten Hompages. Nützlich ist auch die Internetseite des Bundeslandes (z. B. www.sachsen-anhalt.de), wo es Links zu den Regionen gibt.

b) Umfrage
Die Gruppe, die das öffentliche Verkehrswegenetz untersucht, will eine Straßenumfrage durchführen. Folgende Fragen sollen gestellt werden:

- Wann nutzen Sie öffentliche Verkehrsmittel?
- Halten Sie das öffentliche Verkehrswegenetz für ausreichend?
- Welche Verbesserungen wünschen Sie sich?

M Einen Kurzvortrag halten

1. Kurzvortrag vorbereiten

- Material sichten, wichtige Informationen auswählen und zusammenstellen
- Unbekannte Begriffe nachschlagen
- Quellenangaben notieren (Wo hast du deine Informationen her? Autor, Buchtitel, Internetseite, Nummer und Datum der Zeitung)
- Vortrag in Einleitung, Hauptteil und Schluss gliedern
- Stichwortzettel erstellen

2. Kurzvortrag halten

- Mithilfe des Stichwortzettels frei sprechen
- Vortrag durch Materialien anschaulich gestalten, z. B.

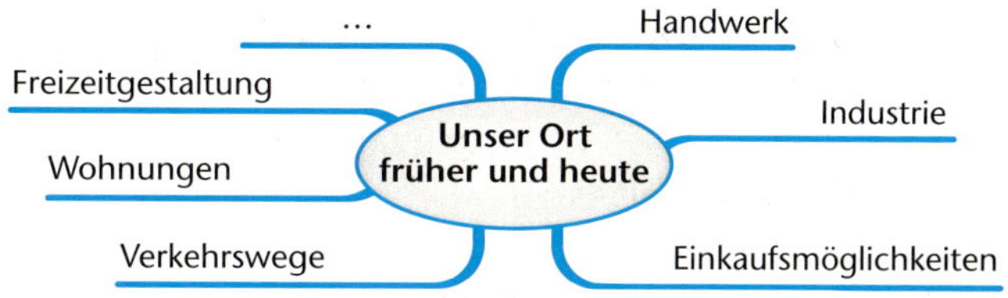

- Wichtige Gedanken am Ende zusammenfassen
- Fragen der Zuhörer beantworten, Quellen angeben

3. Den Kurzvortrag bewerten

	<<< trifft zu			trifft nicht zu >>>		
Eigenarbeit ist erkennbar.						
Das Thema wird eingehalten.						
Mithilfe eines Stichpunktzettels wird frei gesprochen.						
Zusätzliche Materialien unterstützen die Anschaulichkeit.						
Schwierige Begriffe werden erklärt.						
Zusatzfragen werden beantwortet.						
Quellenangaben werden genannt.						

M

Wir präsentieren unsere Ergebnisse

c) Interview
Die Gruppe von Katja will die Schokoladenmanufaktur als wichtigen Betrieb der Region vorstellen. Die Jugendlichen planen ein Interview mit einem Vertreter des Betriebes. Sie haben bereits einen Termin vereinbart. Um die Fragen vorzubereiten, sammeln sie Informationen über den Betrieb im Internet und in der Tagespresse.

d) Zeitungsrecherche
Pauls Gruppe durchforstet die örtliche Presse (Tageszeitung, Wochenblatt) nach Interessenkonflikten in der Region. Ältere Ausgaben kann die Gruppe in der Stadtbibliothek einsehen.

e) Erkundung vor Ort
Hanna ist mit ihrer Gruppe viel unterwegs. Die Jugendlichen untersuchen das Radwegenetz, fahren wichtige Strecken ab, fertigen Skizzen an und fotografieren problematische Stellen.

Wir präsentieren unsere Ergebnisse

Die Gruppen stellen im Unterricht ihre Zwischenergebnisse vor und berichten über den Arbeitsstand. Zum Abschluss des Projekts soll eine große Präsentation stattfinden. Es gibt viele Möglichkeiten, die Ergebnisse zu präsentieren: Plakate erstellen, einen Beitrag für die Jugendseite der Regionalzeitung schreiben, Flyer gestalten, Werbespot aufnehmen … Die Klasse entscheidet sich für Kurzvorträge, weil diese Art der Präsentation häufig gefragt ist und geübt werden soll. M

1 Bildet Gruppen, wählt ein Thema aus und bearbeitet es. Überlegt, welche der vorgeschlagenen Methoden sich für die Materialsammlung eignen.

2 Gestaltet einen Kurzvortrag und haltet ihn vor der Klasse. Bewertet die Vorträge.

Wir präsentieren unsere Arbeitsergebnisse

Eine Präsentation hat immer zum Ziel, andere über das zu informieren, was man sich selbst erarbeitet hat. Damit dieses Ziel erreicht werden kann, muss die Präsentation gut gestaltet und im Inhalt klar und verständlich sein.

1. Gute Vorbereitung!

Sie ist das Wichtigste bei einer Präsentation, denn jeder Mensch, egal ob Lehrerin oder Schüler, merkt sofort, ob die Person, die vorträgt, gut vorbereitet ist oder nicht.

2. Notizzettel herstellen!

Wenn man sich alles aufschreibt, was man vortragen will, besteht die Gefahr, dass man nur abliest oder das Gelernte herunterleiert. Wenn man nichts aufschreibt, kann es passieren, dass man den Faden verliert. Verwende deshalb Notizzettel oder bunte Karteikarten als Merkhilfe.

3. Frei sprechen!

Die Zuhörenden können einem Vortrag viel besser folgen, wenn die Vortragenden frei sprechen. Bemühe dich immer darum, das Publikum anzusehen. Achte darauf, dass du beim Vortrag nicht nur die Lehrerin oder den Lehrer anschaust.

4. Für Aufmerksamkeit sorgen!

Man beginnt nicht sofort zu sprechen, sondern wartet ab, bis Ruhe herrscht. Man setzt sich am Ende nicht sofort wieder auf seinen Platz, sondern wartet auch hier, ob es Fragen oder Anmerkungen gibt. Falls nötig, bittet man selbst um Ruhe und Aufmerksamkeit.

5. Wichtige Informationen besonders herausstellen!

Wer vorträgt, will, dass seine Zuhörer sich die wichtigsten Informationen einprägen. Du solltest dir also bei der Vorbereitung überlegen, welche Merkhilfen du verwenden willst. Zum Beispiel kannst du die Tafel benutzen oder eine Folie beschriften.

Wer präsentiert, hat selbst etwas davon. Man prägt sich die erarbeiteten Informationen gut und für lange Zeit ein, wenn man sie vor einer Gruppe frei vorträgt.

Absatz (S. 76, 80): bedeutet, alle hergestellten Produkte und Dienstleistungen auf dem Markt zu verkaufen, also abzusetzen. Dazu gehören auch die Werbung, Marktforschung, Versandabwicklung sowie Güterbeförderung. Der Absatz ist eine betriebliche Grundfunktion.

Aktionsplan (S. 15): Im Aktionsplan werden die konkreten Schritte auf dem Weg zu einem wichtigen angestrebten Ziel festgelegt.

Allgemeine Geschäftsbedingungen (AGB) (S. 99): sind vorformulierte Vertragsbedingungen für viele Verträge. Der Kunde muss ausdrücklich auf die AGB hingewiesen werden.

Anbieter, Angebot (S. 87 ff.): Die zum Verkauf bereitgestellten Produkte und Dienstleistungen sind das Angebot. Die Verkäufer der Güter sind die Anbieter.

Anerkannter Ausbildungsberuf (S. 21): So werden Ausbildungsgänge bezeichnet, die durch Ausbildungsordnungen bundeseinheitlich geregelt sind.

Arbeitsplatzanalyse (S. 78): ist eine Methode, Arbeitsplätze besser kennenzulernen. Dabei werden folgende Aspekte genauer untersucht: Die Arbeitsaufgabe, Arbeitsperson, der Arbeitsgegenstand, Arbeitsablauf, die Maschinen und Werkzeuge, die Eingabe (Inputs), Ausgabe (Outputs), der Arbeitsort und seine Arbeitsumgebung.

Arbeitsteilung (S. 30 f., 66 f.): Im Rahmen der Arbeitsteilung werden die für die Herstellung eines Produktes oder einer Dienstleistung notwendigen Tätigkeiten auf mehrere Personen verteilt. Arbeitsteilung erfolgt sowohl in Betrieben als auch in privaten Haushalten. Im Zuge der Arbeitsteilung sind unterschiedliche Berufe entstanden. Aber auch zwischen einzelnen Regionen kann die Arbeit aufgeteilt werden.

Bedürfnisse (S. 28 ff.): sind ein Mangelempfinden, das wir beheben wollen. Es gibt Grundbedürfnisse (Nahrung, Kleidung, Wohnung) und Wahlbedürfnisse. Zu den Wahlbedürfnissen zählen Kulturbedürfnisse (Bücher, Kino) und Luxusbedürfnisse (Reisen, Schmuck).

Berufliche Anforderungen (S. 23): Berufe beanspruchen die Berufsausübenden in unterschiedlichem Maße. Solche Anforderungen können körperlich, geistig oder auch mental (seelisch) sein.

Berufsinformationszentrum (BiZ) (S. 16): Hier können sich Berufssuchende sowie Lehrkräfte und Eltern umfassend über alle Fragen von Ausbildung, Berufswahl und Studium informieren. Es gibt Berufsinformationszentren in allen Agenturen für Arbeit. Zusätzlich gibt es mobile Berufsinformationszentren.

Berufswahlfahrplan (S. 18 f.): ist ein wichtiges Instrument im Prozess der beruflichen Orientierung. Jeder Berufssuchende sollte sich einen solchen Fahrplan anfertigen.

Beschaffung (S. 62, 68 f., 81): ist eine betriebliche Grundfunktion und umfasst die Bereitstellung der für die Produktion notwendigen Produktionsfaktoren, also sämtlicher Betriebsmittel (Gebäude, Maschinen), Werkstoffe, Hilfsmittel (Schrauben, Schmierfett) und Betriebsstoffe (Licht, Wärme) sowie Geld und Arbeitskräfte. Siehe auch → Produktionsfaktoren.

Betriebserkundung (S. 58): ist eine Methode, bei der der Lernort gewechselt wird, um Schülerinnen und Schülern Einsichten in die Realitäten der Berufs-, Wirtschafts- und Arbeitswelt zu verschaffen.

Betriebsmittel (S. 44 f., 69, 72): Unter Betriebsmitteln (Arbeitsmitteln) versteht man alle Anlagen, Maschinen, Werkzeuge und Hilfsmittel, die im Arbeitsprozess zur Bewältigung der Arbeitsaufgabe eingesetzt werden. Betriebsmittel werden im Haushalt oder im Unternehmen benötigt.

BiBB (S. 21): Abkürzung für Bundesinstitut für Berufsbildung. Es ist eine Einrichtung zur Erforschung und Weiterentwicklung der beruflichen Aus- und Weiterbildung.

Bruttolohn/Bruttoeinkommen (S. 34 f.): ist das Gesamteinkommen vor Abzug der Steuern und Sozialversicherungsbeiträge.

Cluster (S. 51): ist eine mit der Mindmap verwandte Methode, um Gedanken und Zusammenhänge grafisch darzustellen.

Diagramm (S. 84): dient der grafischen Darstellung von Daten und Informationen, um Zusammenhänge zu veranschaulichen.

Dienstleistungen (S. 62, 65, 71, 86): sind immaterielle Güter, die der Befriedigung menschlicher Bedürfnisse dienen. Sie werden wie Produkte mit einem Preis auf dem Markt angeboten. Wenn wir eine Dienstleistung kaufen, bekommen wir eine Leistung, z. B. Steuerberatung, Pflegedienst, Taxifahrten, Bewirtung, Kosmetikbehandlung. Der Dienstleistungssektor wird auch als tertiärer Sektor bezeichnet.

Einkommen (S. 32 ff.): Zum Einkommen eines Haushaltes zählen Geldeinkommen, z. B. aus Arbeit, aus Transferleistungen des Staates oder aus Vermögen. Vom Einkommen werden Produkte gekauft und Dienstleistungen in Anspruch genommen. Die Höhe des Einkommens bestimmt die Kaufkraft eines Haushaltes.

Expertenbefragung (S. 17): ist eine Methode, bei der Schülerinnen und Schüler Fachpersonen aus der betrieblichen Praxis nach vorbereiteten Fragen interviewen.

Export (S. 135): ist die Ausfuhr von Waren und Dienstleistungen sowie die Ausfuhr von Produktionsfaktoren. Dazu zählen z. B. Arbeitskräfte und Werkstoffe.

Garantie (S. 100): ist die freiwillige Zusicherung von Eigenschaften eines Produktes bzw. einer Dienstleistung seitens des Herstellers oder Händlers gegenüber dem Kunden.

Geschäftsfähigkeit (S. 96): bedeutet, gültige Rechtsgeschäfte abschließen zu können, zum Beispiel einen Kauf- oder Mietvertrag.

Gewährleistung (S. 100): ist die gesetzliche Haftung des Verkäufers für die Erfüllung des Kaufvertrages (z. B. für Art, Güte und Menge der gelieferten Ware).

Gleichgewichtspreis (S. 91): ist der Preis, bei dem die angebotene Menge eines Produktes oder einer Dienstleistung der nachgefragten Menge entspricht.

Globalisierung (S. 135): Als Globalisierung bezeichnet man das Entstehen weltweit ausgerichteter Märkte und die damit verbundene internationale Verflechtung der Wirtschaft.

Güter (S. 62, 86): Güter sind Mittel, die der Befriedigung von Bedürfnissen dienen. Sie werden auf dem Markt gehandelt. Es gibt verschiedene Einteilungsmöglichkeiten. Siehe auch → Sachgüter und → Dienstleistungen.

Hausarbeit (S. 30 f.): bezeichnet die notwendige, meist unbezahlte Arbeit im Haushalt. Sie dient vorrangig zur Lebenserhaltung. Bei der Hausarbeit wird produziert (z. B. genäht, gekocht) und Dienstleistungen werden erbracht (z. B. geputzt, Wäsche gewaschen, Kinder betreut).

Haushaltsmanagement (S. 25): bedeutet einen Haushalt wie ein kleines Unternehmen zu führen und in allen wichtigen Bereichen Entscheidungen zu treffen, z. B. über die Verwendung des Haushaltseinkommens, die Verwirklichung von Zielen, die Gestaltung der Freizeit, den Einsatz von Zeit und Arbeitskraft, den Umgang mit Ressourcen.

Import (S. 135): ist die Einfuhr von Waren und Dienstleistungen sowie die Einfuhr von Produktionsfaktoren. Dazu zählen z. B. Arbeitskräfte und Werkstoffe.

Infrastruktur (S. 119): Infrastrukturen sind wichtige Einrichtungen für das Leben und Wirtschaften der Menschen. So geht es hier z. B. um die Versorgung mit Wasser, Gas, Strom oder um Krankenhäuser, Sportstätten und Jugendclubs.

Innovation (S. 126): Darunter versteht man die Erneuerung aus sich selbst heraus. Es geht vor allem um die Verwirklichung neuer wirtschaftlicher Konzepte oder neuer Produktionsverfahren.

Investition (S. 126): ist die Ausgabe von größeren Geldsummen für zu beschaffende Gegenstände, die zur dauerhaften Nutzung in einem Unternehmen bestimmt sind. Dazu gehören Sachinvestitionen (Maschinen, Anlagen), Finanzinvestitionen (Wertpapiere) und immaterielle Investitionen (Bildung, Qualifizierung).

Kaufkraft (S. 92): Die Kaufkraft des Geldes gibt an, wie viele und welche Produkte und Dienstleistungen wir für eine bestimmte Summe Geld kaufen können.

Kaufvertrag (S. 98): ist ein typisches zweiseitiges Rechtsgeschäft. Er kommt zustande, wenn der Wille des Verkäufers, eine Sache zu verkaufen, mit dem Willen des Käufers, diese Sache zu kaufen, übereinstimmt.

Konsum (S. 39): Unter Konsum (lat. *consumere* „verbrauchen") versteht man den Verbrauch oder die Nutzung von Gütern. Im volkswirtschaftlichen Sinne steht der Begriff für den Kauf von Gütern des privaten Ge- oder Verbrauchs durch Konsumenten (Haushalte).

Kulanz (S. 100): Darunter versteht man Entgegenkommen oder Großzügigkeit im Geschäftsverkehr, d. h. beispielsweise die freiwillige Rücknahme einer Ware wegen Nichtgefallens.

Markt (S. 86 ff.): Auf einem Markt werden Güter gehandelt. Die Anbieter bieten Produkte und Dienstleistungen an, die die Nachfrager kaufen.

Marktarten (S. 88): teilt man nach folgenden Gesichtspunkten ein: räumlich (Regional-/Weltmarkt), zeitlich (Wochenmarkt, Messen), sachlich (Güter-/Arbeits-/Wohnungsmarkt) und nach den entsprechenden Aufgaben (Beschaffungsmarkt, Absatzmarkt).

Marktformen (S. 88): Entsprechend der Anzahl der Marktteilnehmer unterscheidet man folgende Formen: das Polypol, das Oligopol und das Monopol.

Monopol (S. 89): Gibt es nur einen einzigen Anbieter, der die Preise diktieren kann, so spricht man von einem Angebotsmonopol. Beim Nachfragemonopol hingegen gibt es nur einen einzigen Nachfrager, z. B. die Bundeswehr als Nachfrager für militärische Ausrüstungen.

Nachfrager, Nachfrage (S. 87 ff.): Nachfrager sind Käufer, die Produkte und Dienstleistungen auf dem Markt kaufen, um mit diesen Gütern ihre Bedürfnisse zu befriedigen.

Nettolohn/Nettoeinkommen (S. 34 f.): Das Einkommen bzw. die Lohnsumme, die nach Abzug der Steuern und Sozialversicherungsbeiträge dem Arbeitnehmer auf das Girokonto überwiesen wird.

Ökologie (S. 48): ist die Wissenschaft von den Beziehungen der Organismen untereinander und zu ihrer umgebenden Außenwelt.

Ökonomische Prinzipien (S. 46): Handeln nach ökonomischen Prinzipien bedeutet, eine höchstmögliche Bedürfnisbefriedigung aller am Wirtschaftsprozess Beteiligten zu erreichen. Wir unterscheiden: Das Minimalprinzip, bei dem mit möglichst geringem Mitteleinsatz (Geld, Arbeit, Werkstoffe, Maschinen) die verlangte Leistung erreicht werden soll. Das Maximalprinzip, bei dem der Mensch mit gegebenen Mitteln ein bestmögliches Ergebnis erreichen will.

Oligopol (S. 89): Wenn auf dem Markt wenige Anbieter auf viele Nachfrager treffen, so sprechen wir von einem Angebotsoligopol. Wenn umgekehrt wenige Nachfrager auf viele Anbieter treffen, so liegt ein Nachfrageoligopol vor.

Polypol (S. 89): Viele Anbieter einer Ware oder Dienstleistung treffen auf viele Nachfrager. Es gibt vollständige Konkurrenz auf beiden Seiten.

Preis (S. 91): Der Preis eines Gutes ist sein Tauschwert. Er wird am Markt durch Angebot und Nachfrage bestimmt. Siehe auch → Gleichgewichtspreis.

Preisnachlass (S. 99): Preisnachlässe sind ein Mittel zur Kundenbindung. Es gibt folgende Formen: Der Rabatt/das Skonto sind sofort wirksame Preis- oder Mengennachlässe; Der Bonus ist ein nachträglich gewährter Rabatt, der zu einem bestimmten Zeitpunkt gutgeschrieben wird.

Preisstrategien (S. 92): Die Preisstrategie dient der Erreichung bestimmter Unternehmensziele, z. B. der Sicherung von Marktanteilen oder der Erhöhung des Umsatzes. So gibt es Hoch-, Mittel- und Niedrigpreisstrategien.

Private Haushalte (S. 26 f.): sind Personengemeinschaften, die miteinander leben und wirtschaften. Man unterscheidet drei Haushaltstypen: den Dienstleistungshaushalt, den Selbstversorgerhaushalt und den Vergabehaushalt.

Produkte (S. 92): sind materielle Güter oder auch Sachgüter. Siehe auch → Sachgüter.

Produktion (S. 62, 65, 70 f.): ist eine der betrieblichen Grundfunktionen und bedeutet die Herstellung bzw. Bereitstellung von Sachgütern und Dienstleistungen. Der Produktionssektor wird auch als sekundärer Sektor bezeichnet.

Produktionsfaktoren (S. 63): Die betrieblichen Produktionsfaktoren sind Arbeit (Arbeitskraft), Betriebsmittel und Werkstoffe, die zur Herstellung von Sachgütern oder zur Bereitstellung von Dienstleistungen eingesetzt werden.

Prüfsiegel/Gütezeichen (S. 114): sind Markierungen in schriftlicher oder grafischer Form auf Produkten, die bestimmte Informationen über die Einhaltung wichtiger Qualitätskriterien geben. Gütezeichen besitzen einen hohen Bekanntheitsgrad, z. B. Wollsiegel, Bio-Siegel, GS-Zeichen.

Rechtsfähigkeit (S. 96): bedeutet, Träger von Rechten und Pflichten zu sein, zum Beispiel Schulrecht und Schulpflicht.

Rechtsgeschäfte (S. 97): kommen durch Willenserklärungen zustande. Willenserklärungen sind Äußerungen oder Handlungen von Personen, die mit der Absicht vorgenommen werden, eine rechtliche Wirkung herbeizuführen. Siehe auch → Vertrag.

Recycling (S. 50, 114): ist die Aufbereitung und Wiederverwendung gebrauchter Stoffe und Abfälle, die zu neuen Produkten weiterverarbeitet werden. So entstehen z. B. aus Altpapier neue Zeitungen. Mit diesem Kreislauf können wir Rohstoffe und Energie sparen.

Region (S. 118): Unter einer Region verstehen wir z. B. eine Gemeinde, eine Stadt oder ein Bundesland. Die Menschen einer Region leben in Familien, als Nachbarn und als Interessengemeinschaften zusammen.

Regionaler Wirtschaftsraum (S. 118): Zu einem regionalen Wirtschaftsraum zählen alle Lebensgrundlagen eines Menschen. Dazu gehören: Gemeinschaften, Arbeitsstätten, Wohnräume, Einkommen, Infrastrukturen, Beschäftigungs- und Bevölkerungsstruktur. Siehe auch → Region.

Reklamation (S. 100): ist eine Beschwerde. Sie ist gerechtfertigt, wenn das Produkt oder die Dienstleistung, die reklamiert wird, fehlerhaft ist.

Ressource (S. 44): ist ein Mittel, um eine Handlung oder einen Vorgang ablaufen zu lassen. Eine Ressource kann materiell sein, wie beispielsweise Geld, Boden, Rohstoffe oder Energie. Auch Arbeitskraft und Zeit sind Ressourcen. Zu den immateriellen Ressourcen gehören Fähigkeiten, Fertigkeiten, Charaktereigenschaften oder unsere Gesundheit.

Sachgüter (S. 62): Dazu zählt alles, was dinglich vorhanden ist, angefangen von der Stecknadel bis zum Auto. Für Sachgüter werden auch die Begriffe „materielle Güter“, „Produkte“ oder „Waren“ benutzt.

Schulden (S. 42 f.): entstehen, wenn das Geld nicht reicht und ein Kredit bei Banken, Sparkassen oder privaten Personen aufgenommen wird.

Schülerfirma (S. 82): eine Methode zur Simulation betrieblicher Prozesse. In einer Schülerfirma müssen z. B. die betrieblichen Grundfunktionen Beschaffung, Produktion und Absatz von den Schülerinnen und Schülern selbst gestaltet werden.

Selbsterkundung (S. 8): Im Prozess der Berufswahl wird eine Selbsteinschätzung vorgenommen. Wichtige Fragen, die beantwortet werden müssen, sind: Wer bin ich überhaupt? Wer will ich sein? Wohin möchte ich mich entwickeln? Welches sind meine Stärken und Schwächen? Was ist mir wichtig?

Sozialversicherungsbeiträge (S. 34): sind die Beiträge zur gesetzlichen Krankenversicherung, Rentenversicherung, Arbeitslosenversicherung und Pflegeversicherung. Die Beiträge berechnen sich auf der Grundlage des Einkommens der Versicherten und werden vom Versicherten und seinem Arbeitgeber getragen.

Sparen (S. 39): ist der Verzicht auf die Verwendung eines Teils des verfügbaren Einkommens.

Standortfaktoren (S. 120): beeinflussen maßgeblich die Standortwahl bei einer Unternehmensgründung. Dazu gehören: geeignetes Gelände, Arbeitskräfteangebot, Vergünstigungen der Gemeinde, Absatzmöglichkeiten, Verkehrsanbindungen, Wohn- und Freizeitangebot.

Statistik (S. 84): In einer Statistik werden systematisch Daten dargestellt.

Steuern (S. 34): sind vom Staat auferlegte Abgaben. So zahlen beispielsweise Arbeitgeber Gewerbesteuer, Arbeitnehmer Lohnsteuer, Konsumenten Mehrwertsteuer, Hundebesitzer Hundesteuer und Kraftfahrzeughalter Kraftfahrzeugsteuer.

Strukturwandel (S. 126 f.): In der Wirtschaft spricht man von Strukturwandel, wenn bestimmte Wirtschaftszweige an Bedeutung gewinnen bzw. verlieren. Ein Strukturwandel ist zum Beispiel der Rückgang der Kohleförderung und die wachsende Bedeutung erneuerbarer Energien.

Technisierung (S. 73): Bezeichnung für den zunehmenden Ersatz menschlicher Arbeitskraft durch Technik.

Urproduktion (S. 22): wird auch als primärer Sektor bezeichnet. Betriebe der Urproduktion gewinnen Rohstoffe, z. B. in Bergbau, Fischerei, Land- und Forstwirtschaft.

Verkehrsinfrastruktur (S. 122): umfasst alles, was im weitesten Sinne zu Verkehrsnetzen (Verkehrswege, Umschlagplätze, Verkehrsregeln …) gehört. Außer dem Straßenverkehr sind auch der Schienen-, Luft- und Schiffsverkehr eingeschlossen. Eine gut ausgebaute Verkehrsinfrastruktur ist ein wichtiger Standortfaktor für eine Region.

Vertrag (S. 97): ist ein Rechtsgeschäft zwischen zwei oder mehreren Partnern. Rechtsgeschäfte kommen durch Willenserklärungen zustande. Der Wille kann mündlich oder schriftlich, durch eine Handlung oder Geste oder durch Schweigen zum Ausdruck gebracht werden.

Vollkommener Markt (S. 94): Der vollkommene Markt ist ein Modell, das die Wirklichkeit vereinfacht. Das typische Beispiel für dieses Modell ist eine Wertpapierbörse. Hier werden gleiche Güter gehandelt. Alle Marktteilnehmer sehen die gleiche Preistafel mit den Aktienkursen.

Warentest (S. 54 f.): Mit einem Warentest werden vergleichbare Waren unterschiedlicher Hersteller oder Anbieter geprüft und bewertet. Es wird ermittelt, wie sich die Waren für ihren Verwendungszweck eignen.

Warenwirtschaftssystem (S. 109): Ein Warenwirtschaftssystem stellt alle Informationen vom Wareneingang bis zum Warenausgang bereit, die zum Beispiel für Entscheidungen zur Bestellung einer Ware, zum Lagerbestand und zur eisernen Reserve, zum Bestellzeitpunkt und zur Lieferung der Ware notwendig sind.

Werbung (S. 110): gibt uns Informationen über Produkte und Dienstleistungen. Mithilfe der Werbung wollen Anbieter mehr Güter verkaufen. Deshalb soll Werbung Kundenwünsche wecken. Werbung ist das wichtigste Instrument der Anbieter, um die Kaufentscheidung von Verbrauchern zu beeinflussen.

Wettbewerb (S. 89): Selbstständige und voneinander unabhängige Unternehmen streben danach, ihre Mitbewerber durch die bessere Leistung (z. B. bessere Qualität, günstigere Preise) zu übertreffen.

Wirtschaftskreislauf (S. 32): Zur Lebenserhaltung werden Produkte und Dienstleistungen benötigt. Durch den Einsatz menschlicher Arbeitkraft gegen Lohn bzw. Gehalt sind wir in der Lage, Produkte und Dienstleistungen herzustellen oder zu beschaffen. Somit entsteht ein Kreislauf, in dem der Mensch Produzent und Konsument zugleich ist.

Wirtschaftssektoren (S. 64 f.): Die Wirtschaft wird in drei Bereiche eingeteilt: den primären Sektor (Urproduktion), den sekundären Sektor (Produktion) und den tertiären Sektor (Dienstleistungen und Information).

Zahlungsverkehr (S. 40 f.): Darunter versteht man alle Zahlungsvorgänge, die zwischen privaten Haushalten, Unternehmen, dem Staat, dem Ausland und den Banken stattfinden.

Zinsen (S. 39, 42): sind der Preis für geliehenes Geld. Kreditzinsen sind immer höher als Sparzinsen.

Zukunftswerkstatt (S. 10): ist eine Methode zur kreativen Entscheidungsfindung in Arbeitsgruppen. Sie eignet sich für die Bearbeitung von Themen, die für die Lebensplanung von einzelnen oder mehreren Personen wichtig sind.